Valentina Izmirlieva, Boris Gasparov (Eds.)

Translation and Tradition in "Slavia Orthodoxa"

Slavische Sprachgeschichte

herausgegeben von

Michael Moser

Band 5

LIT

Translation and Tradition in "Slavia Orthodoxa"

edited by

Valentina Izmirlieva and Boris Gasparov

LIT

Sponsored by the Harriman Institute of Columbia University.

Bibliographic information published by the Deutsche Nationalbibliothek
The Deutsche Nationalbibliothek lists this publication in the Deutsche Nationalbibliografie; detailed bibliographic data are available in the Internet at http://dnb.d-nb.de.

ISBN 978-3-643-90082-1

A catalogue record for this book is available from the British Library

Klosbachstr. 107
CH-8032 Zürich
Tel. +41 (0) 44-251 75 05
Fax +41 (0) 44-251 75 06
e-Mail: zuerich@lit-verlag.ch
http://www.lit-verlag.ch

LIT VERLAG Dr. W. Hopf
Berlin 2012
Fresnostr. 2
D-48159 Münster
Tel. +49 (0) 2 51-620 320
Fax +49 (0) 2 51-23 19 72
e-Mail: lit@lit-verlag.de
http://www.lit-verlag.de

Distribution:
In Germany: LIT Verlag Fresnostr. 2, D-48159 Münster
Tel. +49 (0) 2 51-620 32 22, Fax +49 (0) 2 51-922 60 99, e-mail: vertrieb@lit-verlag.de

In Austria: Medienlogistik Pichler-ÖBZ, e-mail: mlo@medien-logistik.at

In Switzerland: B + M Buch- und Medienvertrieb, e-mail: order@buch-medien.ch

In the UK: Global Book Marketing, e-mail: mo@centralbooks.com

Table of Contents

Preface

Both Old Church Slavonic and the written culture of the Orthodox Slavs began with translations. In the Slavic beginning, we might say, was a word *translated*, a word in transit, moved by the effort to "make Slavic" the Greek logos of Scripture and liturgical books. This privileged status of translation in *Slavia Orthodoxa* was hardly limited to its early days. Translating texts remained a central cultural practice for the Orthodox Slavs throughout the medieval period. The results appear odd to the modern eye. In sharp contrast with the modern emphasis on originality that compels us to define a native culture by its original works, the medieval Slavic literary canon was ruled almost exclusively by translated texts. Translations outnumbered the works composed in Slavonic, outweighed them in significance, and, what is more, shaped the Orthodox Slavic cultural tradition as no original work ever did.

Our volume attempts to take Orthodox Slavic translation as seriously as did the Orthodox Slavs themselves. Based on papers delivered at the international conference of the same name, convened at Columbia University (New York City) in September 2009, the articles in this collection encourage a discussion of tradition and translation as dynamic and interrelated categories, while exploring specific historical issues of medieval Slavic translation practices and their theoretical underpinnings.

The volume brings together prominent and promising medievalists in the Slavic field from Europe, Israel, and the United States. The authors reflect on translation as a transposition of textual, spiritual, and political authority, and consider it on a continuum with other strategies for appropriating an authoritative text: from extrapolation, quotation, paraphrase, and allusion, to commentary and exegesis. Our goal is to bring into focus various possibilities for contextualizing and conceptualizing the translations of *Slavia Orthodoxa*, and, in so doing, to enrich our understanding of the ways medieval Slavs negotiated their own place amidst competing foreign traditions.

We are deeply indebted to the Harriman Institute at Columbia University—the institutional sponsor of the conference and, through a generous two-year Harriman publication grant, of the volume itself. Though we cannot list here all the people at the Harriman who have helpd us in innumerable ways, two colleagues deserve special recognition—Alla Rachkov and Ron Meyer. Both were instrumental for our success, and we thank them both for their kindness, competence, and superb professionalism. One of our authors, Michael Moser, helped us secure a home for this publication. Thomas Kitson has been an exceptional copy editor. Ross Ufberg patiently spent many hours fixing the Hebrew passages in the final proofs and, as technical problems persisted, transliterated when necessary. Our colleagues Krasimir Stantchev (The University of Rome, III), Harvey Goldblatt (Yale University), and Klimentina Ivanova (University of Sofia), though they chose not to submit articles for the volume, were part of this project from its conception and contributed more than their fair share to its spirit with conference papers and their participation in the discussions. We are deeply grateful to them all.

While we were putting the final touches on this volume, we received the sad news about the passing in New Haven of our esteemed colleague Riccardo Picchio. Professor Picchio was an institution in Old Slavic Studies, and a personal friend, mentor, and inspiration to many of this volume's authors and future readers. We owe him, among other major contributions to the field, the very notion of *Slavia Orthodoxa*, so his legacy literally resides at the heart of this project. It is with profound sadness, respect, and gratitude that we dedicate this volume to his memory.

The Editors
January 6, 2012
The Feast of the Theophany

I. Exposition

АЛЕКСАНДР Е. НАУМОВ

Переводы Франциска Скорины в контексте церковнославянского перевода Библии

Подводя итоги своей интереснейшей работы по „Текстологии славянской Библии", (которую, впрочем, продолжает его книга о лекционарии), Анатолий Алексеев замечает:

> Церковнославянский текст [Св. Писания], употребляемый и сегодня в литургической практике православных Церквей у славян, представляет собою продукт многовекового развития. Со времени его первоначального перевода в середине IX в. свв. Кириллом и Мефодием и до печатного издания Острожской библии 1580-1581 гг. можно насчитать более десятка крупных библейских переводческих начинаний и предприятий, результаты которых были унаследованы, суммированы и закреплены эпохой книгопечатания.

В текстовой традиции библейского перевода у православных славян А. Алексеев, говоря о Геннадиевской Библии, выделяет несколько переводческих пластов: кирилло-мефодиевский, мефодиевский, околомефодиевский, болгарский X-ого в. (симеоновской эпохи, восточноболгарский, преславский), болгарский толковый (и тотже с устранением толкований), русский толковый (и с устранением толкований), русский XII в., переводы Афонской редакции и переводы с латинского языка; кроме того дошли до нас и переводы с еврейских оригиналов. У других ученых встречаем другие термины и другую периодизацию, но выделение пластов более менее одинаково, так как оно происходит прежде всего на лексическом уровне; они не всегда убедительны с точки зрения истории богослужения, но это тема для особых рассуждений.

Часто применяется типологическое деление библейской традиции по признаку функционального назначения перевода. Российская библеистика употребляет деление на три главные разновидности: *служебную*, *четью* и *толковую*, эти термины по инерции принимаются и славистами других стран.

Служебный тип называется и литургическим, он связан с суточным богослужебным кругом. Если принять, что *служебными* являются все библейские чтения, предусмотренные типиконом (или шире – богослужебной практикой Церкви), тогда, по крайней мере по Иерусалимскому уставу, весь Новый Завет (с Четвероевангелием и Апокалипсисом) и вся Псалтырь представляют этот тип.

Четий тип, кажется, самый неудачный термин, так как выделение его со строго определенной собственной функцией невозможно. И толковый тип по сути дела – четий, с той лишь разницей, что кроме текста Писания в нем помещены богословские комментарии; в греческой традиции библейский текст в редакции без толкований и с толкованиями одинаков, а у славян, как правило, отличается, потому что переводчики толкового типа чаще всего переводили все заново, также как переводили заново библейские цитаты в других произведениях. Болгарские коллеги предпочитают говорить о *небогослужебном* типе, объединяющем русские *четий* и *толковый* типы. В литературе говорится о предназначении небогослужебных (четьего и толкового) типов для келейного, домашнего, индивидуального, частного чтения и о том, что до XV в. списки библейских книг этих двух (?) типов „служили лишь источником при создании катехизических компиляций". Для четьего текста допускаются также синонимы „связной", „последовательный", „непрерывный" и др.

Примерно с середины XIV в. в определенных книжных центрах православного славянства наблюдается стремление к созданию отдельных, исключительно библейских, сборников – здесь прежде всего надо упомянуть Тырновский сборник РНБ F.I.461, относящийся к последней трети XIV в. и его молдавские копии, Московский сборник конца XV в. (РГБ Унд. 1) и Супрасльский сборник Матфея Десятого из 1502-1507 гг. (СПб, БАН 24.4.28). К этому следует добавить же и появление, еще в пол. 14 в., так наз. Чудовского Нового Завета митрополита Алексия, а затем самой Геннадиевской Библии (1499) и связанных с ней списков.

Славянские сборники обнаруживают всю неоднородность традиции библейского текста, в каждом из них свой набор составных частей и разные текстовые редакции. Первый раз в Геннадиевской Библии и у Матфея Десятого в одном томе сочетаются книги Ветхого и Нового Заветов, что и у греков случалось редко.

Законно возникают два вопроса – 1) существовала ли полная (небогослужебная, четья) церковнославянская Библия раньше Геннадиевской и 2) какая цель и надобность в изготовлении такого произведения.

Предполагается, что существование древнейших списков полной греческой Библии: Ватиканского и Синайского из 4 в. и Александринского из 5 в. и других не связано с богослужебной жизнью Церкви.

> Не исключено – пишет А. Алексеев - что своим существованием они обязаны известному распоряжению императора Константина об изготовлении 50 кодексов Библии, с которым он обратился к знаменитому церковному ученому Евсевию Памфилу; свидетельство об этом Евсевий оставил в написанном им Житии имп. Константина. Представляется, что создание полных кодексов Библии в ту эпоху могло отражать секуляризованное или языческое отношение к Св. Писанию как к своего рода юридическому кодексу вне конкретных условий церковно-литургического применения текстов.

Дело в том, что сведения еп. Евсевия недвусмысленно говорят о библейских книгах заказанных для нужд сооружаемых в Константинополе церквей и не дают возможности оценивать инициативу василевса „вне конкретных условий церковно-литургического применения текстов”. В своем послании император подчеркивает, что в столице „по промышлению Спасителя Бога, святейшая Церковь приобрела вновь очень много людей. С быстрым же умножением верующих оказывается весьма нужным и умножение церквей” и потому приказывает он Евсевию „написать на выделанном пергаменте пятьдесят томов, удобных для чтения и легко переносимых для употребления. В этих томах должно содержаться божественное Писание” – пишет Константин, оставляя епископу решение касательно самого состава („по твоему разумению”), но с общим указанием, чтобы вошло туда все то, что „особенно нужно иметь и употреблять в Церкви.” Евсевий тщательно выполнил повеление владетеля: „Я переслал ему роскошно приготовленные, трех- и четырехлистовые свитки, что видно будет из другого ответного письма, присланного ко мне василевсом”. Информация Евсевия не дает возможности связывать с 50-тью списками известную из других источников традицию дарения императором в награду роскошных евангельских кодексов.

Во всяком случае, кодексы полной Библии создавались с IV в. и повидимому были предназначены для царских, патриаршеских и лаврских библиотек как эталоны, служившие наблюдению за правильностью и стабильностью текста в контексте богословских разновидностей догматики в отдельных христианских центрах (Исихий в Александрии, Ориген в Палестине, Лукиан в Антиохии и Константинополе). Подобную идейно-богословскую функцию, должно быть, сыграл готский перевод Вульфилы (IV в.), а история его создания и мифологическое восприятие близки истории и мифу славян о Мефодиевском переводе. Иначе обстоит дело с новой традицией полной греческой Библии: греческий средневековый полный текст, хотя и без Псалтыри, известен в рукописи 13-14 в., хранящейся в афонском монастыре Дионисиат, и он связан с возрастающей богословской мыслью Афона. Ренесансный характер носит первое печатное издание полной греческой Библии (Венеция, 1518 г., Андреа Торрезани). Текст Ветхого Завета издан в своей основе по рукописям из Библиотеки св. Марка (№№ 29, 68, 121, 730), а Новый перепечатан с критического издания Эразма Роттердамского (1516).

Существует фундаментальная разница между, с одной стороны, Vetus Latina (Afra и Itala), которые имели миссионерское значение, и институциональностью Вульгаты с другой. Блаж. Иероним (он-же по нашему и св. Герасим Иорданский) является не только официальным переводчиком западного патриарха, но и первым библеистом, который оставил свои размышления и о взаимных отношениях между иудейской и христианской Библией, и о сложной ситуации внутри христианской традиции Священного Писания. Его предисловия и комментарии к переводам являются первым библейским метатекстом, организующим и объясняющим предшествующую традицию на уровне как кодексов, так и отдельных книг, а также единичных чтений. Он отец и наставник всей библеистики, в том числе и нашего Франциска Скорины. Наступившая со временем сакрализация Вульгаты в западном мире в какой то мере противоречит самой идее динамического подхода к Библии, который применял и постулировал блаж. Иероним.

„Библейского метатекста", говорящего о процессе, технике перевода и об отношении в структурном и/или языковом плане оригинала и перевода или разных переводов и редакций в церковнославянской традиции весьма мало.

Первая группа метатекстовых данных связана с воспринятием святоотеческих канонов и возникшими на их основании списками допускаемых и отреченных книг. Названия отдельных книг и их групп (Пятикнижие, Восьмикнижие, Царства, Пророки, Послания), приводимое иногда начало текста, информация о содержании и/или переходе от группы к группе, представляют в древнеславянской письменности начало метатекстового осмотра библейской традиции.

Следующая группа, также принадлежащая к общей византийско-славянской практике, относится к употреблению священных текстов в богослужении и в монастырской жизни. Здесь прежде всего надо упомянуть Сказанїе, прїемлющее всего лѣта число Еѵангельское и Еѵангелистомъ прїѧтїе, ѿкоуда начинаютъ и до гдѣ стаютъ, объясняющее порядок евангельских чтений как массивов и остальные *сказания,* в которых указываются рядовые зачала для всех дней в году, чтения для суббот и недель (воскресений) Великого поста, чтения общие и на всѧкоу потрѣбоу, затем указания об „отступке" в годовой системе чтения, о принципах употребленя „столпов", о порядке уставных чтений на всенощном бдении итд. Здесь часто не различали простой и толковый типы текста, а иногда даже не отличали собстженно библейский текст от его толкования. Некоторую информацию об обстоятельствах создания евангельских и апостольских текстов содержат предисловия и сказания в этих книгах.

Отдельная группа метатекстовых данных связана с историческими повествованиями. Византийско-славянский мир знал историю миросоздания и судеб мира, спасенного Воплощением и Воскресением и ожидающего Второго пришествия, не по отрывкам паримийных чтений, а по продуманным изложениям хронистов. Библейская священная история в хрониках часто соотнесена с другими культурными системами летоисчисления (эллинским, римским, египетским, персидским) и всемирной историей. Таким образом, хроники (Пасхальная, Иоанна Малалы, Григория Амартола, Георгия Синкелла и других) и церковные истории вводят библейский материал в исторической, а не в богослужебной перспективе и предлагают динамичное развитие во времени вневременной истории спасения, воспроизводимой богослужением. Недаром большинство списков Толковой палеи, созданной повидимому в Болгарии, подчеркивает эту хронологию уже в заглавии: Сїа книги бытїѧ нбси и ꙁемли иꙁложенїе иж въ стыхъ оца нашего іоана ꙁлатооустаго архиепспа констѧтина града о сътворенїи твари видимъıѧ и невидимыѧ и о пришествїи хвѣ и о въплъщенїи его и о распѧтїи и о въскрсенїи и о сѫдѣ его и о ꙁаконѣ и отвръженїи жидовстѣм. И славянская компиляция на основании хроники Синкелла предлагает такую-же трактовку от сотворения мира до первых веков христианской Церкви: Начало и богословление и ѡ дѣлѣ бжии и ѡ чюдесѣ его ꙗже сътвори испрьва. и лѣтомъ оуказанїе по рѧдоу. ѡ црехъ и прроцѣ до Ха ѡ аплѣ и мунцѣ. и стлѣ.

Интересен факт перенесения такой исторической перспективы и на чисто богослужебные книги. В изданных в 1561-1563 годах книгах Триодь постная и Триодь цветная, Стефан из Скадра печатает одинаковую, довольно своеобразную характеристику содержания этих гимнографическо-библейских сборников, прибавляя к нарративному плану еще и нравоучительную функцию:

> Аще и толикими боурами и метежи мира сего влаем же, потъщихωм се исписати сїе богодъхновенїе кнїгы трїωды, или ꙗвленнѣише рещи трїпѣсньцы, иже носетъ въ себе ветхаго и новаго ꙁавѣта раꙁлична ꙋченїа, творенїе небоу и ꙁемли, пръвомоу чловѣкꙋ съꙁданїе и томꙋ ѿ раꙗ иꙁгнанїе, и краинее Спаса Христа къ намь съхожденїе, и ꙗко да въ кратцѣ рекоу, добрымь оуподобленїе а ꙁлымь ѿвращенїе. Сїа же всѣ ꙗсно накаꙁоуютъ ѿ искони божїе хотѣнїе къ намь бывшее.

В древней славянской письменности есть и свои собственные тексты, относящиеся к, так сказать, внешнему осмотру, анализу Библии и всей литературной системы.

Уникальным является текст Кирилловой инструкции о переводе, сохранившийся в Македонском кириллическом листке (Листке Гильфердинга) и у Иоанна Экзарха. Этот текст не перестает вызывать непрерывный и горячий интерес ученых. Много в нашей письменности мест, когда автор (Иоанн Экзарх, Иларион Киевский, Кирилл Туровский, Теодосий Хиландарский и другие) подчеркивает оппозицию и/или прообразовательную преемственность Ветхого и Нового Заветов, но на это свидетельство осознания существования двух основных текстовых блоков надо смотреть более в идейном нежели в текстуальном плане.

Все древние свидетельства о создании славянского библейского перевода и о параллельном сосуществовании богослужебного и небогослужебного типов хорошо всем знакомы – это XIV глава Жития преп. Константина-Кирилла, XV глава Жития св. Мефодия, Пролог к Богословию Иоанна Экзарха, Проложное житие Константина и Мефодия на 25 августа, заметка о переводе Григория Пресвитера из Июдейского хронографа. К этой группе следует прибавить еще некоторые другие свидетельства о функционирующей легенде перевода – у преп. Нестора Летописца, в Похвальном слове Евфимию митр. Григория Цамблака, в Сказании Константина Костенечского, в Палее, в некоторых русских хронографах, и позже в рутенской полемической литературе.

Очень интересны в этом отношении две заметки. Первая находится в хилендарском сборнике (Хил.) 481 середины 16 в., игумена бистричского Анастасия, в котором создание славянской Библии в 6370 году (862) связано с именами всех седмочисленников (Кирил, Мефодие, Климент, Наум, Горасдо, Аггеларие, Лаврентие) и с царствованием Ивана Асена, а все предприятие сравнено с переводом Септуагинты во времена „Птолемеа цр҃ѣ еллинскаго“, в 301 году до Рождества Христова. Мне кажется, что возникновение этой компиляции надо связывать с филологическим и народно-религиозным подъемом среди православных жителей Великого княжества Литовского в XVI в., активно возобновляющих культурное сношение с православным Югом. Второй замечательный факт – это убеждение редакторов Острожской Библии, что полученный из Москвы список Геннадиевской Библии восходит к переводу времен св. Владимира (сподобихомсѧ прїати съвръшенꙋ Вивлїю, з҃ греческа ꙗзыка, седмь десѧтъ и двѣма преводники, множае пѧти сотъ лѣтъ на словен҄скїи преведеннꙋю еще за великаго Владимера, кр҃тившаго землю рꙋскꙋю). В остальных „странахъ родꙋ нашего ꙗзыка словен҄скаго, ни единa обрѣтесѧ съвръшена въ всѣ҆ книгахъ ветхаго завѣта“, а ведь именно комплектирование книг Ветхого Завета представляло основную проблему.

Как ни странно, но о создании Геннадиевской Библии информации очень мало. Специфика культуры Великого Новгорода, отсрочка ожидаемого до августа 1492 года конца мира, борьба с жидовствующими, проявляющими живой интерес к Библии, возрастающая зависимость от московского самодержавия, контакты с польско-литовским православием, личная высокая культура митр. Геннадия и его кружка, всегдашнее стремление Рима к подчинению папе православного славянства - все это, конечно, повлияло на осуществление грандиозного проекта. Недаром некоторые ученые и идеологи православия видят в создании Геннадиевской Библии папскую интригу, о. Вениамина считают ватиканским шпионом, а доминиканцев называют ранними иезуитами. Широкого распространения в Московском государстве Геннадиевская Библия не получила, ее функция свелась до эталона похожего на метрический эталон, хранящийся в парижском предместье Севр. Возможно, что в Москве добавили мифическое оправдание к существованию такого книжного чуда, рассказывая легенду о происхождении полной Библии от Владимира Крестителя Руси, скрывая столь немилое для Москвы ее новгородское прошлое и участие в переводе опального „филокатолика“ Геннадия. С такими комментариями был вручен Михаилу Гарабурде список Геннадиевской Библии для Острожского князя.

Все остальные библейские инициативы в XVI в. связаны с территорией Киевской (и Галицкой, и Литовской) митрополии Вселенского патриархата в границах Польско-литовского государства и определенно носят гуманистический отпечаток. Это деятельность мещанина Матфея Десятого, создающего в только что основанном Благовещенском монастыре в Супрасли свой сборник библейских книг, в котором находим сильное балканское влияние с периферийной спецификой (*Евангелие* боснийского типа, *Откровение* в редакции близкой к сборнику Хвала). Матфей не связан с новгородской идеей, скорее всего на него повлияли латинско-польский гуманизм и православное афонско-балканское возрождение, возможно, его том был предназначен для монастырской библиотеки. Все родные братья и сестры Матфея занимали важные посты в Церкви, это может свидетельствовать об общем культурном подъеме православия в Великом княжестве Литовском и Короне Польской.

Острожская Библия – кннгн обоего ꙁавѣта, глемыѧ греческнмъ ꙗꙁыкомъ внвлїа, всѧ порѧдꙋ напечатана – является продуктом ренесанса и отражением специфики православной культуры в Речи Посполитой, терзаемой спорами всех многочисленных *разрозненных в вере* - *dissidentes in religione*. В предисловиях к ней и похвальных стихах благоверному князю Константину Василию находим идейнос обоснование этого предначинания. Напечатанная „по ꙗꙁыкꙋ словенскꙋ" полная („съвръшена") Библия, будучи Словом Божиим, задумана как „брона дꙋховнаѧ", необходимая правоверным и благочестивым христианом в трудные времена, к которым как нельзя лучше подходят печальные слова Пророка Давида о разаряемой виноградной лозе, насажденной десницей Господней (Пс. 79, 13-16). Церковь Христова клонится „на паденїе", и Острожский князь восклицает: „Виддѣхъ Цр҃ковь Хв҃ꙋ, чтною Его кровїю нскꙋпленꙋю ѿ клѧтвы ꙁаконныѧ, ѿвсюдꙋ врагы протнвѧщнмнсѧ попнраемꙋ н нещаднымн волкн прншедшнмн в мнръ беꙁ млрдїѧ пожнраемꙋ". Разорение Церкви приводит к испровержению хвалы Господа и к расхищению стада Его. Причиной является возрождение древних ересей, чему способствует разделение Церкви. Герасим Данилович (Смотрицкий), оправдывая полемический характер своего „предсловного сказания", пишет:

> Не вѣмъ лн е комꙋ нѣсть ꙗвно, ꙗко в настоѧщее се время послѣднее, по грѣхомъ нераденїѧ н ненакаꙁанїѧ нашего, раꙁгорѣсѧ велнкь пламень ꙁлохнтрыхъ н многоглавныхъ ересен, помалѣ по временехъ въстꙋпающнхъ ꙁлохꙋлно на преданїѧ цр҃ковнаѧ, ѿ еднноѧ на еднꙋ. даже н до самыѧ главы цр҃кве прїндоша. всѧ древнѧѧ обновлѧюще начѧлнкъ своихъ ересн.

Оборонительный, антиеретический характер издания „въ се времѧ люто и плача достоино“ неоднократно подчеркивается в предисловиях и в похвальных стихах. Наша Библия - „сїе непобѣдимо орꙋжїе, острѣишее меча обоюдꙋостра слово Бж҃їе противостоит ꙇ҆ревлъненїю противныхъ вѣтровъ еретическаго ꙋхищренїѧ, самомнитѣныѧ прелести антихристова дѣиства“, а вокруг свирепеют „еретиковъ полки ꙋмовредныѧ҃“, „волци тѧжцы/нещадныѧ/драпѣжныѧ“, „различныѧ съпостаты“, „рꙋгатели“, „многообразныѧ лꙋкавства“, „бесовскїе наважденїѧ“ и пр., наносящие глубокие раны православию, а Библия это единственный „пластиръ на телеснꙋю ꙗзвꙋ“. Реформационный подход к Библии, вся *filologia sacra* это тщеславное и самомнительное гордое мудрование, земное и бесовское, так как оно не свышесходящее, а ведь словеса Господня надо читать не как обыкновенную книгу, но „испытовати и съхранѧти”. „Телесное/плотское/письменное,” т.е. без рассуждения духовного, чтение священных слов ведет к вечной смерти, а жизнь и мир приносит лишь их духовное восприятие (испытанїе и внимание), которое присуще православной Церкви, хранящей благочестие и Предание и верной призыву Иисуса: *Испытуйте писания* (Ио. 5,39). Библия это не дело рук человеческих, но „съвыше съходѧщее дарованїе дх҃вное небесное”. Поэтому острожские толковники запрещают своим читателям, даже если они „искусные и утвержденные“, „бꙋих҆ и ненаказаныхъ стѧзанїи“, т.е. модные среди протестантов и католиков библейские споры, состязания и публичные дисскусии, потому что они „раждаютъ свары“. Православные должны давать пример - „образъ благъ“ - еретикам и язычникам (поганомъ), как надо исследовать Писания для внутренней пользы и блага Церкви, которая „не обыче заблꙋждати“.

Князь благодарит Бога за оказанное милосердие и дар, и знакомит читателя с историей приготовления издания – собирания специалистов (книгочїи наказаны҄ въ писанїа҄ ст҃ыхъ еллин҆скихъ и словен҆ски҄), хороших и богословски безупречных списков (изводовъ добрѣ исправленых и порока всѧкаго кромѣ свѣдительствованыхъ) и иноязычных переводов (различныхъ писменъ и ꙗзыковъ), с процессом сверки (обрѣтесѧ много различно, не токмо разньствїѧ, но и развращенїѧ), перевода и редактирования текста (съ тщанїемъ, и прилѣжанїемъ елико мощно, помощїю Бж҃їею послѣдовасѧ і исправисѧ). Интересно, что инициатива князя встретила многих „разорителеи и хꙋлников сеѧ преславныѧ и неизреченныѧ вещи“, а, как всегда, „помощникѡ҆ же и ѕидателеи велми мало“...

О. Герасим Смотрицкий замечает, что в разных иноязычных предисловиях к Библии много пишется о „ѕацности и пожиткоу҃величїи и полѕѣ“ слова Божия, но православному читателю таких вещей объяснять не надо, тем более что касается „Восточныѧ ц҃ркве в ꙋ̂сїнскомъ народѣ, ‾ Еꙗ же свѣтлость сїѧетъ в҃ поганскои незгодѣ“.

Острожская Библия вписывается в общую европейскую религиозную культуру XVI в., являясь прекрасным обоюдоострым мечом в слабеющей православной деснице.

Приблизительно на семьдесят лет раньше появления Острожской Библии, сын полоцкого купца Луки, носивший непривычное для Полоцка имя Франциско, ученик школ при Софийском соборе и при бернардинском монастыре, выпускник (бакалавр) Краковского и доктор медицинских наук Падуанского университетов, задумал перевести и напечатать „ѕꙋполнꙋю Бивлию” - для прославления Бога, Богородицы и святых и для пользы «родꙋ рꙋского». В Кракове еще не остыл станок первопечатника Швайпольта Фиоля, а в соседней с Падуей Венеции процветало книгопечатание для всех христиан и для евреев, на всех языках и азбуках, уже проживал в ней Божидар Вукович, думая о начатии печатного дела для порабощенного балканского православия. Похожая ситуация была и в Праге, одном из главных центров европейского книгопечатания. Именно здесь Франциско с августа 1517 по начало 1520 года напечатал церковнославянскую Псалтырь и собственные переводы и переделки девятнадцати (а если считать Книги Царств по отдельности, то двадцатидвух) ветхозаветных книг. Его начинание резко оборвалось, большая часть перевода осталась в рукописи и даже научно не издается. Затем Скорина в Вильнюсе напечатал еще раз Псалтырь (в составе *Малой подорожной книжки*) и Апостол, снабдив его своими комментариями (сказаниями).

Острожские толковники не упоминают ни словом о библейских изданиях и переводах своего рутенского предтечи в печатном деле, хотя не могли не знать об их существовании. В 1622 г. униатский полемист Афанасий Селява писал об уважении, каким пользовались еще в его время издания Скорины, с которыми, как с еретическими (Селява называет Скорину гуситом) боролась католическая Церковь. В 1625 г. Шимон Старовольски утверждает, что издания Скорины видел в Москве и других местах Московского государства.

Франциско Скорина первый в восточнославянской письменности предлагает не только собственные и отредактированные переводы и мелкие к ним комментарии, но дает своему читателю, которого любит и уважает и которому желает вечного спасения и радеет о нем, обилные и подробные объяснения о структуре Библии, об отличиях и связях между различными вариантами переводов, указывая на авторитет блаж. Иеронима, говорит о Библии как о знаковой системе, о ее универсальности и многофункциональности. Его задача не спорить с другими, не доказывать свою правоту, но дать милой русинской братии, по примеру некоторых других, но все еще немногих народов, самый полный и самый полезный текст Священного Писания. Высокое самосознание Скорины как служителя истины, его широкое библейское знание, глубокая привязаность к вере христианской без конфессионального определения и к своему *рускому* роду придают его незаконченому начинанию особый характер, благодаря которому оно занимает исключительное место в истории славянской словесности.

Скорина по духу ближе к блаж. Иерониму чем все остальные европейские библеисты его времени. Следуя главным образом за утраквистской Чешской Библией (Венеция, 1506), он предлагает своему читателю в предисловиях, послесловиях и иногда внутри книг много метатекстовой информации, отличающейся от прежней традиционной практики.

Несколько примеров. *Общее введение во всю Библию* разъясняет всю структуру Книги книг:

> Бивлиа Грецескым' ꙗзыком' по рускии сказуетсꙗ книги. Тако ꙋбо с҃тыи Матѳеи почииаеть Х҃ртово благовѣ҃твование. Бивлос' генезеѡсъ І҃с Х҃ртꙋ. Тѡесть по рускии. Книга ро҃дтва І҃с Х҃ртова. А можете тым' именемъ називати вси книги Вет'хаго и Новаго закону для достойности его, понеже Бивлиꙗ зꙋпол'наꙗ все то в собѣ замыкаеть. О сеи книзе пишеть Еван'гелиста Наперс҃тникъ Х҃ртовъ во ꙋзъꙗвлении своемъ гл҃а. И видехъ во десници седꙗщего на престоле книги написаны внꙋтрь и зовнꙋтрь... (Откр. 5,1)

В другом месте находим объяснение к группировке всех книг Ветхого и Нового Заветов, где Скорина вводит понятие конкорданции („сведки или згоды“):

> Сии вси писма Нового И вет'хаго закона восполок' собранаꙗ нарецаютсꙗ Библиа, еже руск҃и ꙗзыком' зоветсꙗ книга. Занеже надъ иные писма. С҃тми ѿци сиꙗ книга ꙋставлена ѥ҃ чести. Протож' ꙗ Фран'циско Скорина меновал' есми тꙋ вси тыи писма зособна. абы есте ведали иже на сторонницахъ каж'ных' книгъ моего тружаниꙗ, пописаны соуть сведки или з'годы крат'це, именъи с҃и вышеи именовалъ есмъ.

Как пример подробного объяснения читателю структурных разниц между разными переводами той же книги и оправдания своих переводческих решений приводим здесь фрагменты предисловия Скорины к Книге пророка Даниила:

> Потреба теже ведати, иже сия книга ст҃го пророка божия Даниила написана есть во Ꙋдеи Хал'деиским ꙗзыком а евреискими словами. Ꙗко и иные многие книги тымъ обычаемъ в ни҃х пописаны суть, наболеи Тал'моут тоестъ ꙋчение закону или правъ Моисеѡвых на некоихъ теже местах и во книгахъ Моисеѡвыхъ знаидуемъ слова ꙗзыку Халдеискаго. И Евреи законо ꙋченыи мусять ꙋмети ꙗзыкъ Хал'деискии. Теже не потреба ся тому дивити иже Ꙋдеи не имают зуполна книгъ Даниила пророка. ... Феодосии же ꙋчитель великии Греческаго Ꙗзыка выложилъ с халъдеискаго писма на греческое. И светыи Єронимъ на латин'ское зꙋпол'не. А подле ихъ выкладу, не толико чтеть Данила пророка Цер'ковъ Христова Латин'скимъ а Греческим ꙗзыкомъ, но и Сир'ским и Єгипет'скимъ. Азъ теже недостоиныи последовникъ и҃х, нарожены в руском ꙗзыку, с помощию божиею, ꙗко повиненъ сыи роз'множати хвалу Хр҃тву и посполитое доброе. Межи иными пророки светыми. Выложихъ и Данила мужа жадостеи, и преславнаго пр҃рка Гд҃ьня на рус'кии ꙗзыкъ зупол'не.

Еще более подробные структурные объяснения находим в Книге Есфирь, где кроме полной информации в предисловии о халдейском и еврейском тексте книги, о греческом переводе и переводе блаж. Иеронима, Скорина добавляет свои указания и после IX и XVI главы. И опять говорит о себе, как о последователе блаж. Иеронима, и о служении Богу и *рускому роду*. Таких метатекстовых объяснений в творениях полоцкого издателя много.

Франциск Скорина предстает перед нами как человек, продолжающий самые лучшие традиции христианской библеистики, занимая исключительно важное место в славянской культуре. Сравнивая его подход к библейскому тексту и Библии с общим подходом церковнославянской традиции, мы видим, что они почти не пересекаются. Таким образом, феномен Скорины прекрасным образом обогащает общую картину славянской культуры, независимо от того, что его конкретное влияние на развитие церковнославянской письменности вообще, и библейского перевода в частности, остается довольно ограниченым.

Abstract

This article reviews the work of Francysk Skoryna (Prague, 1517-1520, and Vilnjus, 1522, 1525) as a translator, commentator, and editor of biblical—especially Old Testament—texts. Skoryna printed the Psalter twice without translating it, and published 22 biblical books in his own translations. In 1525, he published a Church Slavonic *Apostol* (Epistle Book) with his own introduction and a calendar. In addition, he left several manuscripts with his translations of other biblical texts unpublished. While his typographic heritage has been reprinted many times and is easily accessible in electronic versions, his manuscript translations are still fairly unstudied and relatively unknown.

The author analyzes Skoryna's work in the context of the history of biblical translations into Church Slavonic. Particular attention is paid to the gradual appearance among the Orthodox Slavs of biblical codices with no direct liturgical function, since liturgical application was initially the prime reason for translation. The author examines how Skoryna subjected biblical texts to a metatextual reception, thus displaying an awareness of the texts' structural and functional specificities. The article also directly compares Skoryna's work with the landmark Ostrog Bible.

Francysk Skoryna emerges from this study as an important Renaissance figure in the history of the Orthodox Slavs, one who continues the best traditions of Christian biblical studies even as his approach to the Bible significantly deviates from established Church Slavonic models. The Skoryna phenomenon, consequently, enriches the Slavic cultural landscape, despite the fact that his immediate influence on the development of Church Slavonic letters generally, and biblical translations in particular, remains rather limited.

Библиография

Алексеев, Анатолий. *Текстология славянской Библии*. Санкт-Петербург: Дмитрий Буланин & Böhlau Verlag, 1999.

Алексеев, Анатолий. „Византийско-славянский профитологий (формирование состава)" *Труды Отдела Древнерусской Литературы* 56 (2004): 46—77.

Алексеев, Анатолий. *Библия в богослужении. Византийско-славянский лекционарий*. Санкт-Петербург: Нестор-История, 2008.

Богдановић, Димитрије. *Каталог ћирилских рукописа манастира Хиландара*. Београд: САНУ, 1978.

Бугаевский, Александр В., Зорин Владимир (архимандрит). *Святитель Николай архиепископ Мирликийский Великий Чудотворец. Его жизнь, подвиги и чудотворения, е по древним греческим, латинским и славянцким рукописям, 6/19 декабря*. Москва: Скиния, 2001.

Лавров, Петр Алексеевич. *Материалы по истории возникновения древнейшей славянской письменности*, Труды Славянской комиссии 1, Ленинград, 1930.

Naumow, Aleksander. „Rusin na szlakach renesansowej Europy". In *Franciszek Skoryna z Połocka – życie i pisma*. Wybór tekstów, przekład i opracowanie M. Walczak-Mikołajczakowa i A. Naumow (Biblioteka Duchowości Europejskiej nr 3), Gniezno: Collegium Europaeum Gnesnense, 2007:9-36.

Николова, Светлина. "За най–стария български средновековен ръкопис на Стария завет." *Старобългарска литература*, 28–29 (1994): 110–118.

Николова, Светлина. „За два непроучени среднобългарски ръкописа от XV в., съдържащи старозаветни книги". *Ricerche Slavistiche*, 43 (1996): 5–35.

Николова, Светлина. "Проблемът за издаването на небогослужебните български средновековни текстове на Стария Завет". In *Старобългарският превод на Стария Завет. Под общата редакция и с въведение от Св. Николова*. Т. 1: Златанова Румяна. *Книга на дванадесетте пророци с тълкования*. София: БАН–КМНЦ, 1998: IX–XXXVII. Вж. и *Старобългарският превод на Стария Завет. Под общата редакция и с въведение от Св. Николова*. Т. 2: *Книга на пророк Иезекиил с тълкования*. Изд. подготвено от Лора Тасева, Мара Йовчева; Подбор на гръцкия текст Т. Илиева. София: БАН–КМНЦ, 2003:7–30.

Николова, Светлина. „Проблема полного Мефодиевского перевода Библии". *Слов'янський збірник*. Одесса, Вип. VII, 2000: 8–14.

Николова, Светлина. „Критическо издание на Методиевия превод на Стария Завет или дипломатическо издание на запазените текстове". In *Критическото издание на най-стария славянски текст на библейските книги и неговите алтернативи. Критическое издание древнейшего славянского текста библейских книг и его альтернативы: Тематический блок. XIII международен конгрес на славистите, Любляна, 15–21 август 2003*. София, 2003: 5–19.

Pelusi, Simonetta, *La civiltà del Libro e la stampa a Venezia. Testi sacri ebraici, cristiani, islamici dal Quattrocento al Settecento*, a cura di S. Pelusi (=Civiltà Veneziana, Studi, 51), Padova 2000.

Sielawa, Anastazy. *Antelenchus, czyli odpis na script uszczypliwy zakonników cerkwie odstępney św. Ducha, Elenchus nazwany.* Wilno 1622.

Славова, Татяна. *Тълковната Палея в контекста на старобългарската книжнина*. София: Университетско издателство „Св. Климент Охридски", 2002 (Университетска библиотека № 418).

Славянские рукописи болгарского происхождения в Российской национальной библиотеке – Санкт-Петербург. Сост. Христова Боряна, Зачгребин Вячеслав, Енин Геннадий, Шварц Елена. Науч. ред. Райков Божидар, Загребин Вячеслав, Джурова Аксиния. София: Университетско издателство „Св. Климент Охридски", 2009.

Starowolski, Szymon. *Setnik pisarzów polskich, albo pochwały i żywoty stu najznakomitszych pisarzów polskich*. Przełożył i komentarzem opatrzył Jerzy Starnawski. Wstęp napisali: Franciszek Bielak i Jerzy Starnawski. Kraków: Wydawnictwo Literackie, 1970 (= Simonis Starovolsci. *Scriptorum Polonicorum Hekatontas seu Centum illustrium Poloniae scriptorium elogia et vitae.* ed. 2. Venetiis, MDCXXVII).

Типик архиепископа Никодима. Књига друга. Српскословенски текст разрешио Лазар Мирковић. Београд: Чигоја штампа, 2007.

Thomson, Francis J., „The Slavonic Translation of the Old Testament". In *Interpretation of the Bible.* Ed. J. Krašovec. Ljubljana: Slovenska Akademija, 1998:605-920.

Тотоманова, Анна-Мария. *Славянската версия на Хрониката на Героги Синкел*. София: Университетско издателство „Св. Климент Охридски", 2008 (Университетска библиотека № 474).

Чешмеджиев, Димо. „Още за Хилендарското сказание и неговата автентичност". In: *Език и свят. Съвременна филологическа проблематика*. Т. 2. *Литературознание*. Пловдив: Пловдивски университет, 1995, 291-296.

Чешмеджиев, Димо. "За едно малко известно <Сказание за превода на Свещеното писание> от Хилендарския манастир". In: *Бог и цар в българската история*, отг. ред. Тотев, Тотю. Шумен – Пловдив: Шуменски университет, 1996: 166-169.

II. Toward Linguistic and Cultural Ecumenism

MOSHE TAUBE

Jewish-Christian Collaboration in Medieval Slavic Translations from Hebrew

At first glance, the very notion of Jewish-Christian collaboration in translating texts from Hebrew into Slavic in pre-modern times seems extremely unlikely, given the well-known hurdles: language availability, the wall of religion, and finally, plain mutual distaste and mistrust. One truly cannot overrate the religious barrier between the adjacent but culturally segregated communities of Jews, and the Christian population amongst which they lived in Medieval Eastern Europe.

Since, however, translations made directly from Hebrew do emerge in East Slavic manuscripts at least from about 1400 onwards (for a list of texts translated, divided tentatively into a pre-15th c. and a late 15th c. group, see appendix), we must at the very least try to imagine the possible circumstances in which such collaboration might have occurred. One cannot simply go along with the patriotic fervor of Russian scholars, especially during the Soviet period (e.g. N.A. Meshcherskij 1958), who depicted a Russian society highly cultivated from the very moment when the Russian state emerged and adopted Christianity, employing hordes of translators in Kievan Rus' to translate dozens of works, mostly from Greek, but also from other languages, including Hebrew.

Such early dating for the first translations from Hebrew, questioned and labeled an unproven hypothesis in Lunt & Taube 1988, remained nevertheless the starting point for A.A. Alekseev (1993), despite the doubts cast by Francis Thomson in a series of papers starting in 1978 (all of them reprinted in Thomson 1999) on the quantity, and even the very occurrence, of translations made in Russia, from *any* language, in the first five hundred years of its existence as an Orthodox Christian state. Thomson has convincingly argued that the normal course of cultural diffusion in Medieval Russia necessarily went through the reception of Byzantine Greek works, but in an indirect manner, by importing, copying and adapting South Slavic translations from Greek made chiefly in Bulgaria. In other words, whatever translations circulated in Kiev and Muscovy, they were almost exclusively works translated in the Balkans, already in Slavic garb when they reached Russia.

The main obstacle to translations being made in Russia was the self-imposed seclusion resulting from a deeply entrenched mistrust and suspicion of all things foreign and all that is new. Medieval Russia (first Kievan Rus' and then its successor, Muscovite Russia) was culturally a peripheral polity, which depended on Byzantium (through Bulgarian intermediation) even for its lists of forbidden texts, invariably corrupt and always out of date by the time they reached Russia. No wonder, therefore, that apocryphal texts, banned by the Orthodox Church as heretical, circulated unrecognized in Russian collections in the company of totally canonical works.

The monopoly on defining the literary canon and on determining the legitimate sources of knowledge belonged exclusively to the Church, although in order to enforce that monopoly it needed the good will of the head of the secular power, the Prince, who after all had the larger responsibilities, including reasons of state. From the perspective of the Russian Church there was an insurmountable religious boundary between Christian Orthodox and all the rest, regarded as heretics or infidels, starting with Catholics and their sacred language - Latin. Collaboration between Orthodox and Catholic did occasionally happen in times of necessity, but was never sanctioned. For example, the translation enterprise in Novgorod during the 1490s leading to the *Gennadij Bible*, which required the help of foreigners, among them Catholics (see Wimmer 2005).

Whenever, therefore, we encounter the name of a scholar living in Russia who had knowledge of Greek and Latin, he is almost certainly a Greek. Two well-known ecclesiastical figures of Greek descent will serve as examples of victims of this suspicion of anything foreign or new. The first is Isidore, Metropolitan of Kiev and of all of Russia, also known as Isidore the Apostate, due to his role as the champion of Union with Rome at the Ferrara-Florence Council of 1438-1439. Isidore was eventually imprisoned, later escaped Russia and ended up in Rome as head of the college of Cardinals at the Vatican.

Almost a century later Michael Trivolis, better known as Maksim Grek, was summoned in 1515 by the Grand Prince of Muscovy, Basil the 3rd, to apply his knowledge of languages in order to supplement and correct the lacunar and corrupt Scriptures circulating in Russia, a task he honestly tried to accomplish. His translation from Greek of the Book of *Esther*, for which there was no Slavic translation made from the Septuagint,[1] survives under the title *Povest' o Esfiri*

[1] The *Book of Esther* is attested in Russian from ca. 1400, in a translation made the from Greek, albeit not from the *LXX*, but from a lost Judeo-Greek text (see Lunt & Taube 1998), *pace* the opposite view, favoring a direct translation from Hebrew (see Meshcherskij 1956,

(see Taube & Olmsted 1987). Quite predictably, he ended up exiled, secluded and defamed by the Russian Church as a heretic until his death in 1556 in the Trinity Lavra of St. Sergius.

As for the presence in Russia of scholars with knowledge of *Hebrew*, we do not, at this point, have a single hint that any figure like a Giovanni Pico della Mirandola, a Sebastian Münster, or a Johann Reuchlin existed in the 15th century. This should not come as a surprise, since notions such as University, Printing, Renaissance, Humanism were for Muscovy but abstractions, quite remote both in space and in time -- hundreds of miles to the West and still several centuries away. The nearest University where Aristotle was being read (not yet in the original Greek, but in Latin) was the Jagellonian in Cracow, and somewhere between Cracow and Moscow, perhaps at the longitude of Lemberg-L'viv-Lwów, lay the invisible borderline of time-space (and – of course – of religion). On the one side it was the eve of the Renaissance, while on the other it was the full prime of the Middle Ages.

Another obstacle standing in the way of collaboration resulted from the fact that Muscovy did not have a Jewish population of its own. Such a population would have been, for those possibly interested in the knowledge of Hebrew and of the *Hebraica veritas*, if there had been such circles in Muscovy at all, a natural resource. Unlike Kievan Rus', where Jewish presence is attested from the early 10th century onward (see the Genizah letter written by the community of Kiev ca. 930 and published by Golb and Pritsak 1982), well before christianization, the principality of Muscovy did not allow Jews to reside within its boundaries. All the so-called *zapadnorusskie* ("West-Russian") regions in which Jewish presence was attested before the Mongol invasions (for recent surveys of Jewish settlement in these parts see Kulik 2008, 2009), like Polotsk, Turov-Pinsk, Brest, Kiev, Tchernigov and Vladimir-Volynsk, lay beyond the borders of the Moscow Principality, under the control of the emerging opponent of Muscovy, the Grand Duchy of Lithuania (see Pereswetoff-Morath 2002 vol. 2, pp. 14 –15), with Kiev as one of its centers.

The situation in Kiev may have been somewhat different from that in Moscow, where Jews are prohibited from settling, but we do not have nearly enough evidence about 15th century Kiev. We know only that toward the end of the 15th century some young Poles and Ruthenians from the Grand Duchy of Lithuania, including a few young men from Kiev, started travelling abroad to

---

Alekseev 1993, Lysén 2001).

study at the Universities of Bologna and Padua, but no evidence indicates that they returned to engage in intellectual creative work on their native soil before well into the second half of the 16th century.

Jewish-Christian collaboration, then, if it occurred at all, had to take place outside the borders of Muscovy, namely in the Grand Duchy of Lithuania, certainly in Kiev, but perhaps in other cities too. Exceptions to this rule, from the Orthodox Russian perspective, could only be imagined in one of the two possible cases: 1) when former Jews converted to Christianity and were therefore allowed to travel to Muscovy and even to live there; and 2) when collaboration took place outside the Grand Duchy of Lithuania, but in areas where Muscovy's stranglehold was not yet felt, such as the Boyar Republic of Novgorod, at least until its annexation by Ivan III in 1478.

We should keep in mind that from a Jewish viewpoint, too, there were serious obstacles to collaboration. There has always been great reluctance to collaborate with members of other religions, especially with Christians, in matters concerning translation, in particular translation of the scriptures sacred to both religions.

Thus, the eighth day of the fourth month of Tevet, the day on which Jewish tradition maintains that the Torah was translated into Greek in the 2nd century BC, is according to the 9th century work *Halakhot Gedolot* among the days on which one ought to fast. The reason for the fast is given as follows: "On the eighth of Tevet, during the rule of King Ptolemy, the Torah was written in Greek, and darkness fell on the world for three days."[2]

In *Masekhet Sofrim*, a post-Talmudic treatise composed not later than the 7th century, we read: "Once there were five elders who wrote the Torah in Greek for King Ptolemy, and that day was as hard for Israel as the day the golden calf was made, for the Torah could in no way be translated adequately."[3]

The reason for this impossibility is that the Torah was given to Israel in the holy tongue, and only in its original language can its many levels of meaning

[2] bishmonah betevet nichteva hatora biymei talmai hamelech belashon yevanit vehachoshech ba la'olam shlosha yamim (*Sefer Halachot Gedolot*, Siman 18, Hilchot Tish'a Be'av veta'aniyot).

[3] Ma'aseh bachamisha zkenim shekatvu letalmay hamelech et hatora yevanit vehaya oto hayom kashe leyisrael kayom shena'asah bo ha'egel shelo hayta hatorah yechola lehitargem kol tzorkah (*Masekhet Sofrim*, perek aleph, halakha 7).

be retained, whereas in translation the multiple levels of meaning and color present in the original divine text must be given up.[4]

The second obstacle, from the Jewish perspective, for imagining such collaboration was, again, language availability. When considering what little we know about Jews in Medieval Eastern Europe, we can hardly imagine a Jew with enough knowledge of Slavic to be able to produce by himself, in *written* form, a translation of a sacred or scientific text for a Slavic reader.

To be sure, throughout their exile, in all corners of the diaspora, Jews invariably learned and adopted the *spoken* language of their host countries, but *writing* presents a totally different situation. Jews *did* write down texts in (their own variants of) the local tongues, but always using the *Hebrew* script.[5]

As regards the spread of erudition and the level of education and scholarship, the situation among Jews in Eastern Europe was not very different from the situation of their Christian neighbors. Thus, although, as I have said, Jews are known to have lived in Kiev from at least the beginning of the tenth century, and a handful of Jews from Russia were mentioned in the 12th and 13th centuries as studying in the Jewish scholarly centers in the West, that is in France, Germany, and even Spain, we have no evidence for significant Jewish scholarship during this period in any area East of a line drawn from Prague to Vienna. Indeed, not a single written work by a Jewish author from Eastern Europe dating before the second half of the 15th century has come down to us. We must assume therefore the continuity until that time of the situation observed in the 13th century by the author of *Or Zarua'*, Rabbi Isaac of Vienna (originally of Bohemia):

> Thus in most locations in Poland, Russia and Hungary where there are no learners of the Torah, because of their poverty, they hire a wise man from among those they can find and he is for them cantor and rabbi and teacher to their children.[6]

---

[4] Cf. Reich, Aryeh 'The Greek Bible – Light or Darkness?'. http://www.biu.ac.il/JH/Parasha/eng/vayigash/rei.html

[5] A well known exception is the (Jewish-) Spanish Bible printed in Italy sixty years after the expulsion of the Jews from Spain and the forced conversion of some 200,000 who remained, which was aimed at those Marranos who, forced for years to hide their Jewishness, might have forgotten to read the Hebrew script: *Biblia en Lengua Española Traducida Palabra por Palabra de la Verdad Hebrayca por Muy Excelentes Letrados, Vista y Examinada por el Oficio de la Inquisicion. Con Privilegio del Ylustrissimo Señor Duque de Ferrara* [Ferrara: n.p., 1553].

[6] hine berov mekomot shebepolin verussiya ve'ungarin she'eyn sham lomdei torah mitoch dochkam vesochrim lahem adam mevin me'asher yimtze'u vehu lahem shliach tsibur umore tsedek umelamed bneyhem. (*Sefer Or Zarua'* chelek aleph, Hilchot shliach tsibur, siman 113).

Even for the text called *Feodor's Psalter*, which is but a collection of Jewish prayers translated from memory by a converted Ashkenazi Jew (see Zuckerman 1987) around 1470 into a rather faulty *prosta mova* ("vulgar speech") and dissimulated to resemble a Christian Psalter with 20 *cathismas* and nine odes, we must assume, at the very least, the participation of a Slavic scribe to put it into written form.

Here is the epilogue to this translation:

> Милостию божиею а здоровиемь государя своего князя ивана василиевича всея руси. и благословениемь и приказаниемь святаго филипа митрополита всея руси. докончалъ я дватцатъ кафиземь и 9 песнь псалтыри давидова пророка што привел отъ еврейска языка на роускый языкъ.
>
> With God's grace and the good will of my Lord the Great Prince Ivan Vasilievich of all of Russia and with the blessing of Saint Philip Metropolitan of all of Russia, I have completed the 20 cathismas and 9 odes of David's Psalter which I translated from the Hebrew tongue into the Russian tongue.

The Hebrew text of these prayers, it seems, was not available in written form to the converted Jew residing in Muscovy, and he had to rely on his memory, with varying results, depending on the frequency with which the prayer occurred in the liturgy (cf. Zuckerman 1987).

Sometimes the road from Kiev to Moscow passed through Novgorod. Indeed, for many of the surviving translations from Hebrew in Muscovy, the earliest testimonies are in Novgorodian manuscripts. The channel Kiev - Novgorod - Moscow is explicitly referred to in a letter by Gennadij, archbishop of Novgorod. Thus, in 1490 he writes to Zosima, Metropolitan of Moscow, who was later (in 1494) deposed after being accused of secretly sympathizing with the heretical Judaizers, as follows:

> Здѣсє прієхалъ жидовинъ новокрещеныи. Даниломъ зовутъ. а нынѣ христіанинъ. да мнѣ сказывалъ за столомъ во всѣ люди. нарядился дѣи єсми изъ Кѣєва къ Москвѣ. ино ми дѣи почали жидове лаяти. собака дѣи ты ся куды нарядилъ. князь дѣи вєликіи на Москвѣ цєркви изъ града всѣ вымєталъ вонъ. (Соболевский 1903: 397)
>
> A newly baptized Jew has arrived here (i.e. in Novgorod), by the name of Daniel, presently a Christian, and told me at the table, in front of everyone: I set out for Moscow from Kiev, and then, he says, the Jews began to insult me: "You dog, they say, where are you headed? The Great Prince in Moscow, they say, has swept all the Churches out of the City."

The rumors willfully spread by Jews that the Great Prince had abandoned the Church in favor of the Judaizing heresy proved to be false, of course, but the presence within the boundaries of Muscovy of former Jews converted to Christianity is thus attested, although their level of education and scholarship remains unknown.

Given the linguistic situation and the other difficulties just described, how do we account for the existence of the translations from Hebrew?

Some scholars, e.g. Henrik Birnbaum (1973: 252), expressed their belief that the translations could have been made for internal Jewish purposes, namely for Jews who did not know enough Hebrew.

This hypothesis has to be rejected, since we are not dealing here with the age of Jewish Enlightenment in the 18th century. There were no learned Jews in the 15th century interested in History, Science, Astronomy, or Medicine, who did not know Hebrew. A learned Jew, at this time, was by definition one who had mastered the holy tongue, including Hebrew and Aramaic. A text written in Slavic, moreover in Cyrillic script, could in no way be assumed to be more readily accessible to such a Jewish reader. We must therefore contemplate other ways of explaining the emergence of the two groups of translations.

Let us consider the early group of translations from Hebrew, carried out before 1400 (it is not clear when exactly, but, in any case, preceding the emergence of the Judaizers in Novgorod and Moscow), the Historical accounts of the Ancient Israelites found in East Slavic compilations. These compilations are basically made up of Byzantine sources and destined for Christian readers. But, as Thomson has convincingly shown, the East Slavic editors did not know Greek, (let alone Latin, or Hebrew), and when they enlarged their compilation by using other texts of Byzantine origin, they invariably quoted texts already available in Slavic. Hence, when we discover an editor of such an East Slavic compilation who not only displays excellent knowledge of Hebrew written sources but actually boasts about it, we should pay close attention.

Such a remarkable case is the editor of one of the redactions of the *Tolkovaia Paleia*, the Commented Palaea, a Russian compilation of the 14th or perhaps even 13th century that contains stories of Byzantine provenance, possibly translated in the Balkans, and supplements or augments with many details the accounts of the Old Testament narrative, from Creation until the reign of King Solomon. The *Tolkovaia Paleia* also contains comments, or rather anti-Jewish invective and interjections, such as the frequently appearing words слышиши ли окаянный жидовине 'do you hear, cursed Jew?' In some copies, starting with the *Barsov Paleia* (ГИМ, собр. Барсова № 619), written around the year 1400, texts of Hebrew provenance begin to appear. Thus, the *Life of Moses*, of Byzantine origin, which was part of earlier redactions of the *Tolkovaia Paleia*, is partially replaced and augmented by a version of Hebrew origin, deriving from the *Chronicle of Moses our teacher,* with some further midrashic additions (cf. in detail Taube 1995).

In the version of the *Life of Moses* which found its way from the *Tolkovaia Paleia* into the 16th century *Velikie Minei Chetii*, the great compilation of officially approved reading material made at the initiative of Archbishop Makarij around 1520-30, the following retelling of *Deuteronomy*, chapter nine, where Moses reminisces about the breaking of the tablets of the Law after he descended from Mt. Sinai and saw that the Israelites had in the meantime made a golden idol is based on *Deut*. 9: 17, but with a significant addition.

> и ємъ обѣ дъсцѣ повєргохъ из руку моєю и скрушихъ ѥ прєдъ вами **судивъ ѡ васъ ꙗко нє достоини єсте людіє ѥстьствєнаго законоположєньꙗ. ꙗкожє бо нєвѣста прєжє чєртога своѥго съблудивши**. (*Палея Толоковая по списку сделанному в г. Коломне в 1406 г.* [ред. Н.С. Тихонравов] Москва 1892, с. 297 = *ВМЧ Митр. Макар. Сентябрь дни 1–15*. СПб. 1868, с. 230)
>
> And I took the two tables, and cast them out of my two hands, and brake them before your eyes, *judging that you are not a people worthy of the deposition of the true Law, like a bride having fornicated before her wedding canopy.*

The addition in verse 17 closely recalls the wording in the Talmudic treatise of *Gittin 36b*, also in *Shabbath 88b,* as well in the Midrash *Yalkut Shim'oni* on Canticles – 'aluva kala shezinta bekerev/betoch chupatah ("Wretched is the bride who fornicated under [literally, 'within'] her wedding canopy.").

The editor's familiarity with the talmudic and midrashic expression "like a bride who fornicated in (front of) her wedding canopy", which appears precisely in the context of the golden idol made at Mt. Sinai, is quite impressive and rather unexpected. Even more impressive is the narrator's boasting of his knowledge. An example of this attitude occurs in the passage retelling the midrashic account about how Joseph's relics were miraculously retrieved from the Nile. This was done, according to the Midrash, with the help of Jacob's granddaughter Serah, daughter of Asher, who remembered the exact location in the river where the Egyptians had immersed Joseph's coffin some 400 years earlier. Here is the Slavic version:

Толковая Палея 1477 г. (ГИМ, Син. 210, л. 205 об.)

Клꙗтвою бо заклꙗлъ баше иѡсифъ с҃ны і҃лвы гл҃ꙗ. присѣщєниємь имь[ж] присѣтить ва[с] гд҃ь б҃гъ, да изнєсѣтє кости моꙗ ѿсю[д] с собою. вниде[ж] сиꙗ рѣчь въ єгиптꙗны испєрва. боꙗхоу бо сꙗ исхода і҃лєва мнꙗщимь имь ꙗ[к] тѣмь дръжа[т] с҃ны

и҃ілєвы. понєжє ѡковаша ракꙋ иѡсифовꙋ ѡловѡ^м^, и ѡтаив вєргоша в рѣкꙋ, рєкоущє ꙗко ащє нє изнєсоу^т^ кости иѡсифли с собою, нє изыидоу^т^ с҃нвє и҃ілєви изъ єгипта.
Ты жє ѹбо жидовинє скажи намъ. како взѧша кости иѡсифлѧ, наидоша ꙗ гразѧща в мори за .у҃. лѣ^т^. **ащє ли ты нє вѣси мы ѹкажєм ти**...

For Joseph had made the children of Israel swear, saying: God will surely visit you, and ye shall carry up my bones from hence [=Genesis 50:24]. And this saying reached the Egyptians first, since they had feared the Exodus of Israel, and thought that by this they would retain the children of Israel. For they had bound Joseph's shrine with lead and in secret threw it into the river, saying: "If they won't carry away Joseph's bones with them, the children of Israel will not leave Egypt." **But you, Jew, tell us, how did they take Joseph's bones**, (how did they) find them, being sunk in the sea for 400 years? **If you do not know we will tell you**....

The narrator indeed goes on to tell his reader in very minute detail the story found in various midrashic sources.[7] Such a detailed knowledge of midrashic sources coupled with the narrator's boast about his superior knowledge,

---

[7] The midrashic account relates in detail how the Egyptians put Joseph's corpse in a lead coffin and immersed it in the Nile, since they knew that Joseph made the children of Israel swear that they would take his remains with them when they left Egypt, as we read in Genesis 50:25: Then Joseph made the sons of Israel swear, saying, "God will surely take care of you, and you shall carry my bones up from here." The midrash tells us that just before the Exodus from Egypt, during the ninth plague, when darkness reigned over Egypt for three days, Moses started searching for Joseph's coffin. Finally an old woman told him where it was located in the Nile. This woman was Jacob's granddaughter, Serah daughter of Asher. The midrash also tells us that it was she who had come running to her grandfather Jacob to tell him the good tidings that his beloved son Joseph was not dead, as his other sons had led him to believe, but was alive and well in Egypt, and in return Jacob blessed her with long life. That is how, the midrash explains, she was still alive four hundred years later to guide Moses. But in order to retrieve the metallic coffin, Moses needed yet another another contrivance. For he had stood on the bank of the Nile and cried three times, "Joseph, the time has come for the children of Israel to leave Egypt, arise and get out, or we will be absolved from your oath," but nothing happened. He then engraved on a small stone, or, according to another version, on a piece of parchment, the Tetragrammaton, the four-letter word carrying God's name, and threw it into the water and cried, "Rise, Bull" (the bull being the symbol of Joseph), and only then did the heavy coffin finally emerge. Another interesting detail from the midrash which found it's way into the Slavic is the ultimate fate of this piece of parchment or stone. According to one midrashic version, a certain Jew found the piece of parchment, apparently on the bank of the Nile, with some midrashic sources identifying this Jew as the priest Micah. According to another version, when the Israelites crossed the Red Sea, a certain Jew found the small stone with the tetragrammaton engraved on it and took it. When Moses was on Mt. Sinai to receive the Tablets of the Law, and the Israelites pressured his brother Aaron to make a golden idol by melting the golden jewels they had brought with them from Egypt, this Jew threw into the fire the piece with the tetragrammaton and thus the Golden calf was formed. Surprisingly, most of these details found their way into the Slavic *Life of Moses* integrated into the *Tolkovaia Paleia*.

strengthens the suspicion that we are viewing a familiar picture -- a Jew converted to christianity using Jewish sources to polemicize against his former coreligionists.

This allows us to posit a scenario with a Jewish convert to Christianity involved in the translations from Hebrew, that is, for the early group of translations consisting of texts dealing with the ancient Israelites and with many Old Testament figures. Some of them, such as David, Ruth, Salathiel and Zerubabbel, were of obvious interest to Christians since they belong to the genealogy of Christ. The purpose seems to be not to conduct polemics per se, but to use the texts for proselytizing purposes. A direct indication of such a purpose is found in another place in the *Tolkovaia Paleia*, where the author explicitly addresses a contemporary Jew (although, as I have said, Jews were not allowed to live in the Moscow principality), urging him to convert to Christianity:

Ты же оубо дьнєсь сꙋщии жидовине. почто не рєвнꙋєши дрєвлє бывшимъ израильтомъ. ихъ жє ради показание египта. ты жє дьнєсь наказанъ и въ работу прєданъ єси подъ рꙋкы языкомъ. ихъ жє дрєвлє прослави господь богъ. ты жє дьнєсь порꙋганию и покорꙋ въ языцѣхъ. ижє дрєвлє чєрмнаго моря прєидоша бєзднꙋ ты жє дьнєсь по градомъ язычьскымъ калъ и гноища сбираєши. акы свинья пыща и въ мотылѣхъ прєбываєши. почто оубо нє разꙋмѣєши. почто ли нє въспрѧнєши ѿ жєстосєрдиꙗ фараонѧ. ꙗкожє бо и онъ жєстосєрдиє имѣꙗ противꙋ людємъ божиимъ погыбє. тако жє и вы ожєсточающє противꙋ законꙋ избраномꙋ богомъ погыбающє погыбнєтє. исповєргъшє злѣ животъ свои. огнію вѣчномꙋ прєдани бꙋдєтє. но възникъни. въздъхни и възпи къ господу. повєрзи прєлєсть и одєжисѧ въ новꙋю одєжю. єжє єсть свѧтоє крєщєніе. ꙗкожє и змиꙗ. когда състарѣєть сѧ и и ослѣпнєта очи єї. и алчєть м҃ дьни и м҃ нощи. дондєжє ослабѣєть єи сила тєлєси. тогда абіє съвлєчєть съ собє вєтшанꙋю кожꙋ и бꙋдєть обновившисѧ. такожє и ты жидовинє нє бꙋди нєсмыслєнъ и бесловєсєнъ ꙗко змии. пророчьства почитаєши. бытьи врємѧ вєдаєши. обнови своє тѣло. прозри своима очима. **свєрзи вєтшанꙋю одєжю. єжє єсть нєвѣрьство. и обновисѧ свѧтымъ крєщєніємъ. и притєци къ христꙋ и бꙋди єдиногласникъ съ нами**. (*Палея Толковая*, Москва: Согласие 2002; с. 320)

But you, Jew living today, why aren't you jealous of the Israelites of old, on whose account Egypt was punished? You are today punished and delivered into servitude under the hand of the gentiles. They were once glorified by God, whereas you have now become profaned and subjugated among the nations. They crossed the abyss of the Red Sea, whereas you collect excrement and filth, panting like a swine and living in the manure. Why don't you understand, why don't you wake up from the Pharaonic hard-heartedness? For just as he, being hard-hearted towards the people of God, perished, so will you, hardening yourselves against the Law chosen by God, surely perish; vomiting miserably your lives, you will be committed to the eternal fire. But rise, sigh and cry to the Lord, throw off the spell and put on a new garment, which is the Holy Baptism. Just like a snake, when it grows old and its eyes darken, fasts for forty days and forty nights, until its corporeal force weakens, and then it sheds its decayed skin and becomes renovated. So also you, Jew, don't be insensate and irrational like the snakes. The prophecies you have read, the time of Creation you know. Renovate your body, regain the sight of your eyes, **throw off the decayed garment which is incredulity, become renovated through the Holy Baptism, rush to Christ and become unanimous with us**.

Alexander Pereswetoff-Morath, who in recent years has written extensively about Anti-Judaic polemical works in Russia, thought that such works were basically written with an imaginary Jew in mind, not some flesh and blood Jew, since there were no Jews in Muscovite Russia. He accordingly named his 2002 book "Grin without a Cat." But he admits (2002, vol.1, p. 31) that due to the enormous complexity of the *Tolkovaia Paleia* as a compilation of successive redactions, mostly unpublished, he decided not to include it in his study. This is a regrettable decision, as we can see from the passage just quoted. We do not, in fact, know exactly when and where the different redactions of the *Tolkovaia Paleia* were elaborated. The Grand Duchy and Novgorod are possible locations for some of these redactions. It seems quite probable that the quoted arguments were directed by the polemicist—in all likelihood a converted Jew himself—at his former coreligionists. The time of Creation mentioned here together with the prophecies could well be a hint at the approaching year 7000 from Creation, an eschatologically loaded date for both Jews and Christians.

This proselytizing effort could have been an attempt to counter a similar effort on the Jewish side to attract Christians by offering them a corpus of scientific and scholarly literature translated from Hebrew, although the relative timing of the two efforts is hard to establish. Such a corpus certainly required collaboration, even if its goal, like that of the opposing effort, may not exactly have been a collaborative relationship in mutual understanding, but more of a "hostile takeover attempt" by intimidation or by ruse.

Regarding the circumstances that gave rise to the corpus of translations of scientific and pseudo-scientific texts from Hebrew in the second half of the 15th century, traditionally called the "Literature of the Judaizers", we do have somewhat more evidence than for the emergence of the early group of translations, but inevitably also more controversy, in which I have had my share (cf. Taube 1995, 2005, 2010). The very idea of converts participating in this translation enterprise is not new. It was suggested, albeit as a mere hypothesis, without any corroborating evidence, by Hrushevskij in the 5th volume of his *History of Ukrainian Literature*: ті вчені євреї, вихрести чи вірні своїй вірі, що постачали ініціаторам цього руху твори єврейських авторів, притягалися до помочі без огляду на їх релігію і без релігійних іудаїстичних планів.

'These learned Jews, converts or loyal to their faith, who supplied the initiators of this movement (sc. of the Judaizers) with works of Jewish authors, were mobilized to help regardless of their religion and without religious judaic plans' (translation mine, M.T; quoted here, without page number, from the online edition http://izbornyk.org.ua/hrushukr/hrushe.htm).

The texts of the early group of translations, which were integrated into compilations, and in the process underwent textual and linguistic editing, as well as russification, make it difficult for the investigator to envisage the original form of the translation, and even more so to determine the relative input of the Jew and the Christian who must have taken part in it. This is also the situation with regard to most of the texts in the second group.

There is however one text that escaped editing and thus permits us a glimpse into the early, perhaps primary form of the translation. It is part of the composite text known as *Logic of the Judaizers*, or, in short, the *Logika.* The *Logika* is a translation of two philosophical works originally written in Arabic by non-Arabs, but translated into Slavic from their *Hebrew* translations. One of them is a Judeo-Arabic work, written down in the Hebrew alphabet, the *Treatise on the art of of Logic* (*Maqālah fī Ṣinā'at al-Mantiq*) traditionally attributed to Maimonides[8] (in Arabic: Abū 'Imran Mūsa ibn Maimūn or Mūsa ibn 'Ubaid Allah al-Qurtubī), known in Hebrew by his acronym Rambam (Cordoba 1135 – Cairo 1204). The other is the Arabic treatise by the Persian theologian Algazel (Abū Ḥāmid Muḥammad al-Ghazālī, Ṭus 1058 – Ṭus 1111), called *Intentions of the Philosophers* (*Maqāṣid al-falāsifah*).

The text of the *Logika* is attested in Slavic in two separate testimonies. One part of Algazel's *Intentions of the Philosophers*, the part dealing with Logic, is preserved, or rather was preserved until it vanished during WWII, in a single Kievan copy dated to 1483 which, luckily, was edited and published by a student of Kiev University, S.L. Neverov, in 1909. This portion never reached Muscovy and it therefore reflects the effects of collaboration between a local Jew and a Christian, without further intervention. The other part, containing Maimonides' *Logical Vocabulary* and the Metaphysics section of Algazel's *Intentions of the Philosophers*, with the title *Книга глаголемая Логика, сиречь Словесница*, is preserved in nine copies dating from the late 16th to the 18th century. It is clear, nevertheless, from the terminology used, and from the lan-

[8] On the recent controversy regarding this attribution, cf. Taube 2010: note 63, p. 339ff.

guage in general (discussed in detail in the present author's forthcoming edition), that the two parts were translated by one and the same person.

There can be no doubt that the translator of the *Logika* into Slavic was Jewish. A direct indication of this appears in Chapter 13 of the *Logical Vocabulary*, where the Hebrew text reads:[9]

> vehashem hane'emar bichlal ubifrat hu asher yikare min min haminin beshem sugo, keomrenu kochav, hane'emar 'al kol kochav mikochvey hashamayim bichlal vehu shem le'echad mizayin kochvey lechet. uchshem chashisha be'arav hane'emar 'al kol miney ha'asavim ve'al haperach hatsahov asher yitsbe'u bo hatsva'im.
>
> And a name said of a particular and of a universal, is when a species is referred to by (the name of) the genus, e.g., *kokhab* is the name of any star in the heaven, as well as of a particular Planet (i.e., Mercury), or the name *ḥashish* in Arabic referring to any plant as well as to the yellow flower used for dyeing.

The Slavic, on the other hand, has:

> а имѧ рєчєноє во всєм и єдинє то ижє нарєчєсѧ сꙋщєство всѧчєством. ꙗко рєчємъ Ізраиль всѣмъ намъ имѧ. и одномꙋ мєжи нами.
>
> And a name said of a particular and of a universal, is when a species is referred to by (the name of) the genus, e.g., "Israel" is the name of us all, as well as of an individual among us.

The *Logika* was translated by a learned Jew from the Ruthenian lands, who displays an impressive knowledge of medieval Jewish philosophy. In many places, he adds explanatory notes and examples to clarify the text. Thus, when talking about the difference between essential and descriptive features within the definition of 'Man,' the essential ones being 'animal' and 'rational,' the translator adds an explanation of his own (marked here by italics):

> а аще ѿмѣниши словѣсного приключєнїамъ, въѡсоби҃ш єго ѿ ины҃х живы҃х. *но нє исповѣси чтовства єго.*
>
> But if you replace "rational" by accidents, you may differentiate him from other animals, *but you will not express his quiddity.*

This learned Jew, versed in Hebrew medieval philosophy, but not in the Slavic literary tradition, had a Christian collaborator who was proficient in Ru-

[9] All the examples *infra*, along with their translations and comments, are quoted from the present author's forthcoming edition of the *Logika*, now in press at the Israel Academy of Sciences and Humanities Publishing House, Jerusalem.

thenian writing conventions. Judging by the resulting translation, the Jewish translator, who had before him a Hebrew version, or perhaps several Hebrew versions of the text, dictated his literal rendering into vernacular Ruthenian, presumably the only variety of Slavic with which he was familiar. His Slavic collaborator put it down in writing, occasionally 'correcting' it in accordance with the scribal conventions of the written language of the Grand Duchy of Lithuania, the bookish, heavily polonized 'chancery language' to which he was accustomed. Unmistakable marks of this method of translation are doublets, not just of single words, which are usual when translations are copied, but also doublets of *entire clauses*. These reflect self-corrections by the translator that were written down by the scribe in both wordings. This second variety of doublets is found *only* in the logical section of Algazel's *Intentions*, which did not undergo any further editing and, consequently, any linguistic or textual correction. The following example is especially revealing:

> veka'asher amarta 'eved ha'el vehaya shem kinuy, haya nifrad, lefi she'atah lo tekhaven bo ela ma shetekhaven beomrecha zayd.
>
> And when we say "God's servant" and it is a surname, then it would be (considered) simple, since you do not intend by it but what you intend by saying Zayd.

In Slavic we have here:

> а коли рⷱ҇смъ богорабь, а было бы то прозвищо, было бы особ'ноє. занжє ты нє мыслишь тым҃ъ. алѣ ш'то мысли҃шь ꙗко рⷱ҇єшь, [зовомо самостїю, ино бȣдєⷮ҇ за єжє ты нє мыслишь, ниⷢли ꙗко бы єси рєⷦлъ], исаи дв҃дъ.
>
> And when we say "God's servant" as a proper name (i.e., a name like Abdullah or Theodoulos), then it would be (considered) simple, since you do not intend by it but what you intend by saying [**properly speaking**, it would be: since you do not intend but what you would have, by saying] "Jesse," "David."

The reformulated clause in the square brackets, as written down by the scribe, includes the translator's aside: зовомо самостїю = собственно говоря 'properly speaking.'

This collaboration between an erudite Kievan Jew, whose mastery of the local variety of Slavic vernacular must have been rather limited and his knowledge of the written language practically nonexistent, and a Slav who was not at all acquainted with the subject matter, produced a heterogeneous, at times impenetrable text that reflects the input and the shortcomings of both collaborators.

The observance of conventions of the written language, surely to be ascribed to the Slavic collaborator, is evidenced by occasional use of 'bookish' aorist forms, especially of the verb реои, 'say.' That they belong to the primary Ruthenian translation and do not result from the russification of the text by Muscovite scribes is borne out by their occurrence in all three sections of the *Logika* -- both the one that never made it to Muscovy and the two that did. Examples are: рєчє; рєкохомъ; прєдрєкохомъ; раздѣли; раздѣлихом; воєдиначихом; воособихом; привєдохом; видѣх; възнахомъ; знахом; наразоумихомъ; възложихомъ; оувѣтихомъ; видѣхомъ.

These are to be distinguished from instances in the two parts of the *Logika* that made it to Muscovy, where some later manuscripts replace vernacular preterite forms with aorists, sometimes from a different verbal stem that was considered more bookish, such as: пытал > глагола; єсмѧ прєдговаривали > есмь прєдглаголали > прєдглаголахом; пришло > прїидє.

The Jewish translator's input shows in the syntax and phraseology of the translations. It is evidenced by instances where the translation slavishly follows Hebrew gender assignment, or literally renders features of the Arabic syntax of the originals that survived into the Hebrew translations, such as asyndeton, presentative particles, topicalizing *casus pendens*, and more. It comes through most clearly in the innovative lexicon, which disregards (or rather is simply ignorant of) any terminological tradition that may have existed in Slavic.

There are many lexical innovations, including morphological neologisms, that is, words coined from existing stems joined to existing suffixes in combinations not previously (and sometimes never again) attested:

иматноє, 'future'; тамость, 'there being,' 'existence'; наоуголникъ, 'diagonal'; дѣланникъ, 'patient'.

Especially striking are the numerous abstract nouns:

истиньство, 'truthfulness'; мѹшєньство, 'necessity'; нєтов'ство, 'absence'; водєньство, 'wateriness'; дѣланство, 'passivity'; 'affectedness'; чтовство, 'quiddity'; мышєство, 'the notion of mouse'; дшєвєнство, 'form,' lit: 'animateness'; єговьство, 'ownership,' 'habit,' lit: 'hisness'; иньство, 'alterity'; гдѣчєство, 'the where' (location in space); єгдачєство, 'the when' (location in time); самєтство и самитство, 'masculinity and femininity'; and many more.

There are also a great many semantic neologisms in which existing Slavic lexemes are used as specialized terms in a manner that literally calques the Hebrew usage, which, in turn, calques the Arabic:

попȣщєныи, 'absolute'; обрѣтєнїє, 'existence'; лїꙗнїѧ, 'metals'; ров'нанїє, 'syllogism'; позрѣнїє, 'induction'; соѡрȣжєнїє, 'definition'; окладъ, 'quantifier'; ломанїє, 'refutation'; оуємъ, 'negation'; погонныи, погнаныи, 'synonym'; рожєнаѧ, 'conclusion'; вырѣзаныи, 'derivative'; жєрєло, 'infinitive'; оударєнїє, 'multiplication'; миротворєнїє, прирожєнаѧ, 'physics'; важнаѧ, 'mechanics'; сȣдно, '(grammatical) particle'; and many more.

In conclusion, Jewish-Christian collaboration for the purpose of translating Hebrew texts in Medieval Eastern Europe, though at first sight deemed unlikely, did take place, and the complex effects of that collaboration are indeed discernible through minute analysis of the resulting translations. As for the true motives, and the sometimes incompatible agendas of the collaborators, which are rarely spelled out and usually have to be deduced from a bias discovered in the translation -- by omissions, additions, and willful modifications --these are especially difficult to specify, and will inevitably remain a matter of controversy.

Резюме

В статье рассматриваются обстоятельства и рабочие условия, объясняющие появление переводов с древнееврейского языка в средневековой Руси. Тексты, переведенные с древнееврейского, отражены в восточнославянских рукописях, начиная примерно с 1400 г.; по-видимому, они отражают какие-то более ранние переводы, время появления которых, однако, остается спорным. На основе детального анализа переводов, перечислены типы свидетельств, указывающих на сотрудничество между евреями и христианами и позволяющих оценить вклад каждой из сторон. Рассматриваются возможные сценарии такого сотрудничества, которое априори выглядит маловероятным, в силу языковых, культурных и религиозных барьеров. В статье обсуждается возможная роль евреев, принявших христианство, в ранних переводах (первая половина 15 столетия), таких как *Объяснительная палея*, и те следствия, которые эта возможность имеет для нашей оценки целей подобных переводов и характера аудитории, которой они предназначались. Обсуждаются также обстоятельства более поздних переводов (вторая половина 15 в.) естественно-научных и философских текстов, таких как *Логика Жидовствующих*. Предпринята попытка приподнять завесу над теми тщательно скрытыми мотивами, которые определяли волю к сотрудничеству в этом совместном проекте со стороны как евреев, так и христиан.

References

AFED = Казакова Н.А. & Лурье Я.С. 1955. *Антифеодальные еретические движения на Руси XIV– начала XVI в.* Москва–Ленинград: АН СССР.

Alekseev [Алексеев], Anatolij A. 1987. Переводы с древнееврейских оригиналов в древней Руси. *Russian Linguistics* 11. 1-20.

Alekseev [Алексеев], Anatolij A. 1993. Русско-еврейские литературные связи до 15 века. in: W. Moskovich *et alii* (eds.) *Jews and Slavs* 1. Jerusalem - St. Petersburg. 44-75.

Altbauer, Moshe. 1992. *The Five Biblical Scrolls in a Sixteenth-Century Jewish Translation into Belorussian* (Vilnius Codex 262), Jerusalem: The Israel Academy of Sciences and Humanities.

Birnbaum, Henrik. 1973. On Some Evidence of Jewish Life and Anti-Jewish Sentiments in Medieval Russia. *Viator* 4. 225-256.

Golb, Norman and Omeljan Pritsak. 1982. *Khazarian Hebrew documents of the tenth century.* Ithaca: Cornell University Press.

Hrushevs'kyj (Грушевьский) Mikhailo. 1926. *Історія Української Літератури. В 6-ти томах.* Том 5. Культурні і літературні течії на Україні в XV — XVI вв. і перше відродження (1580 — 1610 рр.). Київ. (online publication: http://izbornyk.org.ua/hrushukr/hrushe.htm)

Kulik, Alexander 2008. Евреи Древней Руси: источники и историческая реконструкция. *Ruthenica* 7. (Kiev, Ukraine). 52-70.

Kulik, Alexander 2009. The Earliest Evidence on the Jewish Presence in Western Rus'. *Harvard Ukrainian Studies* 27/1-4 [2004-05]. 13—24.

Lunt Horace G. and Moshe Taube. 1988. Early East Slavic Translations from Hebrew?*Russian Linguistics* 12. 147-187.

Lunt, Horace G. and Moshe Taube. 1998. *The Slavonic Book of Esther: Text, Lexicon, Linguistic Analysis, Problems of Translation.* Cambridge: Harvard University Press.

Lysén [Люсен], Irina. 2001. *Книга Есфирь: к истории первого славянского перевода.* Uppsala: Uppsala University [Acta Universitatis Upsaliensis. Studia Slavica Upsaliensia, 41].

Meshcherskij [Мещерский], Nikita A. 1956. К вопросу об изучении переводной письменности Киевского периода. *Ученые записки Карело-Финского педагогического Института.* 2/1. 198-219.

Meshcherskij [Мещерский], Nikita A. 1958. Искусство Перевода Киевской Руси. *Труды Отделения Древне-Русской Литературы* 15. 54-72.

Meshcherskij [Мещерский], Nikita A. 1978. *Источники и состав древней славяно-русской переводной письменности IX-XV веков.* Ленинград: Издательство Ленинградского университета.

Meshcherskij [Мещерский], Nikita A. 1995. *Избранные Статьи.* (отв. ред. и составитель Е.Н. Мещерская. Санкт-Петербург: Издательство Санкт-Петербургского университета.

Neverov [Неверов], Sergej L. 1909. Логика иудействующих. *Университетские известия* (Киев) 49/8. 1–62.

Pereswetoff-Morath, Alexander. 2002. *A Grin without a Cat*, I: *'Adversus Iudaeos' Texts in the Literature of Medieval Russia 988–1504*; II: *Jews and Christians in Medieval Russia*, Lund: Lund University. [Lund Slavonic Monographs. vols. 4-5]

Ryan, William F. 1978. The Old Russian Version of the Pseudo-Aristotelian *Secreta Secretorum*. *Slavic and East European Review*, 56/2. 242-260.

Ryan, William F. 1988. Maimonides in Muscovy: Medical Texts and Terminology. *Journal of the Warburg and Courtauld Institutes* 51. 43-65.

Sobolevskij [Соболевский], Aleksej I. 1903. *Переводная литература Московской Руси XIV–XVII веков* (Сборник Отделения русского языка и словесности Императорской Академии наук, 74/1), Санкт-Петербург. (reprinted Leipzig: Zentralantiquariat der DDR, 1989).

Speranskij [Сперанский], Mikhail N. 1907. Псалтырь жидовствующих в переводе Феодора еврея. *Чтения в Императорском обществе истории и древностей российских* 221/2/2. 1–72.

Speranskij [Сперанский], Mikhail N. 1908. *Из истории отреченных книг IV: Аристотелевы Врата или Тайная Тайных*, Санкт-Петербург. (= Памятники древней письменности и искусства 171)

Taube [Таубе], Moshe. 1989. О генезисе одного рассказа в составе Еллинского Летописца второй редакции (о взятии Иерусалима Титом). in W. Moskovich et al. (eds.), *Russian Literature and History: In Honour of Professor I. Serman*, Jerusalem: Soviet Jewry Museum Foundation. 146Ð151.

Taube, Moshe. 1992. On Certain Unidentified and Misidentified Sources of the Academy Chronograph. in W. Moskovich et al. (eds.), *Russian Philology and Literature: In Honour of Prof. Victor D. Levin on His 75th Birthday*, Jerusalem: Hebrew University. 365Ð375.

Taube, Moshe. 1993. On the Slavic *Life of Moses* and its Hebrew Sources. in W. Moskovich *et alii* (eds.) *Jews and Slavs* 1. Jerusalem-St. Petersburg. 84-119.

Taube, Moshe. 1995. The Kievan Jew Zacharia and the Astronomical Works of the Judaizers. in W. Moskovich *et alii* (eds.) *Jews and Slavs* 3. Jerusalem: Hebrew University. 168Ð198.

Taube, Moshe. 1995b. The "Poem on the Soul" in the *Laodicean Epistle* and the Literature of the Judaizers. *Harvard Ukrainian Studies* 19. 671-685.

Taube [Таубе], Moshe. 1997. Послесловие к *Логическим Терминам* Маймонида и Ересь Жидовствующих. in N.M. Botvinnik and E.I. Vaneeva (eds.) *In Memoriam: Памяти Я.С. Лурье*, S-Peterburg: Izd. "Feniks". 239-246.

Taube, Moshe. 1998. The Spiritual Circle in the *Secret of Secrets* and the *Poem on the Soul, Harvard Ukrainian Studies* 18 (3/4) December 1994 [appeared 1998]. 342-355.

Taube, Moshe. 2004. The Vilnius 262 Psalter: A Jewish Translation?'. in: W. Moskovich *et alii* (eds.) *Jews and Slavs* 14, Jerusalem . 27-38.

Taube, Moshe. 2005. The 15th c. Ruthenian translations from Hebrew and the Heresy of the Judaizers: Is there a connection? in V.V. Ivanov *et alii* (eds.). *Speculum Slaviae Orientalis: Muscovy, Ruthenia and Lithuania in the Late Middle Ages*. Moscow: OGI [= UCLA Slavic Studies IV]. 185-208.

Taube, Moshe. 2005b. The Book of Job in Vilnius 262. in: W. Moskovich *et alii* (eds.) *Jews and Slavs* 15, Jerusalem -Sofia. 281-296.

Taube, Moshe. 2010. Transmission of Scientific Texts in 15th-Century Eastern Knaan. *Aleph: Historical Studies in Science and Judaism* 10/2. 315-353.

Taube, Moshe & Hugh Olmsted. 1987. The *Povest' o Esfiri:* The Ostroh Bible and Maksim Grek's Translation of the Book of Esther. *Harvard Ukrainian Studies* 11. 100-117.

Thomson, Francis J. 1978. The Nature of the Reception of Christian Byzantine Culture in Russia in the Tenth to the Thirteenth Centuries and its Implications for Russian Culture. *Slavica Gandensia* 5. 107-139. (reprinted in Thomson 1999).

Thomson, Francis J. 1993a. The Corpus of Slavonic Translations Available in Muscovy: The Cause of Old Russia's Intellectual Silence and a Contributory Factor to Muscovite Cultural Autarky. in B. Gasparov and O. Raevsky-Hugh (eds.). *Christianity and the Eastern Slavs.* I: *Slavic Cultures in the Middle Ages.* Berkeley - Los Angeles - Oxford: University of California Press. 179-214. (reprinted in Thomson 1999).

Thomson, Francis J. 1993b. 'Made in Russia'. A Survey of the Translations Allegedly Made in Kievan Russia. in Gerhard Birkenfellner (ed.) *Millenium Russiae Christianae. Tausend Jahre Christliches Russland 988-1988: Vorträge des Symposiums anlässlich der Tausendjahrfeier der Christianisierung Russlands in Münster vom 5. bis 9. Juli 1988.* Köln - Weimar - Wien : Böhlau Verlag. 295-354. (reprinted in Thomson 1999).

Thomson, Francis J. 1999. *The Reception of Byzantine Culture in Russia.* Aldershot: Ashgate.

Tvorogov [Творогов], Oleg. V. 1999-2001. *Летописец Еллинский и Римский,* I: текст; II: комментарий и исследование. Санкт-Петербург: Д. Буланин.

Wimmer, Elke. 2005. Novgorod – ein Tor zum Westen? Die Übersetzungstätigkeit am Hofe des Novgoroder Erzbischofs Gennadij in ihrem historischen Kontext (um 1500). Herausgegeben von Judith Henning. Hamburg: Verlag Dr. Kovač.

Zubov [Зубов], Vasilij P. 1962. Неизвестный русский перевод "Трактата о Сфере" Иоанна де Сакробоско. *Историко-астрономические исследования* 8. 221–239.

Zuckerman, Constantin. 1987. The "Psalter" of Feodor and the Heresy of the "Judaizers" in the Last Quarter of the Fifteenth Century. *Harvard Ukrainian Studies* 11. 77-99.

Appendix

The Corpus of medieval translations from Hebrew into East Slavic.

A. The earlier group (before 1400)

1. The "Life of Moses" integrated into the *Commented Paleia* (see Taube 1993), including interpolations from midrashic sources on Joseph's coffin, on the golden calf, and more.
2. Excerpts from the *Josippon* in the *Academy Chronograph* (see Taube 1992) on Antioch the 4th Epiphanes and the Hasmonean revolt, on Zorobabel and King Darius.
3. Excerpt from the *Josippon* on Alexander the Great in Jerusalem interpolated into the *Povest' Vremennykh Let* under the year 1110 in the Hypatian redaction, the earliest ms. of which is dated to 1425.
4. A reworking of the last part of the *Josippon*, dealing with the destruction of the temple, entitled Пленение Иерусалима третее Титово, integrated into the 2nd redaction of the *Hellenic and Roman Chronicler* (text published by Tvorogov 1999, see also Taube 1989)

B. The later group (second half of the 15th century)

1. the astronomical work by the 14th c. Jewish mathematician from Tarascon, Provence, Emmanuel ben Jacob, *Six Wings*. Excerpts of the Slavic version, from a 16th century manuscript formerly at the Orthodox Brotherhood of the Holy Theotokos in Chełm and now lost, have

been published by Sobolevskij (1903: 413ff.).
2. The cosmographic work by the 13th c. English mathematician who taught at the Sorbonne, Johannes Sacrobosco *De Sphaera.* Sobolevskij (1903:409-413) published excerpts of the Slavic version, naming it *Cosmography*, but without identifying it, and it was only in 1962 that Vasilij P. Zubov identified it as Sacrobosco's *De Sphaera.* The Slavic rendering of this text is based on the anonymous Hebrew translation, not on Solomon Abigedor's 'Aspect of the Wheels' (see Taube 1995).
3. The sections on logic and metaphysics from the 11 c. Persian theologian Alghazali's *Intentions of the Philosophers.*
4. A short exposition of Logic traditionally attributed to Maimonides: *Logical Vocabulary.*

Items 3 and 4 in the list were united in Slavic into a single text named the *Logika*, which survives in nine Muscovite copies from the 16th c. onward. Short excerpts from the *Logika* were published by Sobolevskij (1903: 401-9). An edition of the full text on the basis of all extant mss prepared by the present author is in press.
5. A 10th century Arabic "mirror of princes" allegedly written by Aristotle for Alexander the Great: Pseudo-Aristotle's *Secretum Secretorum* (edition Speranskij 1908). It includes in Slavic four interpolations (see Ryan 1978, 1988):
Maimonides' *On Coitus*
Maimonides' *On Poisons and Antidotes* (only the section on mineral poisons)
Maimonides' *Book of Asthma* (only chapter 13 on hygiene and ecology)
Rhazes' chapter *On Physiognomy* from his *Almanṣuri.*
6. The "Laodicean Epistle", and specifically its first part, the sorites, or cyclical maxim on the soul in eight lines (published AFED: 256-276) - a most influential text circulating in Muscovy and probably related to n° 5 (see Taube 1995b, Taube 1998 [1994]).
7. The collection of Old Testament Hagiographa (Job, Ruth, Song of Songs, Ecclesiastes, Proverbs, Lamentations, Daniel, Esther) in the unique 16th c. Vilnius Codex (ms. F 19-262 of the Lithuanian Academy Library in, see Altbauer 1992). The book of *Psalms* in this codex, however, is not a translation from Hebrew, but an Eastern Church Slavonic version corrected ineptly on the basis of the Vulgate (see Taube 2004).

Валентина Измирлиева

Семьдесят два имени Господа: Перевод, транслитерация и религиозная гибридизация

Имя собственное принципиально непереводимо. Языковая аномиалия *par excellence*, оно обитает «вне» языковой системы как слово имеющее референт, но лишенное «смысла», Выражаясь менее афористично и более точно, скажем, что буквальное значение имени собственного (т.е. его исконное, этимологическое значение) опускается в пользу чисто обозначающей функции. Ввиду своего исключительного статуса среди других слов, имена – даже те, что имеют лексическое значение, – обычно не переводятся, а транслитерируются или даются в транскрипции.

Однако в христианской практике имена Бога вовсе не лишены смысла; более того, их богословская *значимость*[1] делает перевод необходимым. В данном случае, эти имена более, чем любая другая вербальная единица, иллюстрируют утверждение Деррида: "то, что остается *непереводимым*, есть по сути единственная вещь, *подлежащая переводу*" (Деррида, 1992: 257). В результате межязыковые передвижения этих имен сопровождаются своеобразным колебанием между переводом и транслитерацией – порой даже внутри одного и того же текста.

Эта парадоксальная практика раскрывается в любопытной форме в рамках так называемых перечней божественных имен. Перечисление имен Бога настолько распространенное явление в культуре христианства, что было бы трудно выделить какую–либо общую функцию. Непомерно длинные взывания и реестры священной номенклатуры используются в целях богослужебных и образовательных, как средство предохранения или орудие подчинения, и встречаются в равной степени на протяжении всего диапазона христианских дискурсов, от богословских до литургических и магических, от официальных церемоний до каждодневных ритуалов.

---

[1] Об авторитетной богословской точке зрения Дионисия Ареопагита на предмет значимости божественных имен и сотериологического аспекта этой значимости, делающего эксегезис имени особенно важным в процессе обожествления, см. Izmirlieva 2008: 42–56.

Перевод текста на славянский язык с латыни, а тем более с одного из диалектов *Pax Romana*, был крайне редким культурным явлением в жизни средневековой конгломерации *Slavia Othodoxa*. В настоящей статье я рассматриваю один из таких исключительных случаев, нарушающий ряд культурных парадигм: процесс заимствования амулета, известного как «72 Имени Господа», и его преобразования в славянской среде.

Текст

В славянском варианте текст «72 Имени Господа» – это перечень божественных титулов и эпитетов, целиком относящийся к сфере профилактической магии: из предписаний, предшествующих перечню, известно, что имена следовало носить на теле как предохранение «от всяческого зла». Соответственно, большинство сохранившихся списков этого и подобных ему магических текстов находим в амулетах и миниатюрных кодексах, также носившихся на шее в апотропейных целях.

Сравнительно с другими апокрифическими текстами–талисманами, перечень «72-х Имен Господа» необычайно хорошо засвидетельстван в славянской традиции. Нам известны двадцать шесть рукописных экземпляров, датированных от конца XIII в. до начала XIX в. Древнейший из них включен в памятник болгарской письменности, известный исследователям как «Берлинский сборник». Большинство сохранившихся списков южнославянского происхождения, но есть основания полагать, что к концу XVI в. амулет достиг и российских земель, о чем свидетельствует список из сборника Иосифо–Волокамского монастыря, изданный Тихонравовым.[2] Более того, этот текст оказывается включенным в ряд ранних печатных книг, достигнув – в масштабе первого века кириллической печати – уровня своего рода «бестселлера». Одна из таких книг – широко известный «Сборник о путниках», впервые опубликованный в 1520 г. в венецианской типографии черногорского предпринимателя Божидара Вуковича, и к концу XVI в. прошедший через пять изданий. Текст «72 Имени Господа» также широко распространялся в форме ксилографических отпечатков – как на бумаге, так и на ткани, – сделанных с деревянных клише ручной резьбы.[3] Таким образом, этот текст является наиболее широко доку-

[2] Тихонравов 1863: 2: 339-44. На основании одного этого экземпляра Райан относит текст к магическому реперторию Руси; см. Ryan, 1999: 294–95.

[3] Как свидетельствуют сохранившиеся памятники, эта практика достигла своей кульминации в XVII в. Более подробным исследованием этого текста в рамках

ментированным образцом магического применения сакральных имен в славянской традиции.

К сожалению, в славянской медиевистике данному амулету уделено довольно мало внимания, так что его история остается в большой мере неясной из-за недостатка сведений и недооценки исследователей. В кратком очерке, опубликованном в начале XX в., выдающийся русский филолог Яцимирский утверждает, что текст амулета восходит к греческому оригиналу (Яцимирский, 1913: 10). До сих пор никто не решился всерьез оспорить эту гипотезу, несмотря на тот факт, что в дошедших до нас греческих первоисточниках не только данный текст, но и сама концепция 72-х божественных имен ни разу не появляются. В противоположность гипотезе Яцимирского, настоящее исследование стремится показать, что «72 Имени Господа» является христианским заимствованием еврейского каббалистического амулета, а также что славянский вариант текста восходит к первоисточникам провансальского происхождения. Сущест-венно, что наиболее ранний из известных нам славянских образцов этого христианского амулета предшествует во времени древнейшим из сохранив-шихся провансальских списков. Этот факт свидетельствует о плодо-творном каббалистическо-христианском обмене на территории Европы конца средних веков (XII – XIII вв.), значение которого уходит далеко за пределы славянского мира.

Какая именно каббала

Как правило, слово «каббала» (в буквальном переводе с древнееврейского означающее «предание») служит общим термином, объединяющим ряд эзотерических учений иудейского мистицизма, – в частности, в том виде, который они принимают в начале XII в. среди еврейской диаспоры в Европе.[4] Как учение, каббала долгое время оставалась фактически неизвестной вне узкого круга каббалистической элиты, пока к концу пятнадцатого века она не была «открыта» итальянскими гуманистами и постепенно вошла в интеллектуальный обиход христианской Европы. Данная статья посвящена иного рода каббалистическому влиянию на христианскую традицию. Согласно моим исследованиям, оно имело место намного раньше и затрагивало не привилегированный центр каббалисти-

---

социально–культурного контекста является Izmirlieva 2008a. Подробнее о типографической традиции амулета: см. Измирлиева 2009.

[4] См. Scholem 1965, Scholem 1971, и Idel 1988.

ческого учения, а его своеобразную периферию, или, по определению Гершома Шолема, «практическую каббалу».[5]

Помимо мистических предписаний и умозрительных предположений, каббала вмещает исключительно широкий диапазон разнородных элементов, в том числе и древнейший слой магических ритуалов, возникновение которых задолго предшествовало созерцательной надстройке. Собственно, первые дошедшие до нас упоминания о каббале относятся именно к этому магическому субстрату, впоследствии получившему уточняющее наименование «практической» каббалы (Шолем 1971: 634). Средоточие этого каббалистического царства магии – защитная сила тайных имен Бога, представленных, как правило, в форме рукописных амулетов. Именно поэтому ученых-каббалистов называли «обладателями имени» – это были люди, способные изготовить амулет, перечисляющий все имена, необходимые для изгнания нечистой силы. Здесь отчетливо проступает чисто каббалистическое ощущение непосредственной реальности зла и ужаса демонического начала, и именно этим элементам, по мнению Шолема, обязано своей широкой популярностью учение, по сущности своей сугубо герметическое, эзотерическое и элитарное (Шолем 1965: 99). Очевидно, что практическая каббала, в силу своей наименьшей обособленности среди каббалистических направлений, отличается также и наименьшей замкнутостью, допуская межконфессиональный обмен через относительно пористые границы. Исследуемые ниже материалы указывают на передачу подобного рода.

Каббалистическая линия связи

К мистическому иудаизму и практической каббале нас приводят два ключевых понятия, заключенные непосредственно в данном тексте. Первое – число 72. Это число и само часто упоминается как символ исчерпывающего множества в авраамических религиях, и ассоциируемые с ним топосы встречаются повсеместно и равноправно в иудаизме, христианстве и исламе (72 народа, языка и т.д.: всевозможные корпоративные «агрегаты», насчитывающие 72 составные части). Однако в соединении числа 72 с именем Бога отчетливо просматривается каббалистическое понятие «шем га-мефораш», эксплицитное имя Бога, состоящее из 72 частей.

---

[5] Краткое изложение понятия и истории практической каббалы находим в Scholem 1971: 632–38 (с сопутствующей библиографией).

В мистическом иудаизме «шем га-мефораш» занимает поистине уникальное место. Среди эзотерических имен Бога оно считается наиболее могущественным, но также и наиболее опасным. Этим именем Бог сотворил мир, и, следовательно, все мироздание подчинено ему. «Изрекший сие имя против демона – исторгнет, против пламени – потушит, над немощным – излечит, против непристойных дум – изгонит; если же против недруга – тот погибнет, а если в присутствии правителя, то снискует благосклонность». Однако строгое предостережение охраняет его таинственную силу: «кто в состоянии нечистоты произнесет имя, тот будет поражен насмерть».[6]

Понятие о «шем га-мефораш», как имени, состоящем из 72-х частей, возможно, восходит еще ко временам Талмуда. Однако именно в каббалистической традиции оно разрабатывается в последовательное мистическое учение.[7] По иудейскому преданию Имя 72-х было открыто Моисею у неопалимой купины, и им же он впоследствии разделил Красное Море во время исхода евреев из Египта. Три стиха, описывающие это чудо в Торе (Исх. 14:19–21), каждый из которых содержит ровно 72 буквы, считались ключом к таинству имени. Наиболее ранним из известных мне текстов, свидетельствующих о попытках восстановления «шем га-мефораш» на основании данных библейских стихов, является «Сефер га–Багир» («Книга Багир»). Немаловажно, что древнейший из дошедших до нас списков этой классической работы каббалистической традиции, берет начало в Провансе, во второй половине XII в.[8] Пользуясь методом «нотарикона», «Багир» воспроизводит имя в виде 72-х триад согласных букв, отражающих 72 комбинации «шем га-мефораш».[9] Получившееся имя, конечно же,

---

[6] «Сефер Разиэль», 40b, цитируется в Trachtenberg 1939: 95-97.

[7] Trachtenberg 1939: 289, n. 22. Gaster (1896: 8) рассматривает раннее мистическое убеждение о том, что имя Бога состоит из 72-х частей (букв); ср. Cohon 1950-51: 596, а также Scholem 1972: 69.

[8] Вопрос, где и когда появилась на свет книга «Багир», является предметом жарких споров. Согласно каббалистической легенде, «Багир» написан в I в. талмудическим мудрецом Рабби Нехуниа бен га–Кана, и передавался в узких кругах посвященных в устную традицию вплоть до XII в. Некоторые исследователи допускают, что могли существовать также и рукописи, но доступ к ним был еще более ограниченным. Первое печатное издание книги вышло в Амстердаме в 1651 г. Публикация древнееврейского текста с параллельным английским переводом: в Kaplan 1995.

[9] Полная реконструкция имени приводится в нескольких англоязычных изданиях, см. к примеру двуязычное критическое издание известного трактата Иоганна Рейхлина «Искусство каббалы» (1517), в Johann Reuchlin 1983: 263.

необычно. В «Багире» оно обозначается и как «одно имя», и как «72 имени», что отражает неоднозначное представление о морфологии имен. В самом трактате это противоречие так и не разрешается. Существуют и иные попытки реконструкции, по своей форме не менее оригинальные.[10] Следует отметить, что в практической каббале «шем га-мефораш» широко используется в амулетах, как правило, разделенных на две части и носимых или на обеих руках, или парно, мужем и женой.[11]

Вторая "каббалистическая" подсказка относится к своеобразной космологической концепции мира, в основе которой лежит имя Бога Творца. Второй по древности славянский списокок «72-х имен Господа» появляется в сборнике Иерусалимской Патриаршеской библиотеки 1498 г., известном как «Иерусалим 22».[12] В данном источнике вслед за первым перечнем немедленно следует второй – «72 имени Богородицы» – парный амулет, очевидно составленный по образцу нашего текста как его женское отображение и впоследствии появляющийся исключительно в паре с ним. Впервые эта пара появляется в «Иерусалиме 22». За парой амулетов в этом важном первоисточнике следует заметка:

> Толико число остро҃в морьскꙑи҃ ·о҃в· Толико же҄ ѥзꙑкь во всои земли ·о҃в· Толико же҄ число ·а҃пль о҃в· Толико же҄ число сьмр҇тьї · о҃в·
>
> Таково число островов морских 72. Таково же [число] языков во всей земле 72. Таково же число апостолов 72. Таково же число смертей 72. (197v)

Этот крайне необычный числовой очерк космологических представлений, основанный на количестве имен Бога, вновь появляется уже в XVIII в. в одной из статей славянской версии «Беседы трех Святителей», апокрифического сборника вопросов и ответов, представленных как ученый диспут между Василием Великим, Григорием Богословом и Иоанном Златоустом:

> Вопрос: колко ѥ҇ х҃вы имен? Ѡтвѣт: о҃в [72]. Толко и Б҃цн, толко ѥсть а҃плъ, толко есть ѡстрововъ велики҃ в мори, толко ꙗзыков на земли, толко҇ човиков, толко и болѣзнїи҃ въ ч҃ловцѣхъ

[10] Альтернативные попытки реконструкции появляются в различных западноевропейских каббалистических трудах. Петр Галатин приводит не менее двенадцати в посвященном каббале разделе книги *De arcanis catolicae veritatis* («О тайнах всеобщей истины»), изданной в 1518 г. (lib. 2, cap. 17: 97-98).

[11] Schrier 1982: 99; см. также изображение подобного амулета на илл. 27, и описание того же на стр. 154–55.

[12] Подробнее о кодексе и о данном экземпляре, см. Izmirlieva 2008b.

Вопрос: Сколько суть имен Христа? Ответ: 72. И [имен] Богоматери столько же; таково же и число апостолов, и великих островов в океане, и языков на земле, и членов [человеческого тела], и болезней в человеке.[13]

Как известно из древнееврейских источников, ранние каббалисты придерживались сходного мнения об устройстве вселенной, основанном на числе 72, где небесная сфера в точности отражает земную. Ту же концепцию встречаем в различных гностических текстах («О происхождении мира», «Откровение Иакова»), но с одним важным отличием: ни в одном из гностических источников не упоминается о божественном имени из 72-х частей.[14] Очевидно, что имя Бога как ключ к космологической программе является каббалистическим нововведением.

Христианская традиция Востока и Запада

Из-за недостаточного количества материалов мы можем лишь догадываться, какими именно путями каббала могла проникнуть в христианские общины задолго до начала Возрождения в Европе. Хотя концепция «шем га-мефораш» не была известна в христианских кругах вплоть до конца XV в., однако слухи о могущественном Имени из 72-х частей несомненно просачивались за пределы изолированных каббалистических сообществ гораздо раньше, так как уже в XII в. оно начинает появлятся в христианских текстах латинского Запада. Однако при пересадке на христианскую почву иудейский принцип претерпевает значительное изменение: единичное имя, являющееся также 72-я именами, превращается просто-напросто в «72 имени Господа».

Мы не можем сказать с уверенностью, что именно послужило поводом для подобного переосмысления: произошло ли оно под непосредственным влиянием каббалистических перечней 72-х имен (существующих в изобилии), или же оно указывает на более сложный процесс заимствования,[15] однако само преобразование вполне закономерно. Понятие о

[13] Франко 1906: 9. Подробнее об этом славянском апокрифе, см. Santos Otero 1981: 2, Sec. 16, *Conversatio trium heirarchum* («Беседа трех Святителей»); многочисленные поправки и добавления находим в Thomson 1986.

[14] Подробнее, см. Idel 1988: 116, 122-28, и Schoedel 1970.

[15] В каббалистических трудах, как и в практике, находим имена, состоящие из 72-х комбинаций, а также перечни 72-х и 70 божественных имен. Йосиф Дан (Dan 1982) уделяет особое внимание последним; ср. также Buchman-Naga 1955. Ни одно из этих имен не является «атрибутом» божества, однако в раввинской традиции представлен альтернативный перечень 70 божественных имен, составленный из полнозначных

тайнописном, непроизносимом имени, состоящем из 72-буквенных комбинаций, решительно не сходится с христианским представлением об имени Бога, тогда как пространный перечень божественных имен, каждое из которых несет в себе особый смысл, вполне соответствует как теологии православного христианства, так и его риторике.

Следует отметить, что топос 72-х имен изначально ассоциировался с применением амулетов, что само по себе указывает именно на практическую каббалу как наиболее вероятную точку взаимопроникновения христианства и каббалы. Согласно имеющимся данным, географические координаты этого обмена следует искать на юге Франции. Ничего удивительного в выборе места нет. Примерно в это же время в Провансе появляется на свет «Сефер га-Багир», где впервые развивается теория «шем га-мефораш», а сам регион выступает как ведущий центр еврейской каббалы. Не менее важен и тот факт, что политически область находилась под властью катаров, относящихся к дуалистической секте, близкой болгарским богомилам, что несомненно способствовало общему климату доктринального послабления, часто сопровождающего конфессиональное разнообразие и взаимопроникновение.[16]

Новый, христианский вариант «шем га-мефораш» впервые встречается в провансальском "Романе о Фламенке", XIII в.[17] Уже в этом раннем тексте отражается двойной обычай перечислять вслух имена-талисманы, а также носить список на теле как амулет, предохраняющий от опасности и дарующий удачу. В начале рассказа ревнивый муж заточает прекрасную Фламенку в бурбонском замке. Герой поэмы, рыцарь Гильем Неверский, влюбляется во Фламенку, лишь услышав эту печальную историю. Прибыв в Бурбон, Гильем направляется в церковь, где страстно молит Бога, Бого-

терминов, выявленных методом библейского экзегезиса, поддерживаемых текстовыми доказательствами и, тем самым, сродных именам в трактате Дионисия Ареопагита «Об именах Божиих». Более того, этот перечень занимает почетное место среди свода различных перечней 70-и (70 имен Израиля, 70 наименований Иерусалима, 70 наименований Торы), где число членов вторит числу имен Господа, как бы в знак почтения; см. «Мидраш Зута» о «Песни Песней». Я использовала немецкий перевод текста, приведенный в Brasch 1982: 20–35.

[16] Уравновешенная оценка взаимосвязей катаризма и каббалистической традиции в Провансе приводится в Stoyanov (2000), см. стр. 192–93, и в частности 282.

[17] Последним критическим изданием «Романа», с предисловием, комментариями и глоссарием, был Gschwind 1976; см также двуязычное издание Hubert and Potter 1962 на английском и провансальском.

родицу и всех святых подарить ему шанс увидеться с возлюбленной и покорить ее сердце. Пространное прошение завершается

> Et una orason petita,
> Que l'ensenet us san[z] hermita,
> Qu'es dels .LXXII. noms Deu
> Si con om los dis en ebreu
> Et en latin et en grezesc.
> Cist orazon ten omen fresc
> A Dieu amar e corajos,
> Consi fassa tot jorn que pros.
> Ab Dom[n]ideu torba merce
> Torz hom que la dis e la cre.
> E ja non fara mala fi
> Nuls homs que de bon cor s'i fi
> O sobre si la port escricha. (Hubert and Poter 1962: 142, verses 2279–88)

> ... краткой молитвой,
> которой научил его святой отшельник,
> состоящей из 72-х имен Бога,
> какие они есть на еврейском,
> латинском и греческом.
> Эта молитва освежает в человеке
> любовь к Богу и храбрость,
> делая их все сильнее с каждым днем.
> Каждый, кто повторяет ее и в нее верит,
> заслуживает милости Господа Бога.
> И не постигнет злой рок того,
> кто полагается на нее всем сердцем
> или носит, выписанную, на теле.

В то же утро заветное желание Гильема исполняется: во время церковной службы он украдкой видит Фламенку, а спустя короткое время между ними завязывается бурный роман. Даже если это незамедлительное воплощение желаний не имеет целью доказать чудодейственную силу 72-х имен, очевидно, что автору «Романа» эта молитва представляется вполне канонической. Она не просто допустима в церкви, наряду с каноническими молитвами из Бревиария, но к тому утверждается духовным авторитетом: так молиться научил Гильема никто иной как «святой отшельник». Любопытно, что имена Бога фигурируют в поэме «на еврейском, латинском и греческом»; видимо, переселение 72-х имен на христианскую почву подразумевает также и преобразование иудейского топоса в христианский: составление пространных перечней божественных имен на трех священных языках было известным и широко распространенным обычаем среди христианских общин, начиная с IV в. (Izmirlieva 2008a: 56-66).

В источниках конца XIII и начала XIV вв. появляется и сам текст амулета. Наиболее ранние варианты представлены на двух языках: славянском и провансальском. Как и в «Романе о Фламенке», оба текста очевидно ориентированы на защитную магию. Метапрагматические предписания в обоих текстах почти не отличаются. Славянскому варианту, входящему в ранее упомянутый Берлинский сборник XIII в., сопутствует следующее указание:

> Сиꙗ имена, аще ихь кто носи чисто. не можеть емоу диꙗволь прикоснѫти сѧ, ѿгрѣбает сѧ ѿ всакоѫ нечистоти лѫкавыїѧ, не можеть ни ножемь ꙁаклань быїти. ни вь ѡгныїи иꙁгорѣти, ни вь водѣ ѹтонѫти. и на ѡномь свѣте иꙁбавлень бѫдеть ѡть мѫкыїи.
>
> Кто имена эти носит праведно, того дьявол коснуться не вправе, отдаляется тот от всяческой дьяволской скверности, не может ни ножом быть заколот, ни огнем опален, ни в воде утонуть, и на том свете избавлен от мук будет.[18]

Аналогичное место в провансальском тексте начала XIV в. воспроизводит общую форму этой инструкции, а отдельные фразы оказываются заимствованными дословно:

> Ayso son los 72 noms de nostre senhor Dieus Jhesu Crist, trobat escrig per salut de tost fizels crestians, car tost homs ho tota femna que los porta sobre si escript, degun mal enemic non li pot dan tener, ni pot perir en aygua ni en fuoc, ni em batalha per sos enemixs non pot esser mort, ni fouze ni tempesta non li pot dan tener. Et si dona prens trazia mal de son enfantament, e s'om desobre lo li metie, tantost delicurarie am la volontat de Dieu.
>
> Вот те 72 имени Господа нашего Иисуса Христа, записанные ради душеспасения каждого правоверного христианина, ибо кто носит список на теле, тому злейший из врагов не в силах навредить, не погибнет он ни в воде, ни в пламени, ни в битве с врагом не будет убит, ни огонь, ни ураган не причинят ему вреда. А если женщина страдает в родовых муках, и кто-либо приложит к ней [текст], то тут же разрешится по воле Божьей.[19]

Сам амулет, в обоих вариантах, свидетельствует о преображении нового христианского топоса «72-х имен Бога» в апотропейный числовой список, где недостающие имена восполнены заимствованиями из Библии или священного предания. Любопытно, что оба текста озаглавлены как

---

[18] Miklas and Zagrebin 1988: fil. 71v; ср. печатное издание кодекса Миклас, Тасева и Йовчева 2006.

[19] Текст был опубликован Майером (Meyer 1885), и переиздан Болте (Bolte 1903: 446).

перечни «72-х имен», однако ни в том, ни в другом тексте количество имен не соответствует указанному числу. Очевидно, что мы имеем дело с двумя различными традициями, механически совмещенными: иудейский топос и христианский перечнь.

Особенно важным моментом в процессе наслоения этих двух традиций является очевидное стремление в обоих вариантах текста придать перечню налет ортодоксальности. В процессе христианизации происходил отбор имен, чья каноничность предположительно должна была способствовать узакониванию амулета в христианском контексте, несмотря на его очевидно неправославную установку. Читатель, хоть сколько-то знакомый с магическими текстами, независимо от времени и места их происхождения, удивится каноничности этих имен. В качестве примера приведем славянский перечень:

г҃ь. в҃. ал'фа. г҃. вожⷣь. сло҃ гора. женыїхь. х҃с, і҃сь. любы̑. тро҃ца. пастирь. пан'дикраторь. агыїѡ҃. мѫдро҃, сила. прьворожⷣенни. ѡбразь, гла҃. пастирь. і҃сь, вѣчьнїи. єдиность. месиа. изыїѡ҃. параклить. начало, ѡвень. сла҃, свѣть. ерѣи. ѿць҃. творець. саваѡ҃. кыїриѡ҃. азь есьмь. еже есьмь, источиикь. львь, сл҃нце. дверь, сн҃ь. чл҃вчь, еньманоиль, елоиль. пѫть. земли, цвѣть. камень, с҃тыи. дх҃ь, сн҃ь. прьворожⷣехїи, ад а҃н. чл҃вкь, ȣ сиѡнѣ. исцѣлитель, блѣскь. ѡпока. бесьмрьтныи. вседрьжитель, прьвыи, послѣдныи афанатось. сп҃ситель, агнець. истинни. ѹста. Хлѣбь, агг҃ль. млрдъ҃, цр҃ь. выішныи. добрыи (Миклас и Загребин)

Господь, Альфа, Вождь, Слово, Гора, Жених, Христос, Иисус, Любовь, Троица, Пастырь, *Пантократор*, *Агиос*, Мудрость, Сила, Перворожденный, Образ, Глава, Пастырь, Иисус, Вечный, Единость, Мессия, *Изиос*, *Параклит*, Начало, Овен, Слава, Свет, Иерей, Отец, Творец, *Саваоф*, *Кириос*, Я есмь Сущий, Источник, Лев, Солнце, Дверь, Сын Человеческий, *Имануил*, *Элоил*, Путь Земли, Цвет, Камень, Святой Дух, Сын Перворожденный, *Адонай*, Человек в Сионе, Исцелитель, Блеск, Опока, Бессмертный, Вседержитель, Первый [и] Последний, *Атанатос*, Спаситель, Агнец, Истинные Уста, Хлеб, Ангел, Милосердие, Царь Всевышний, Добрый

Из всех имен только два непонятны или по крайней мере могут вызывать недоумение: изыїѡ҃ (Изиос, вероятно искаж. гр. Исхирос, «крепкий»)[20] и елоиль (Элоил, вероятно искаж. ивр. Эло(х)им, «Бог [Израиля]»). Текст содержит несколько транслитераций общеупотребительных древнееврейских и греческих терминов (выделенные выше курсивом), которые если

[20] Следует отметить, что группа *агиос-исхирос-атанатос* в византийской литургической практике нормативна (ср. с молитвой Трисагион или Трисвятое, гр. Ἅγιος ὁ Θεός, Ἅγιος ἰσχυρός, Ἅγιος ἀθάνατος, ἐλέησον ἡμᾶς, слав. «Святый Боже, святый крепкий, святый бессмертный, помилуй нас») и, следовательно, хорошо знакома в православной балканской среде.

и не всегда ясны славянскому читателю, то несомненно узнаваемы им как принадлежащие канонической идиоме, в отличие от нарочито невразумительных, искаженных имен, характерных для магических текстов. Стремление подчеркнуть «смысловую содержательность» имен очевидно еще и из того, что чужеземные, транслитерированные имена, входящие в перечень, в большинстве случаев дублируются в переводе: пан'днкраторь=вседрьжнтель (Пантократор = Вседержитель), кыїрнѡ҇=адан҇=гь҇ (Кириос = Адонай = Господь), афанатось=бесьмрьтныїн (Атанатос = Бессмертный). Если одно из первых правил магии имен: “чем больше тарабарщины, тем лучше”, то «72 имени Господа» оказывается довольно странным перечнем магических имен, именно потому, что они недостаточно странные; или, как сказал бы Бронислав Малиновский, «коэффициент странности» этих имен загадочно низок.[21]

С провансальским текстом дело обстоит аналогично. Основным языком здесь служит не провансальский диалект, на котором написано сопутствующее тексту указание, а латынь, так как большая часть имен – стандартные латинские наименования Бога, а большинство древнееврейских и греческих имен приводятся в латинской транслитерации. Более чем половина этих имен дублируется в славянском варианте.

Итак, провансальский и славянский тексты оказываются необычайно схожи: оба имеют ту же структуру, оперируют с аналогичными перечнями божественных терминов, включают по существу идентичные инструкции, указывающие на то же предназначение. Вполне логично предположить, что перед нами два варианта одного и того же текста.

Историческая гипотеза

Изначально Яцимирский, а за ним Миклас и Загребин, высказали предположение, что славянский текст, вошедший в Берлинский сборник, может быть переводом латинского оригинала, однако по сей день ни конкретный первоисточник, ни какие-либо текстологические доказательства исследователями представлены не были.[22] Представляется возможным не просто подтвердить это предположение, но и расширить его, добавив вариант

[21] О «коэффициенте странности» и «коэффициенте вразумительности», с помощью которых Малиновский предполагал отличить религиозный (магический) язык от языка светского, см. Tambiah 1968: 185ff.

[22] Яцимирский 1913: 9; Miklas and Zagrebin 1988: 39.

текста из «Иерусалима 22», до сих про считавшийся частью отдельной традиции.[23]

Третье и четвертое имя в провансальском тексте (где отдельные имена тщательно разделяются крестиками) – читаются соответственно Homo и Usyon. Эти «два имени» – явное искажение греческого *homoousion*, субстантива, образованного от ключевого христологического термина Никейского Символа веры *homoousios* (единосущий). В славянском варианте, ближе к концу перечня появляется пара ч҃лвкъ и ꙋ сиѡнѣ, видимо осмысленная как несколько своеобразное имя Христа: «Человек в Сионе». Что именно доказывает этот пример? Очевидно, что славянский текст, следуя провансальскому, принимает и переводит первый термин *homo*, а далее трактует загадочное *usion* по народной этимологии. Следовательно, славянский текст имел латинский первоисточник, предшествующий обоим известным нам вариантам, где греческий термин появлялся уже в искаженной форме, отразившейся в провансальском тексте. Было бы невозможно предположить, что процесс искажения проходил в обратном направлении, из предполагаемого славянского оригинала к латинскому перечню, поскольку в ошибочном толковании греческого *homo-* (едино-) как латинское *homo* (человек) просматривается типичный романский языковой инстинкт.

Более того, латинское искажение греческого *homoousion* оказывается также и ключом к разгадке тайны происхождения списка из Иерусалимского сборника. Как упоминалось выше, Яцимирский с полной увереностью заявляет, что за этим текстом, в отличие от варианта из Берлинского сборника, стоит греческий оригинал. С тех пор широко распространенное заблуждение, что славянский перечень 72-х божественных имен является переводом с греческого, неоднократно повторялось в научной литературе. Однако внимательное сопоставление имен в Берлинском сборнике и в «Иерусалиме 22» убедительно обнаруживает их родство, указывающее на общий первоисточник. В берлинском списке за загадочным «Человеком в Сионе» (ч҃лвкъ ꙋ сиѡнѣ) следует имя «Исцелитель» (исцѣлитель). В иерусалимском списке отсутствуют оба имени,

[23] По словам Яцимирского, текст в Иерусалимском сборнике восходит к «пока неясной по происхождению редакции». «Оригинал, несомненно, был греческий,» продолжает он, «и к другим редакциям, известным в славянских текстах, первая из двух иерусалимских статья [«72 имена Господня»] все-таки ближе, чем сборника Берлинского», Яцимирский 1913: 10.

однако на их место приходит любопытное составное имя «Человекоисцелитель» (Чл҃вконсцєлнтєль). В данном случае мы наблюдаем «цепную реакцию» первичной ошибки. На втором этапе предложный оборот «в Сионе» отвергается как бессмыслица, а оставшийся «Человек» переосмысливается как часть составного слова. Каким бы ни оказалось действительное происхождение кодекса «Иерусалим 22», вошедший в него вариант «72-х имен Господа» безусловно принадлежит к более древней южнославянской традиции, восходящей к западноевропейскому (а не греческому) первоисточнику: т.е. к недошедшему до нас провансальскому тексту, очевидно отражавшему перемещение на христианскую почву и преобразование кабаллистического амулета типа «шем га-мефораш».

Без авторитетного протографа латинского или славянского текста невозможно с уверенностью описать начало этой истории. Однако предположение, что текст впервые возник в Провансе, вполне логично, и все нити, сколь бы мало их ни было, ведут туда. Текст-талисман, упоминаемый в «Романе о Фламенке», повидимому был составлен уже к XII в. Но по каким каналам этот амулет добрался из Прованса до южных славян и когда именно был переведен на славянский – остается загадкой. Миклас и Загребин предполагают, что вариант из Берлинского сборника является результатом шаткой полу-устной традиции ("einer lockeren halbmündlichen Überlieferung," Miklas and Zagrebin 1988: 39), однако отмеченная ранее реинтерпретация термина *homo-ousion* явно свидетельствует о письменной преемственности. Переносчиками могли служить провансальские катары, бежавшие в XIII в. в Боснию в поисках дуалистической «земли обетованной» (см. Stoyanov 2000: 225). Иные каналы могли быть проложены крестовыми походами, в частности Четвертым походом (1201–1204 гг.), когда рыцари-крестоносцы воздвигнули на Балканах Латинскую Империю, продержавшуюся более половины тринадцатого столетия (1204–61 гг.).[24]

[24] Обычай носить на теле амулет «72-х имен Господа» находим также у румын. Хашдеу приводит пример из румынского *Rojdanicul* (Зодиак), в котором болезненной девочке, рожденной под знаком Скорпиона, прописывается «носить на теле 72 имени Иисуса Христа, дабы ни один злой дух не мог приблизиться к ней»; существует также сербский вариант истории (Hasdeu 1984: 23); ср. Gaster 1883: 401-402 и Cartojan 1974: 135, где сообщается о более ранних списках того же текста.

Русинская линия

В последнее время мною были найдены материалы, указывающие на иную традицию «72-х имен Господа», ведущую свое начало из Франции или Германии и распространившуюся оттуда в Польшу, Украину и Южную Россию. Основным ее источником являетя апокрифическая молитва против злых духов, упоминаемая в колофоне русинского *Codex Hankensteinianus*, впервые опубликованного Смаль-Стоцким в 1886 г.[25] Кодекс относится к XII в., хотя колофон, по-видимому, является более поздней вставкой. Молитва отличается от традиционных магических формул необычной экзорцистской формулой: ꙁаклинаю ... нменемь твоімь свѧтъімь страшнъімь, іже сѧ протолкуеть на ѻ҃ імenъ, н на двѣ нменн (заклинаю [злых духов] именем твоим святым страшным, что толкуется как 70 имен и два имени). Не менее любопытно то, что заклинанию сопутствует перечень невразумительных имен, по-видимому, искаженных древнееврейских форм.

Одно из них – мнтатрѡнъ (несомненно, искаженное Метатрон) – насколько мне известно, ни в одном другом славянском перечне священных имен не появляется. Имя «Метатрон» получает пророк Енох после вознесения его на небо (Бытие 5: 24) и присвоения ему сана архангела и визиря в царстве небесном. Енох восседает при входе на Седьмое Небо и является главным посредником между небесной и земной сферами. Как сообщается в «Алфавите рабби Акивы», ему дарованы все 72 (или 70) священных имени непосредственно самим Господом Богом, ибо тот так сказал о Метатроне: «При нем Имя Мое.»[26]

Древнейший из дошедших до нас перечней 70-и имен Метатрона, приведен в «Сефер га–Хешек» («Книга Желания») и относится к концу XII в. или началу XIII в. (см. Epstein 1865). По мнению Иосифа Дана (1982), исследовавшего традицию этого текста, перечень возник среди последователей ашкеназского хасидизма в Германии, во второй половине XII в. Дан утверждает, что в его основание легли два классических текста традиции Меркавы: «Алфавит рабби Акивы» и так называемый Енох-3, поздняя еврейская обработка апокрифа о Енохе. Однако Моше Идель считает, что истоки перечня восходят к каббале, а проникновение его в Северную Европу (Германию и Польшу) произошло посредством все тех

[25] См. Smal Stockij 1886. Украинский перевод молитвы был вполедствии опубликован в Franko 1904. О молитве и используемом в ней топосе «72-х болезней», см. Izmirlieva 1998.

[26] «Алфавит рабби Акивы».

же провансальских общин, среди которых впервые появляется на свет книга «Багир».[27]

При сопоставлении имен из славянского кодекса «Hankensteinianus» и древнееврейских имен из дошедшего до нас варианта «70-и Имен Метатрона» из «Сефер а–Хешек» находим немало удивительно близких соответствий. Как минимум девять славянских имен имеют явные аналоги в древнееврейском тексте, хотя приведены не всегда в той же последовательности и с различным уровнем фонетического искажения:

Hankensteinianus	***Сефер а–Хешек***
татрнєлъ	Татриель
тавьтавьєлъ	Тавтавель
мнтатрѡнъ	Метатрон
єтатьѧ	Итатия
пацьпьцаѧ	Пацпеция
мацьмацаѧ	Мацмеция
цафъцьфаѧ	Цавция
тавтофана	Тафтефия
цафъцьфана	Цахцехия

Из одного этого сопоставления очевидно, что перечень имен Метатрона перебирается из Германии и Польши на восток, в Украину и Южную Россию, и становится известен здесь в славянской транслитерации уже среди нееврейских общин, таким образом оказывая влияние на молитвенную практику православных славян и на восточнославянскую апокрифическую традицию.

Заключения

Подводя итоги, отметим, что изучение амулета «72 имени Господа» завело нас весьма далеко, раскрывая пример масштабного культурного проникновения с довольно неожиданными историческими последствиями. Удалось раскрыть сложные текстовые переплетения, связующие балканских славян с Провансом и – через Германию – с русинскими землями, что в корне меняет наше представление о точках соприкосновения христи-

[27] Эта версия событий основана на мнении профессора Иделя, высказанном во время обсуждения более раннего варианта настоящей статьи, имевшего место в Еврейском Университете в Иерусалиме, в 2007 г. Я глубоко благодарна профессору Иделю, однако целиком беру на себя ответственность за свое толкование его взглядов.

анской Европы с еврейской каббалой и о прямых последствиях этих контактов.

В частности, благодаря новым данным, удается проследить два маршрута, по которым каббалистическая традиция перечисления 72-х божественных имен, под общим понятием «шем га-мефораш», проникла из Византии через Прованс к православным общинам восточной Европы. В первом случае древнееврейские перечни проникают в христианскую практику в Провансе уже в виде христианских амулетов (записанных на латыни, с предписанием на провансальском) и оттуда перебираются на балканские территории, где отныне возникает прочная традиция уже славянского амулета, распространившаяся на восток и достигшая России и Украины. Во втором случае другой древнееврейский перечень сакральных имен, известный как «70 имен Метатрона», распространяется в северном направлении, проникает в Германию и Польшу, а оттуда – по неизвестным каналам – в русинские земли, где оказывает влияние на христианскую практику восточных славян, обогащая их магическую терминологию. Здесь, среди восточных славян, оба течения традиции пересекаются вновь. Можно предположить, что они сливаются, образуя некие гибридные формы – так в молитве против 72-х недугов, помимо самого топоса 72-х имен Бога, встречаем также отголоски 70-и имен Метатрона, – хотя на данный момент нам не хватает источников, чтобы всерьез высказывать подобное предположение.

Однако у нас достаточно информации, чтобы утверждать, что наше микроисторическое исследование «72-х имен Бога» помогает значительно сдвинуть начало христианско-каббалистического обмена в Европе назад во времени, задолго до открытия каббалы европейскими гуманистами в конце XV в. Не менее важно, что оно раскрывает нам «популярную», бытовую религию как своего рода *bricolage* на периферии различных религиозных центров. Углубляясь в перевод, транслитерацию и культурную трансмиссию «72-х имен Бога» среди славян, исследование раскрывает сферу иудейско–христианских отношений, доныне не пользующуюся вниманием ни гебраистов, ни латинистов, ни славистов: зоны религиозного смешения на уровне каждодневной жизни, где «магические» практики лечения и защиты легко преодолевают конфессиональные границы, вовлекая религиозные общины различных вероисповеданий в сложный процесс взаимообогащения. Подобный религиозный гибрид зарождался и процветал в конфессиональных «плавильных котлах» – в Провансе, на Балканах, на русинских землях – во времена бурных политических перемен и смут, когда процесс закрепления доктринальных норм ослабевал, а нужда в защите и помощи, наоборот, повышалась. Таким образом, история данного амулета особенно ярко иллюстрирует процесс возникновения в зонах религиозного смешения гибридных практик, объединяющих порой враждебные конфессиональные общины вокруг общей потребности в божественной защите и коллективной озабоченности по поводу хрупкости человеческой судьбы.

Abstract

Translations into Slavonic from the Latin, and especially from the Western European vernaculars, were exceedingly rare cultural occurrences in the life of medieval *Slavia Orthodoxa*. This article addresses one such exceptional case: the process of appropriating an amulet known as *The 72 Names of the Lord* for Slavic use.

The Slavonic *72 Names of the Lord* is a list of divine titles and epithets that are delegated explicitly to prophylactic magic. Extant in over 26 manuscript copies, ranging from the late 13th through the early 19th century, and in several early printed editions, it presents the best-documented case of Slavonic name magic. Contrary to Iatsimirskii's (1913) assumption that the text's source is Greek, the article demonstrates through solid textological evidence its Jewish pedigree and reveals that the immediate sources of its Slavonic tradition are of Provençal origin. No less significantly, the Slavonic sources of this Christian amulet predate the earliest extant Provençal copies and are thus invaluable documents of a productive Kabbalo-Christian exchange in late medieval Europe (12th- 13th century) whose significance extends far beyond the Slavic world.

The article further traces two possible routes for this particular hybridization. Along the first route, the Hebrew lists of God's 72 names had already infiltrated Christian practice in Provence as Christian amulets (in Latin with Provencal provisos) by the 13th century. The amulets then migrated to the Balkans, producing there a strong tradition in Slavonic that spread, before the 16th century, as far as Russia and Ukraine. Along the second route, the Kabbalistic tradition generated an alternative Hebrew list of divine names, known as *The 70 Names of Metatron*, which spread northward to Germany and Poland and, along channels unknown, affected the Christian practice of the Eastern Slavs by contributing to their magic nomenclature.

БИБЛИОГРАФИЯ

Измирлиева, Валентина. "Книгопечатане и магия на прага на модерна Европа: Типографският амулет между Апенините и Балкана," *Старобългарска литература* (2009): 41/42, 453-65

Миклас, Хайнц, Лора Тасева, Мария Йовчева. *Берлински сборник* / Miklas, Heinz, Lora Taseva, Maria Jovčeva. *Berlinski sbornik*. София: Кирило-Методиевски научен център, 2006 / Wien: Österreichischen Akademie der Wissenschaften, 2006.

Тихонравов, Николай. Памятники отреченной русской литературы. 1–2. Москва, 1863.

Франко, Иван. *Апокріфи і легенди з українських рукописів*. Т. 4. Львів: Шевченко, 1906.

Яцимирский, Александр. К истории ложных молитв в южно–славянской письменности. Известия Отделения русского языка и словесности Императорского академии наук 18,1913, 3, 1–102; 18, 1913, 4, 16–126.

Bolte, Johannes. "Über die 72 Namen Gottes." *Zeitschrift des Vereins für Volkskunde* 13.4 (1903): 444–50.

Brasch, Rudolf, ed. *Der "Midrasch Schir Ha-Schirim Suta": Übersetzung, Kommentarierung und Vergleich mit dem Midrasch Rabba*. Leipzig: Albert Teicher, 1936.

Buchmann-Naga, Franz. *Schlüssel ze den 72 Gottesnamen der Kabbala: Praxis der kabbalistischen Invokation: Talismanische Theomagie*. Schriftenreihe der Gilde, no. 8. Gaustadt: Osiris, 1955.

Cartojan, Nicolae. *Cărţile populare în literatura românească*. Bucharest, Romania: Editura enciclopedică română, 1974.

Cohon, Samuel S. "The Name of God: A Study in Rabbinic Theology." *Hebrew Union College Annual* 23.1 (1950–51): 579–604.

Dan, Joseph. "The Seventy Names of Metatron." In *Proceedings of the Eighth World Congress of Jewish Studies, Jerusalem, August 16-21, 1981*, division 3: Talmud and Midrash, Philosophy and Mysticism, Hebrew and Yiddish Literature, 19-23. Jerusalem: World Union of Jewish Studies, 1982.

Derrida, Jacques. "Ulysses Gramophone." In *Acts of Literature*, ed. Derek Attridge, 253-309. London: Routledge, 1992.

Epstein, Yitshak M. *Sefer ha-heshek al'shemot Metatron*. Śar ha-panim, 2002.

Franko, Ivan. "Kirchenslavische Apokriphe von den 72 Names Gottes," Zeitschrift des Vereins für Volkskunde 14 (1904) 408-13.

Galatinus, Petrus. *Opus de arcanis catholicae veritatis, contra Judaeorum nostrae tempestatis perfidiam, ex Talmud aliisque hebraicis libris nuper excerptum*. Orthonae Maris: Hier. Soncinus, 1518.

Gaster, Moses. *Literatura populară romăna*. Bucharest, Romania: Haimann, 1883.

Gaster, Moses. *The Sword of Moses: An Ancient Book of Magic*. London: Nutt, 1896.

Gschwind, Ulrich, ed. *Le Roman de Flamenca: Nouvelle occitane du 13e siècle*. 2 vols. Bern: A. Francke, 1976.

Hasdeu, B. Petriceicu. *Cărţile poporane ale Românilor în secolul XVI în legătură cu literatura poporană cea nescrisă studiu de filologie comparativă*. Vol. 2. 1879, repr. Bucharest, Romania: Editura Didactică şi pedagogică, 1984.

Hubert, Merton Jerome, and Marion E. Poter, eds. *Romance of Flamenca: A Provençal Poem of the Thirteenth Century*. Princeton, NJ: Princeton University Press, 1962.

Idel, Moshe. *Kabbalah: New Perspectives*. New Haven, CT: Yale University Press, 1988.

Izmirlieva, Valentina. "The Aetiology of the Seventy-Two Diseases: Investigating a Byzantino-Slavic False Prayer," *Byzantinoslavica* 59 (1998): 181–96.

_____, *All the Names of the Lord: Lists, Mysticism and Magic*. Chicago: The University of Chicago Press, 2008a.

_____, "The Peculiar Codex *Jerusalem 22:* Tracing the Slavic Kabbalah." In *Jews and Slavs: Slavic Manuscripts in the Holy Lands*, eds. Wolf Moskovich, Svetlina Nikolova, and Moshe Taube, 87-108. Jerusalem and Sofia: The Hebrew University of Jerusalem & The Cyrillo-Methodian Research Center, 2008b.

Kaplan, Aryel, ed. *The Bahir*. Northvale, NJ: Jason Aronson, 1995.

Malinowski, Bronislaw. *Magic, Science and Religion, and Other Essays*. Introduction by Robert Redfield. 1948. Prospect Heights, IL: Waveland Press, 1992.

Meyer, Paul. "La prière des soixante-douze noms de Dieu." *Romania* 14 (1885): 528.

Miklas, Heinz, and Vjačeslav Zagrebin, eds. *Berlinski sbornik: Vollständige Studienausgabe im Originalformat von MS. (Slav.) WUK 48 aus dem Besitz der Staatsbibliothek preussischer Kulturbesitz, Berlin und von MS. O.p. I.15 der staatlichen öffentlichen Bibliothek*, Leningrad. Graz, Austria: Akademische Druck- u. Verlagsanstalt, 1988.

Reuchlin, Johann. *On the Art of the Kabbalah*. Translated by Martin and Sarah Goodman. Introductions by Lloyd Jones and Moshe Idel. Lincoln, NB: University of Nebraska Press, 1983.

Reuchlin, Johannes. *De verbo marifico, 1494. De arte cabbalistica, 1517. Faksimile-Neudruck in einem Band*. Stuttgart-Bad Cannstatt: F. Frommann Verlag, 1964.

Ryan, William F. *The Bathhouse at Midnight: An Historical Survey of Magic and Divination in Russia*. London: Sutton House, 1999.

Santos Otero, Aurelio de. *Die Handschriftliche Überlieferung der altslavischen Apokryphen*. Vol. 2. Patristische Texte und Studien, 23. Berlin: Walter De Gruyter, 1981.

Scholem, Gershom. *On the Kabbalah and Its Symbolism*. Translated by Ralph Manheim. New York: Schocken Books, 1965.

_____. "Kabbalah." *Encyclopedia Judaica*. Edited by Cecil Roth and Geoffrey Wigoder. Vol. 10, 489–653. Jerusalem: Keter, 1971.

_____. "The Name of God and the Linguistic Theory of the Kabbala." *Diogenes* 79 (1972): 59–80; 80 (1972): 164–94.

Schoedel, William R. "Scripture and the Seventy-Two Heavens of the First Apocalypse of James." *Novum Testamentum* 12.2 (1970): 118–29.

Schrire, Theodore. *Hebrew Magic Amulets: Their Decipherment and Interpretation*. New York: Behrman House, 1982.

Smal Stockij, St. "Über den Inhalt des Codex Hankensteinianus." *Sitzungsberichte der philosophischen Classe der kaiserlichen Akademie der Wissenschaften*. Wien, 1886, 601-89.

Stoyanov, Yuri. *The Other God: Dualist Religions from Antiquity to the Cathar Heresy*. New Haven, CT: Yale University Press, 2000.

Tambiah, Stanley Jeyaraja. "The Magical Power of Words." *Man* (n. s.) 3.2 (1968): 175–208.

Thomson, Francis J. "Apocrypha Slavica: II." *The Slavonic and East European Review* 63.1 (1985): 73–98.

Trachtenberg, Joshua. *Jewish Magic and Superstition: A Study in Folk Religion*. New York: Behrman, 1939.

BORIS MASLOV

Prisvoenie k Bogu / Oikeiosis pros theon: The Afterlife of a Stoic Concept in Old Rus'

I. Limits of conceptual borrowing

The subtitle of this paper may cause the reader to raise her eyebrows. Indeed, what sense does it make to speak of a Stoic concept in Old Russian culture, which knew nothing of, and could not care less about, Stoicism? This question may be reformulated in broader terms: what constitutes continuity and change in conceptual borrowing? How can these be captured using strictly philological tools when we cannot resort to the many givens of European intellectual history (a pedagogical tradition, a list of universally read classics, the valorization of Graeco-Roman antiquity, etc.)? In what follows, I will argue for a long-term conceptual continuity that extends over both the pagan-Christian divide and the transfer of the Byzantine theological vocabulary into the very different cultural milieu of Medieval Eastern Slavdom. I would like to stress, however, that this is an isolated case study, and that I am not arguing for a systematic Slavic reception of Stoic philosophical vocabulary. Indeed, it is precisely because there was no such systematic reception that the case of *prisvoenie k Bogu* is particularly interesting.

Whereas in the Latin West there existed a continuous philosophical tradition which drew extensively, among other classical sources, on the Stoicizing works of Cicero and Seneca (see, e.g., Nelson 1933, Spanneut 1973, Jordon 2005), the survival of a recognizably Stoic term in the Slavic East must be contingent on several factors, none of which falls under the rubric of conceptual borrowing as it is usually understood. No Stoic texts were translated into Old Church Slavonic (OCS), with the exception of the *Encheiridion* (*Manual*) of Epictetus, which survives in a Christianized redaction that preserves little of the specifically Stoic conceptual apparatus (Bulanin 1991, 100-103). This means that any Stoic concepts that reached the Eastern Slavs were filtered through patristic texts, subject to two conditions: (i) distinctly Stoic elements must have been preserved in early Greek Christian philosophy/theology and (ii) the East Slavic cultural milieu must have been, in principle, receptive to such elements.

Further, mere occurrence of a term in an OCS text does not signify that a conceptual borrowing took place. To give one well-known example, the fact that an OCS translation of a treatise, Περὶ τρόπων ποιητικῶν (*On poetic figures*) by Choiroboscos, that employs technical vocabulary was preserved in the 1073 *Izbornik* (*Florilegium*) does not mean that the Slavs had assimilated the Byzantine rhetorical tradition. The first question to ask is how widely the OCS translations of Greek texts that use the concept in question circulated, that is, whether they survive in numerous manuscripts. We should also ask whether a lexical item emerges that consistently renders the particular Greek concept. Instead, we often find a plethora of lexical variants, as in the case of the Greek term τὸ ἄτομον, lit. 'the undivided' (calqued into Latin as *individuum*), which is rendered in OCS variously as *nerazděl'noe*, *nedělimoe*, *nesěkomoe, nerazdrablęemoe*, *neprěrězaemoje*, *neotъrězaemo(e)*, and *nerasěkaemoe* (Weiher 1967, 121, fn. 44; 1972, 156, 158-9). The third question is whether the term occurs with both sufficient frequency and semantic coherence in texts that were originally composed in OCS; this furnishes the ultimate proof that the concept entered the active vocabulary of the East Slavic users of OCS. Surprisingly, scholars studying the reception of Greek philosophical vocabulary in OCS often overlook this crucial consideration.[1] Such concepts as Greek *hexis* 'habit, habitus', *diathesis* 'disposition', or *hypostasis* 'hypostasis', although abundant in OCS translations of patristic texts, were too philosophically loaded to have a meaningful frame of reference in original East Slavic texts, where they almost never occur. In the absence of systematic training in theology (and, a fortiori, in philosophy), only those concepts that could thrive in a predominantly monastic culture by and large suspicious of intellectual speculation had a chance to survive. This is what happened to Greek οἰκείωσις, lit. 'making one's own', a concept that arose as a technical term within Stoic ethics. This contribution aims, first and foremost, to sketch this concept's afterlife in Eastern Slavdom. I begin, however, with a few preliminary remarks on the history of *oikeiosis* in antiquity.

II. From the Stoics to the Byzantines

For the Stoics, *oikeiosis* was a way of explaining a person's commitment to things external to self as an extension of the natural impulse of self-preservation. In particular, they sought to make sense of altruistic behavior, and, ultimately, of

[1] The scholarship on "philosophy" in Old Rus' tends to focus on translations from Greek into OCS (e.g., Degtev, Maksimovich 1992, Gromov, Mil'kov 2001); cf. also earlier work by Eckhard Weiher (1964, 1967, 1972).

the seeming irrationality of self-sacrifice, as part of a natural world that is eminently rational. To arrive at such a rationalization, the Stoics in effect extended their concept of the self to include not only the physical individual, but also whatever s/he "makes his or her own" in the process of *oikeiosis*. The argument was easiest to make for parental love, which bridged the gap between self-love and social *oikeiosis* inasmuch as children may be said to assure a kind of post-mortem survival for their parents (cf. Blundell 1990). Yet natural kinship is but the first stage in a process that, according to the notion of widening circles of *oikeiosis* found in Hierocles (2nd c. CE), extends the force of self-love to ever more distant objects, and ultimately to the whole of humanity. The highest aim of the Stoic sage is the adoption of a cosmic viewpoint, according to which everything is justified by Reason (*Logos*) that governs, and is identical to, Nature (*Physis*).

Students of Stoicism have recognized that the doctrine of *oikeiosis* forms the cornerstone of the whole edifice of Stoic ethics, and in recent years there has been a flurry of publications related to this concept.[2] Yet perhaps the most ambitious attempt to point out its broader significance dates back to a 1972 article by G. B. Kerferd, who suggested that the meaning of *oikeiosis* is best conveyed as "the process by which we search for and achieve a sense of personal identity." An important qualification follows: "But, whereas we often tend to think of the establishment of our identity as a process of marking off ourselves from our environment, the Stoic process … tended rather to regard the assimilation or relating of one's environment to one's self as an extension or continuation of the primary process of the construction of the self" (1972, 178-9). In other words, *oikeiosis* implies a notion of human subjectivity that is alien to the modern European notion of the self. In this light, it is symptomatic that modern European languages lack the lexical means to convey the meaning of this "truly untranslatable word" (Kerferd 1972, 178; cf. Brandt 2003, 181).

To circumscribe its meaning, we should keep in mind three basic aspects of the semantics of οἰκειοῦν (the verb from which the noun *oikeiosis* is derived): (1) 'to appropriate, make one's own'; (2) 'to endear, make friendly or to feel endearment for'; (3) 'to claim or assert kinship with' (Kerferd 1972, 180). Indeed, when a Byzantine reader encountered the word *oikeiosis*, s/he did not construe it as a Stoic term. Instead, s/he inferred its meaning on the basis of, first, the con-

[2] Pohlenz (1940, 11): "Die Lehre von der Oikeiosis ist der Ausgangspunkt wie der feste Grund der stoischen Ethik." A whole series of recent monographs deal with the philosophical significance of *oikeiosis*: Engberg-Pedersen 1990, Radice 2000, Lee 2002, Bees 2004.

texts in which it occurred in patristic texts, and, second, the word's derivation as a *nomen actionis* from the verb *oikeioun*. While the former mechanism of semeiosis makes continuity with the concept's Stoic past theoretically possible, the latter mechanism greatly increases the viability of the concept outside the technical theological idiom.

A possible objection against semantic continuity with the specifically Stoic term could emphasize that *oikeiosis*, inasmuch as it represented a regular deverbal formation, had an independent lexical existence and that the Stoic deployment of this concept was a mere episode in its history. In fact, the word *oikeiosis* almost never occurs in Greek texts in non-philosophical contexts; in the entire corpus of Plutarch (46-120 CE) – a Platonist and a vociferous critic of the Stoics – we encounter the word only in polemical, anti-Stoic contexts. In the 3rd c. CE, as Stoicism yielded its philosophical pride of place to Neoplatonism, both the word and the concept were accepted as part of the common philosophical idiom, yet they preserved their Stoic meaning. For example, the Neoplatonist Porphyry (second part of the 3rd c. CE) employs the term *oikeiosis*, while recognizing its Stoic origin, to argue, in opposition to the Stoics, against killing animals for food.[3] Conversely, Themistios (ca. 317-388), who adhered to a moderate Platonism, sees fit to evoke the mechanism of *oikeiosis* in his praise of the emperors Valens and Valentianus, but does not use the word (*Or*. 6.91c-d). The survival of Stoic elements in a "Neo-Platonizing" Christian philosophy should not therefore come as a surprise. Even in the Areopagitica, one finds patently Stoicizing, non-Platonic ideas about the essential goodness of humanity, as, for example, the claim that evil is a violation against nature (cf. Prokhorov 1987, 19).

While recognizing the risk inherent in generalizing claims on the cultural character of Eastern Christianity, I believe that the influence of this particular theological strand on widely diffused perceptions cannot be easily dismissed. It is something of a commonplace that Eastern Christianity, in comparison to its Western counterpart, displays a rather benign view of both human nature and the natural world. In the formulation of R. A. Markus, although "Christians necessarily repudiated any divinization of the world," including "the pagan Stoic cosmic religion," "a residual trace of the holiness of the natural world as a whole was never lost in Eastern theology," which therefore "remained inhospitable to

[3] Porphyry, *De abstinentia* (discussion in Goldın 2001). The word *oikeiosis* also occurs elsewhere in Neoplatonic sources (Plot. *Enn*. 3.5, 4.4.45.1ff; Iambl. *De Myst*. 3.16 with Bees 2004.161ff).

the stark way of opposing regenerate with unregenerate nature that dogged Western theology" (1974, 165). These words are echoed by Yuri Lotman, who asserts that, in the eyes of Medieval Russians, "ein positives Prinzip in der Natur und in deren natürlicher Ordnung verborgen ist," therefore "Die Natur ist ihrem Wesen nach göttlich" (Lotman 1968, 107-110).[4] A residual pagan "pantheism" could prove congenial to a Neoplatonizing Christianity that incorporated Stoic elements.

Allowing for a certain circularity intrinsic to any argument correlating different levels of cultural analysis (but particularly patent when the levels being correlated differ so greatly in scale), one may conclude that, in this broadly defined cultural context, the notion of a benign organic unity of the self and the divine, conveyed by the concept of *oikeiosis*, became particularly viable.

Yet even if (as I argued) we are justified in viewing the notion of *oikeiosis* in patristic texts as a residual Stoic element, this does not mean that this notion was not subject to adaptation in the Judeo-Christian context. As early as Philo, whose ethical doctrine in many ways laid the foundation for the patristic authors, we find the idea that *oikeiosis* provides the operating principle for both human nature and a harmonious cosmos. Philo also uses this word to describe the intimacy between the God of the Old Testament and his people (which the Christians, of course, would no longer equate with the Hebrews). Christian philosophers elaborated on the idea of a natural bond between humanity and the Christian God, who took the place of the Stoic cosmic Logos. Origen argues that the Incarnation of the Logos provides the enabling cause of *oikeiosis pros theon* 'toward, with respect to God', and this idea is also found in later texts that were translated into OCS.[5] Beyond this particular usage, the notion of *oikeiosis pros*

---

[4] As an additional factor that could have contributed to the longevity of this concept, one could point to Alexander Kazhdan's argument for the weakness of social ties above the level of nuclear family in Byzantium (for one formulation of this idea, see Kazhdan and Constable 1982, 25-36). The prominence of the metaphor of kinship can thus be explained by the lack of supra-familial horizontal ties in Byzantine society. Elsewhere, Kazhdan extends his notion of Byzantine "individualism" (contrasted with Western institutionalism) to the views on salvation, assigning the crucial role to the spiritual father (Kazhdan 1993, 87-88, with further literature; see also Patlagean 1978). Cf.: "The relationship of spiritual father to spiritual son or daughter was thus part of a whole nexus of relationships which employed the vocabulary of the family and in a sense replicated it, but always on a higher level." (Morris 1995, 92). Some of the patterns to which Kazhdan draws attention – such as spiritual kinship – were also significant for the Eastern Slavs.

[5] Origen (184/185-254/255 CE): "God is [our] father not through physical kinship (*κατὰ τὴν φυσικὴν συγγένειαν*), but through *oikeiosis* of faith." (*Comm. in epist. ad Rom.* 25). It is

theon found great favor with the Greek Christian philosophers of the second half of the 4th c.[6] During the time when theological doctrine was being formulated, this notion had two principal aspects. First, it referred to primordial kinship with the divine, which is grounded in the biblical myth of creation (Gen 1:26), the quasi-Stoic view of the cosmos, and the Incarnation of the Logos. Second, it referred to the project of individual ethical progress. This latter meaning gave rise to the perception that *oikeiosis* of the divine constituted a holy man's privilege – a notion whose distant etymon, as we saw, is the Stoic idea of the sage's self-identification with the cosmos.[7]

III. The Old Russian reception of *oikeiosis pros theon*

I would like now to turn to the Old Russian reception of the concept of *oikeiosis* (*pros theon*).[8] The noun *prisvoenie* and the verb from which it is derived, *prisvoiti(sia)*, is attested with this meaning already in the earliest, Bulgarian translations from Greek. In the *Life of Kondratos*, preserved in the Codex Suprasliensis (mid. XI c.), the saint praises God as the one "who sent to us His only son Jesus Christ, thereby reconciling himself with us, and having made us, who were previously his enemies, into his own through [Greek: on account of] an excess of his love for humanity (*δι' ὑπερβολὴν φιλανθρωπίας οἰκειωσάμενος*)."[9] In another text from the same codex, the *Life of bishops Basil and Kapiton*, whose

thanks to the mediation of Christ that this familial relationship is possible: "... desiring to implant in us the blessedness, which is present in our souls due to him being recognized by us, he [God] makes a point that through Christ and the continuous presence of Logos we take up the *oikeiosis* toward him (*ἀναλαμβάνειν ἡμᾶς τὴν πρὸς αὐτὸν οἰκείωσιν*) (*Contra Celsum* 4.6).

[6] In the corpora of the three Cappadocians and of John Chrysostom *oikeiosis* occurs at least 133 times. Rough counts based on the electronic TLG give the following figures: Gregory of Nazianzus (16), Basil of Caesarea (42), Gregory of Nyssa (20), John Chrysostom (55).

[7] Admittedly, there is no evidence for the collocation *oikeiosis pros theon* in Stoic sources. Yet we need to keep in mind the fragmentary nature of our first-hand evidence of Greek Stoic authors. The notion of the divine as the telos of *oikeiosis* is prominent in Philo and Clement of Alexandria, which may indicate that it originated in Stoicism. Note in this regard the idea, found in Epictetus (1.13.3f), that all men are brothers by virtue of being Zeus's progeny (cf. Bees 2004, 183, 227). A more detailed consideration of the history of *oikeiosis* (*pros theon*) in Greek sources is presented in Maslov (Forthc.).

[8] The corpus of examples, in addition to primary texts and published lexica, draws on the card catalogues of the two largest historical dictionaries of the Russian language: SRIa XI-XVII = *Slovar' russkogo iazyka XI-XVII vv.* (IRIa RAN, Moscow) and SRIa XVIII = *Slovar' russkogo iazyka XVIII v.* (ILI RAN, St. Petersburg).

[9] блаженыи богъ . иже єдиночадааго сн҃а своѥго исоу хрьста посълавыи . и тѣмь сѧ примиривъ съ нами . врагомъ же намъ сѫштемъ . прѣлихыимъ чловѣколюбиимъ присвоиствивъ ны. (Supr. 109.21-25).

Greek original has not yet been found, the eponymous saints are said "to be safe not only in their life, but also after their death, as they have put death to death by their *prisvoenie* to God."[10] These two uses represent the two most widespread employments of *oikeoisis* in Byzantine Greek texts, where it (i) refers to the general promise of salvation warranted by Incarnation (conceived of as an act of divine *oikeiosis*) or (ii) represents the saint's privileged access to the divine, and thus an ideal of monastic ethics.[11]

The phrase *prisvoenie k Bogu* is attested in texts composed in the East Slavic realm beginning in the 11th c. and into the 17th c; the majority of attestations belong to the 16th and the 17th c. The use of the phrase evidently reflects the Greek idiom. In what appears to be its earliest attestation in an original East Slavic text, Nestor's *Chtenie o Borise i Glebe* (*The Legend of Boris and Gleb*), composed in the late 11th c. (yet only surviving in mss. from the 14th c. onward), "Jesus Christ our Lord" is said to have "shown pity for His creation after many years [of idol-worship], desiring in the last days [before the Last Judgment] to make it His divinity's own."[12] Although this earliest occurrence of *prisvoenie k Bogu* instantiates the Christ-initiated *oikeiosis* (type [i] above), in East Slavic texts the term usually describes a human achievement (type [ii]).

A late didactic text, *Chetyre poucheniia dukhovnika* (*Four teachings of a spiritual father*), most likely composed in the 17th c. (Smirnov 1912, 456), shows how this Greek idiom was adopted on East Slavic soil. Among many items of spiritual advice, it contains the following imperatives: "Render a small amount, take what is great; give one measure, take a hundred-fold, make yourselves God's own so that you are fearful to your enemies."[13] These injunctions are an almost verbatim borrowing from another didactic text, known as *Slovo nekoego ottsa k synu* (*A certain father's edifying words to his son*), which had been circulating in the Slavic world for more than half-a-millennium; a translation of yet

---

[10] и цѣлываѩтъ . не тъчьѭ въ житии своѥмъ . нъ и по съмрьти съмрьть оумрьтвивъше присвоѥниимъ ѥже къ бо͞у (Supr. 542.22-24).

[11] For further examples drawn from Greek-to-OCS translations, see SDRIa 8.558-560. It appears that the widely popular *The Life of Barlaam and Ioasaph*, where the notion occurs seven times, was particularly influential for the propagation of the second meaning of *prisvoenie k Bogu*.

[12] нъ по мнозѣхъ лѣтехъ милосердова о своемь созданьи, хотя я в послѣдняя дьни просвоити къ своему божеству (Abramovich 1916, 3). Contrary to SRIa XI-XVII 20.9, this passage occurs not in *Skazanie o Borise o Glebe*, but in Nestor's *Chtenie*.

[13] воˀдадите малое воˀмите великое дадите единою, воˀмите сторицею присвоⁱтесѧ б͞гви да страшни врагоᵐ своиᵐ б8ᵈте (Smirnov 1912, 216; cf. also p. 209).

another Greek original that has not been found, it is preserved in different collections, including *Izbornik* of 1076, *Zlataia tsep'*, versions of *Izmaragd* and *Zlatoust* (Moldovan 2009, 61). The 17th c. text, however, includes some notable modifications: apart from the transposition from singular to plural addressees, the phrase "take what is eternal" (the text of the 1076 *Izbornik* and most likely of the Greek original)[14] is replaced by "take what is great," and the qualification is dropped from the phrase "enemies, both visible and unseen"; both changes occlude the soteriological implications of the passage, emphasizing instead the immediate, practical effectiveness of *prisvoenie k Bogu*.

One may speak of a distinctive use of the concept of *oikeiosis pros theon* in the context of spiritual guidance delivered by a spiritual father (*πνευματικὸς πατήρ*, *dukhovnyi otets*) – an integral part of Old Russian (as well as Byzantine) penitential practice. It is suggestive that the same 17th c. text describes *pokaianie* 'penance/repentance' with the *hapax* agentive formation *prisvoitel'* (with the usual prepositional phrase *k Bogu*) 'one who makes God's own'.[15] An epistle sent by a monk Kornelii to his spiritual son, a priest considering a second marriage (an act that would demand disavowing his priesthood), stands in the same didactic tradition: "as a debauched life divides one from God, thus also pure life makes one God's own" (16th c., ms. 17th c.).[16]

Whereas in the didactic-penitential tradition, *prisvoenie k Bogu* marks an ethical desideratum for any Christian, in hagiography it represents the holy man's highest distinction. I was able to find four occurrences of this notion in hagiographical texts: *Povest' o Sergee Radonezhskom* (*The Tale of Sergius of Radonezh*), embedded in the so-called Nikon chronicle (1526-1530); *Zhitie Aleksandra Oshevenskogo* (*The Life of Alexander Oshevenskii*) by Theodosius (second half of the 16th c.), *Slovo pokhval'noe iurodivym Prokopiiu i Ioannu Ustiuzhskim chudotvortsam* (*The Laudation of the holy fools Prokopius and John of Ustyug*) by Semeon Shakhovskoi (first half of the 17th c.; cf. Ivanov 2005, 243); *Chudesa Zosimy i Savvatiia Solovetskikh* (*The wonders of Zosima and Savvaty of Solovki*; in an addendum written in 1624). All four texts record a

---

[14] Cf. the reconstruction of the protograph of this text in (Veder 2005, 143): дароуи малоѥ и възми вѣчьноѥ. даждь ѥдино възьми сторицею. Присвои сѧ бозѣ да врагомъ си видимыимъ и невидимыимъ страшьнъ бꙋдеши.

[15] покаꙗнїе чл҃вкомъ ... грѣхо^м ѡбличите^л. на нб҃о возводите^л. к бг҃ꙋ присвоите^л. (Smirnov 1912, 219).

[16] ... растлѣнное бо житие ѿлꙋчаетъ ѿ бг҃а, тако и чистое житие присвоѧетъ бг҃ꙋ (Послание Корнилия, инока Снетныя горы, к сыну его, попу Иванну; Serebrianskii 1908, 53).

holy man's aspiration to or achievement of *prisvoenie k Bogu*: "God, accept me and make me your own" (Sergei of Radonezh speaking);[17] "to make oneself God's own and love Him alone"[18]; "to achieve the *prisvoenie k Bogu*"[19]; "he yearned to make himself God's own."[20]

The use of the notion of *prisvoenie k Bogu* thus appears to be restricted to the two genres of Old Russian letters identified above: the didactic-penitential and the hagiographical-laudatory.

There are, however, three more instances of this idiom, which belong to a particular episode in 17th Russian religious history – the suppression of the large body of clerics and monks, later referred to as the Old Believers, who opposed the wide-ranging religious reforms under Tsar Alexei Mikhailovich. Two of these instances, discussed below, are recorded in the celebrated *Life* of Avvakum, the recognized leader of the Old Believers. The third occurs in a text written by another Old Believer imprisoned in Pustozersk, Lazarus – a petition (*chelobitnaia*) addressed to patriarch Joseph (1668). This text includes a detailed refutation of the newly introduced practice of crossing with three (rather than two) fingers: such an innovation, Lazarus asserts, must be the work of the forerunners of Antichrist, since the latter is seeking to deprive the Christians of their main defense, Christ's name, during the impending end of times. For "whoever makes a sign with the sign of Christ my Savior, the Lord will not part from such a man, but will enlighten his heart, and make him his own."[21] By applying the notion of *prisvoenie k Bogu* to all those who adhere to the old rite, Lazarus effectively appropriates a hagiographical topos for apologetic use.

---

[17] Господи, пріими мя и присвои мя къ себѣ (PSRL 11.128; ms. second half of the 16th c.)

[18] къ богу присвоитися и того единого возлюбити (Житие Александра Ошевенского. Рукоп. ГБЛ, ф. 310 (Унд.), № 276, сп. XVI в; unpublished; quoted from the SRIa XI-XVII card catalogue entry).

[19] On the holy fool Prokopios of Ustiug: «толико оубѡ к семꙋ приложившꙋ к подвигꙋ добродѣтелей показати, и к бг҃ꙋ присвоение стѧжати, ꙗкѡ і на бѣсы область имѣти, и чюдеса велїѧ показати, и всѣми познаваемъ бѧше, ꙗкѡ мꙋжъ бл҃гъ» (Слово похвальное ... юродивым Прокопию и Иоанну Устюжским чюдотворцам. Списано Симеоном Шаховским; published in Житие преподобного Прокопия Устюжского. СПб., 1893. Изд. ОЛДП. № 103. С. 242).

[20] восхотѣ Господеви присвоитися (Чудеса Зосимы и Савватия Соловецких в приписке 1624 г. Рукоп. ГИМ, Вахр., № 72, л. 204-234; unpublished; quoted from the SRIa XI-XVII card catalogue entry).

[21] И аще который человѣкъ знаменается знамениемъ Христа Спасителя моего: и таковаго человѣк не отступитъ господь, но просвѣтитъ сердце его, и къ себѣ присвоитъ (1668; Subbotin 1878, 278).

The exalted eschatological rhetoric of the Old Believers, who viewed their prosecution as a sign of the coming Apocalypse, led them to take the license of claiming, so to speak, proleptic saintliness for themselves as martyrs of faith. This is nowhere as clear, of course, as in the paradox of the genre of Avvakum's *Life* – a saint's *vita* written by its own subject. Like Lazarus, yet much more energetically, Avvakum twice in his *Life* claims to determine who is to be "made God's own." One such claim occurs in the consolation on the fate of the sisters Morozov who were forcefully separated from their families and tortured:

> Да что-петь делать? Пускай их, миленьких, мучат: небеснаго жениха достигнут. Всяко то бог их перепровадит век сей суетный, и присвоит к себе жених небесный в чертог свой, праведное солнце, свет, упование наше![22]
>
> And what can one do here? Let them, those dear ones of mine, be tortured; they shall attain the heavenly bridegroom. One way or another, God will convey them through this vain life's age, and the heavenly bridegroom will make them His own, [taking them] into his heavenly palace, He the True Sun, Light, Our Hope.

Deprived of their mundane familial ties, the two martyred women are promised kinship with the divine. In another context, Avvakum, who served as a *pneumatikos* to as many as five or six hundred spiritual children (Avvakum 1979, 43), speaks of his own efforts to achieve *prisvoenie k Bogu* on behalf of Pashkov, his one-time antagonist and tormentor:

> [в Москве] я к нему на двор пришел, и он пал предо мною, говорит: «Волен Бог да ты и со мною». Я, простя ево, с чернецами чудовскими постриг ево и поскимил, а Бог ему же еще трудов прибавил, потому докуки моей об нем ко Христу было, чтоб ево к себе присвоил. Рука и нога у него же отсохли, в Чюдове ис кельи не исходит, да любо мне сильно, чтоб ево Бог царствию небесному сподобил. Докучаю и ныне об нем, да и надеюся на Христову милость, чаю, помилует нас с ним, бедных![23]
>
> [In Moscow] I went to him, and he fell down in front of me in his yard, saying: "Let God and yourself do what you will with me." I have forgiven him and tonsured him along with the Chudov monks and imposed the schema [the strictest monastic vows], and God has added still more labors for him, so I pestered Christ much on his account, so that He would make him His own. His hand and foot atrophied; he does not leave his cell in Chudov, and it would be very much to my liking if God would deem him worthy of the Heavenly Kingdom. I am even now importuning on his behalf, and trust in Christ's mercy, hoping, he will have mercy on the two of us, poor souls.

---

[22] Redaction A. I quote from the edition: Gudzii 1960, 96.

[23] Redaction first published in 1975. I quote from the edition: Robinson 1991, 46-47.

A distinctively Eastern Christian soteriological dynamic, whereby the spiritual father takes responsibility for the salvation of his children (viz. their divine *oikeiosis*), is here complicated both by a certain excess of familiarity with the divine claimed, almost facetiously, by Avvakum and the concluding prayer that equates the would-be holy man (the speaker) and his spiritual protégé. In the context of the violent suppression of the Old Believers (Avvakum and Lazarus were condemned to death and burned in a wooden *srub* in 1681), the state of *prisvoenie k Bogu* comes to mark the small and besieged group of those who keep the true faith.

Having concluded the survey of the most relevant Old Russian passages, I would like to return to the methodological queries posed in Section 1. What permits us to speak of conceptual continuity across a cultural and linguistic divide? And, conversely, what conditions have to be met in order for an alien concept to be received in a different milieu? I believe that, in the case of the *oikeiosis/prisvoenie* nexus, an answer to these questions can be found in the particulars of lexical usage.

In translations from Greek, two other Slavic nouns (and correspondent verbs) were regularly used to render *oikeiosis* (*oikeioo*). One, *oprisnenie* (*oprisniti*), is attested in works translated in Bulgaria, including the *Pandektes* of Antiochos, *Hexaemeron* of John the Exarch (based on Basil the Great's homilies), and Gregory of Nazianzus's *Orations*,[24] but not found in original East Slavic texts. Another variant that was introduced in the Old Bulgarian translations, but is also attested in East Slavic texts, is *usvoenie-usvoiti(sia)* (*k Bogu* vel sim),[25]

[24] The word is related to the adjective *prisnyi* 'close, familiar' on whose etymology see Pichkhadze 2003. *Oprisnenie* (variant *oprishnenie*) and the related verb *oprisniti* occur in the *Pandektes* of Antiochos (ıаже оубо Бг ѡприсни и прослави, то нꙋжда есть долгы въздаати [VMCh, Dec. 24, 2157]; 11th c; ms. 16 c.); John the Exarch (Aitzetmüller 1958-1975, 6.616; 1263; ms. 17th c.); the first translation of Gregory of Nazianzus (Budilovich 1875, 193; 11th c.); the second translation of Gregory of Nazianzus: *ἡ πρὸς αὐτὸν* [=Θεὸν] *νεῦσίς τε καὶ οἰκείωσις* (*Or*. 21.1) = еже у немоу преклоненіе и еже и ѡпришненіе (based on the autopsy of three 15-16th c. mss.: РНБ Соловец. собр. № 95/95, л. 569; РНБ Соловец. собр. №94, л. 375; РНБ Погодинск. № 989, л. 229; dating and description of the mss.: Bruni 2004, numbers 110, 115, 121).

[25] The November Menaion (1097): Оусвои сѧ зижителю си бжьствьными мчниї, бгомоудре, стрсами и вѣньца свѣтлыꙗ, славьне, ѿ нꙗго приꙗтъ, ꙗко непобѣдимъ (Jagich 1886, 465); the second translation of Gregory of Nazianzus: *διὰ τὴν πρὸς τὸν Λόγον οἰκείωσιν* (*Or*. 41.12) = за еж к словꙋ оусвоенїа (based on the autopsy of РНБ Соловец. собр. № 94/94, л. 182об); *οἰκειώσεις Θεὸν* (*Or*. 16.20) = оусвоиши бга (РНБ Соловец. собр. № 95/95, л. 691; РНБ Соловец. собр. №94, л. 438; РНБ Погодинск. № 989, л. 339); къ бу же всходъ нашь глть сѧ пакы ꙗже к нему оусвоꙗнье (XIV в. Рукоп. ГИМ, Син., № 954. XIV в. л.

morphologically parallel to *prisvoenie- prisvoiti(sia)*, yet much less frequent. In the polemical, anti-Judaic text *Prorochestvo Solomona* (*Solomon's Prophecy*), dated to 1234 (Vodolazkin 2008, 294), the notion of divine *usvoenie* serves as the summation of a list of antitheses contrasting the Hebrews and the Christians: "Thus he rejected you, but called for us, withdrew from you, but had mercy on us, disowned you, but made us his own."[26] In a didactic context that is partly analogous to the one discussed above for *prisvoenie*, Nil of Sora (15th c.) asserts that he undertakes no practical action until he finds a precedent for it in the Holy Writ since he "dares not do anything based on his own will and reason," and adds: "this advice I give to all those who attach themselves to me in spiritual love, and all the more so to you, since from the beginning you have been made my own through spiritual love."[27] Nil's didacticism is not identical to that of a *pneumatikos*, since he and his addressee are on equal terms; yet *oikeiosis* does have a similar effect, in that an organic unity of kinship results in the beneficial undoing of the individual will. In the 16th c. *usvoenie* and *prisvoenie* (*k Bogu*), at least for some writers, were synonymous.[28]

In light of the existence of lexical alternatives, what accounts for the emergence of *prisvoenie* as the dominant expression of the borrowed concept of *oikeiosis*? It is tempting to explain *prisvoenie* as a calque of *oikeiosis*. Yet the evidence suggests otherwise. Beyond contexts that reflect Greek *oikeiosis*, the word *prisvoenie* is used in a meaning that is not paralleled in Greek, and that evidently represents its original signification in the East Slavic dialects, 'kinship

---

46; quote from the SRIa XI-XVII card catalogue entry). An additional variant in the November Menaion (1097): *svoiati* (*sia*) *k Bogu*; cf. Не сътѧжахъ дѣлесъ бл҃гыихъ, къ г҃оу своıащиихъ мѧ, (и) страшьнаго соудища оубоıахъ сѧ (Jagich 1886, 496).

[26] Тѣмъ вас отверже, а нас призва, вас отступи, а нас помилова, вас лишисѧ а насъ усвои (Vodolazkin 2008, 402).

[27] И аще что лучится творити ми, аще не обрящу то в святых писаниих, отлагаю се на время, дондеже обрящу. Понеже по своей воли и по своему разуму не смею что творити. И аще кто духовною любовию прилепляется мне, та же съветую делати, но и паче тебе, занеже изначала духовною любовию усвоя[е]м еси мне (Prokhorov 1974, 142).

[28] This is confirmed by the use of *usvoenie* in a hagiographical context analogous to the one discussed above for *prisvoenie*: присного усвоенія святыхъ его к нему [Богу] (*Pokhval'noe slovo na otkrytie moshchei episkopa Nikity* [*The Laudation on the invention of the relics of the bishop Nikita*] by Zinovii Otenskii (1565); Рукоп. ГБЛ, ф. 256 (Рум.), № 154, сп. к. XVI или н. XVII в., л. 33; unpublished; quoted from the SRIa XI-XVII card catalogue entry). The two words are also found as alternative ms. readings in the second translation of Gregory of Nazianzus: *διὰ τὴν τῶν λόγων οἰκείωσιν* (*Or.* 24.4) = словесь дѣлма присвоеніа (РНБ Соловец. собр. №94, л. 226об; same in РНБ Погодинск. № 989, л. 64об) vs. словесъ ради оусвоениѧ (РНБ Соловец. собр. №95, л. 220об).

through marriage'; it was thus a synonym of *svoistvó*, a word which is still used in this meaning in modern Russian.[29] In fact, in one of the manuscripts of the Slavic translation of the *Orations* of Gregory of Nazianzus, *svoistvo* is used at least twice instead of *prisvoenie* when rendering Greek *oikeiosis*.[30] This confirms the supposition that the Slavs imposed the native meaning of close (yet not blood) kinship on the Greek philosophical concept. Such a semantic rapport is not observable in the cases of *oprisnenie*, which was apparently not an East Slavic word, and *usvoenie*, whose usual meaning approximated that of 'appropriation' (the meaning expressed by *prisvoenie* in modern Russian).[31]

There is a further consideration that must be taken into account when explaining the relative success of this conceptual borrowing from Greek to East Slavic. In contrast to the Greek *oikeiosis*,[32] Old Russian *prisvoenie* had close

---

[29] Examples: SRIa XI-XVII 20. 9 [2]: близочьство ... есть ... присвоение лицъ от браковъ намъ совокупляющес<я> (XVI c.), etc. Cf.: *присвоити въ жену кого-л.* = жениться; *присвояти въ зятьство* = брать в зятья. Cf.: STsRIa, *s. v. присвоение*: "2) *стар.* родство, свойство". The word *prisvoenie* is also attested in figurative, but not religious contexts, as when Ivan the Terrible speaks of making people the ruler's "own": А какъ людей держати и жаловати, и отъ нихъ беречися, и во всемъ ихъ умѣти къ себѣ присвоивати (Dop. akt. ist. 1.372; 1572-1578).

[30] *οἰκείωσις πρὸς τὸ συγγενές* (*Or*. 14.23) = присвоеніе к сродному (РНБ Соловец. собр. № 94/94, л. 418об; same in РНБ Погодинск. № 989, л. 304об) vs. своиство къ блжинемоу (РНБ Соловец. собр. № 95/95, л. 643 об); *διὰ τὴν πρὸς τὸν Λόγον οἰκείωσιν* (*Or*. 41.12) = за е[ж] к словꙋ оусвоенїа (РНБ Соловец. собр. № 94/94, л. 182об) своиства дѣлꙗ словеснаго (РНБ Соловец. собр. № 95/95, л. 138об). In the early translation of Gregory, preserved in a single 11th c. ms., *oikeiosis* is rendered by *ближичьство*, *своетьство* and *опришнение*, where the former two words appear to represent common expressions for kinship ties (for *ближичьство* cf. fn. 29); the verb *oikeioun* is rendered by *присобити* (Budilovich 1871, 77, 87, 114).

[31] Based on my observations, in the mss. of the second (14th c.) translation of the *Orations* of Gregory of Nazianzus, whose usage in respect of rendering Greek *oikeiosis* is quite heterogeneous, *prisvoenie* appears to be the most common word, but in one, particularly elevated context (*ἡ πρὸς αὐτὸν* [=*Θεὸν*] *νεῦσίς τε καὶ οἰκείωσις* (*Or*. 21.1; see fn. 24), the three mss. I consulted use the lofty sounding *oprishnenie*. *Usvoenie* also appears to be marked as somewhat elevated, whereas *prisvoenie* is the default equivalent of *oikeiosis*, also used in (rare) contexts that are not theological, as in the case of *ἡ δι' αἱμάτων καὶ κνίσσης οἰκείωσις* (*Or*. 24.10) = и еже же крови и тоуком присвоеніе (РНБ Соловец. собр. №94, 231об); кровми и тоукомъ присвоение (РНБ Погодинск. № 989, 69об); unreadable in РНБ Соловец. собр. №95, 231: кръвискварысвоение.

[32] The semantically (yet not morphologically) closest notion to *oikeiosis* is *philia* 'friendship'. The East Christian vocabulary of proximity to God is not exhausted by the terms discussed here. Note, for example, the idea of братосътворениѥ къ б҃оу 'brotherly union with God' in the Pseudo-Athanasius's *Questions*, corresponding in the Greek to *ἡ ἀδελφοποιησία ἡ*

morphological parallels in such prominent Christian notions as *priobshchenie, prichashchenie*, and *prichastie*; these three words are used to render Greek *κοινωνία*, but they split the meaning of the Greek word: whereas *prichastie* and *prichashchenie* are regular terms for '(taking) communion', *priobshchenie* refers to becoming or being a member of the Christian community (the community effected by the sharing of the sacraments). Significantly, this latter meaning is also attested for *prisvoenie*.[33] The Old Russian equivalent of *oikeiosis* is thus aligned with a series of deverbal nouns with the *pri-* prefix that refer to the forging of links, both horizontal (linking members of the community) and vertical (connecting them to the divine), within the Christian cosmos.

The workings of this conceptual import can be reconstructed as follows: translators from Greek made use of a series of deverbal formations superficially analogous to *oikeiosis*, which included *prisvoenie*, *usvoenie* and *oprisnenie* (the latter possibly a new coinage); *prisvoenie* gained greater currency because of its wide use in the native meaning, 'extended kinship through marriage'; concurrently, it became subject to the increased influence of the Greek word, that is, it became a semantic loan. It is at this stage that the properly theological (and, vicariously, Stoic) import of this concept became part of its meaning. While the majority of Greek philosophical terms had little chance of survival in a literary culture that lacked a specialized philosophical-theological discourse, it was nevertheless possible for an imported concept to grow spontaneously and wildly when a native Slavic equivalent existed.

IV. Further reflections of *oikeiosis*

In Section 2, I noted that *oikeiosis* has no recognized equivalents in vernacular European languages; this is remarkable in light of the fact that most ancient philosophical concepts have had a rich life in the modern period. As the preceding analysis has demonstrated, pre-modern (pre-18th c.) Russian does contain a Christianized version of *oikeiosis*,[34] yet, as I emphasized, Old Russian writers

πρὸς τὸν Χριστόν (Moldovan 2009, 1.606, 2.72). I am grateful to Prof. William Veder for pointing out this passage to me.

33 ни присвоися к нимъ [латинам], нъ бѣгай отъ нихъ (Theodosius; 11th c.; ms. 15-16th c.; SRIa XI-XVII 20.10); Никъто же ... июдѣискыихъ опрѣснъкъ да ясть, ли к нимъ [иудеям] присвоиться (*προσοικειούσθω*) (Beneshevich 1906, 151; 12th c.).

34 The latest instance of this usage that is known to me comes from Radishchev, who calls human language "this divine quality that has been made our own, this grade toward perfection, this so glorious gift of the Father of All" (Но сия божественность, нам присвоенная, сия степень к совершенству, сей толико блестящий дар Всеотца; ca. 1792; Radishchev

lacked awareness of this concept's pre-Christian genealogy. There is, however, a remarkable piece of evidence that suggests that at least some speakers of Russian in the 18th c. could self-consciously employ the word *prisvoenie* as an equivalent of the Stoic term (in all likelihood mediated by Cicero, who renders *oikeiosis* as *conciliatio* or *commendatio*). In a speech on the purposes of education delivered in 1793, Pavel Sokhatskii, an authority on ancient philosophy and a commentator on Cicero's *De Officiis*, makes an unmistakable allusion to *oikeiosis*:

> Изъ сей точки зрѣнія, послѣдуя вниманіемъ за успѣхами юнаго ума, примѣтно усмотримъ, какъ младенецъ плѣняясь и увлекаясь новостію каждой встрѣчающейся вещи, особливо когда она живѣе трогаетъ свѣжія и мягкія еще его чувства, съ жадностію стремится принять ея отпечатокъ, и присвоить ее себѣ чрезъ употребленіе.[35]
>
> Proceeding from this angle of vision, following attentively the achievements of the young mind, we will easily note how the infant, captured and drawn by the novelty of each object s/he encounters, especially when it more vividly impinges on his/her fresh and soft senses, avidly strives to receive its impression and to make it his/her own (*prisvoit ee sebe*) through use.

Admittedly, this is the only example of such usage that I was able to find. Sokhatskii's phrasing is, moreover, not incompatible with the meaning of *prisvoenie-prisvoiti* in modern Russian, where it is equivalent to English *to appropriate* 'make one's own, often by use of force'. It is precisely the benign connotations of *oikeiosis* as extension of self (expressed by the use of the reflexive form of the verb and the prepositional phrase with *k* 'to'), rather than accumulation of possessions (expressed by the use of direct object), that are so difficult to convey in modern European languages.

Although direct equivalents of *oikeiosis* are not found in the medieval or modern philosophical tradition, several scholars have recently proposed that this concept did nevertheless have a significant reception. Richard Sorabji (2000, 337-339) argues that Maximus the Confessor's concept of natural will, *θέλησις* (as opposed to deliberative will, *προαίρεσις*), accords with the Stoic definitions of *oikeiosis*. Maximilian Forschner (2004) suggests that the Stoic theory of *oikeiosis*, mediated by Cicero and Seneca, informed Thomas Aquinas's concept of *inclinationes naturales*. In a different context, I have suggested that the phrase

---

1952, 405). The semantic shift from 'affiliation' to 'appropriation' began in the 16th c. for the verb *prisvoiti(sia)*, and in the 17th c. for the noun *prisvoenie* (see SRIa XI-XVII 20.9-10).

35 Слово о главной цели воспитания; … говоренное … Павлом Сохацким. Июня 30 дня 1793 г. М., 1793. С. 11.

oikeiosis pros theon may be an overlooked precedent of the concept of θέωσις 'divinization' (OCS, Russian *obozhenie*) that was introduced by Gregory of Nazianzus (Maslov 2005, Maslov Forthc.).[36] In all these cases, the force of *oikeiosis* is deflected to other concepts.

More adventurously, Reinhard Brandt, while lacking direct evidence for conceptual borrowing, finds traces of the Stoic doctrine of *oikeiosis* in two influential theories that were formulated in the 17th and 18th c.: John Locke's theorization of private property as owned due to 'familiarization' effected through labor and Kant's distinction between the beautiful and the sublime. (For the latter, Brandt suggests that the two correspond to the two stages of *oikeiosis* distinguished by the Stoics: the initial urge, ἡ πρώτη ὁρμή, linked to self-preservation and already observable in infants, and the abstract work of self-identification with distant objects.) In Brandt's argument, Stoic *oikeiosis* is not transformed into a distinct resulting concept; rather, it comes to inform, as one of the contributing elements, intellectual constructs that themselves sprout new concepts. I believe that the Byzantine and East Slavic evidence allows us to argue for a similarly broad import of *oikeiosis*. I have drawn attention to the use of *prisvoenie k Bogu* in the context of Eastern Christian penitential practice, which put a strong emphasis on spiritual kinship. As I argue more fully elsewhere, this conceptual linkage has its roots in the theorization of the priest as a mediator who both achieves the *oikeiosis* of the divine himself and is able to impart it to other, less advanced members of the community (Maslov Forthc.).

One also must allow for incidental reflections, or echoes, of the concept of *oikeiosis*. For example, in *Pravda voli monarshei* (*The Right of the Monarch's Will*), one of the most significant documents of the Petrine political propaganda, Feofan Prokopovich speaks about the parent's natural inclination toward the child: "It is first and foremost the founder of nature who has imposed a duty on the parents not only by a law inscribed in human hearts, but by a natural inclination of the heart toward [one's] children, which he also infused into unreasonable (= Gr. *alogoi*) animals."[37] This formulation closely corresponds to Stoic

[36] Cf. a characteristic passage from Pseudo-John Chrysostom which brings the discourse of *prisvoenie k Bogu* and *obozhenie* together: "for He first made him our own, having been a human being in his flesh, and then we also will make ourselves His own, having accepted the gift of divinization" (понеже прежде онъ присвоися намъ, плътию бывъ человѣкъ, потом же и мы ему присвоимся, обоженіа пріемше даръ) (VMCh, Nov. 13-15, 895).

[37] Кто же родителеи одолжилъ къ толикому о дѣтяхъ своихъ промыслу; Одолжилъ во первыхъ естества создатель, не токмо написаннымъ на сердцахъ человѣческихъ

ideas about parental *oikeiosis* (Blundell 1990, 227), which could have reached Feofan through Neo-Stoicism. As a further intriguing parallel, I would point to Nikolay Strakhov's "Epistle on the Significance of Human Life" (1861), which recasts the ideal of *Bildung* as a process of assimilation (*usvoenie*) of outside influences, whereby they are "made one's own" and "brought into one's nature."[38] As is well known, Strakhov's philosophical ideas had an important reception in the work of both Fyodor Dostoevsky and Lev Tolstoy (Steiner 2011).

Finally, I would like to recall a suggestive moment in Dickens's *Bleak House*, where Esther, the novel's protagonist and narrator, enunciates her credo: "I thought it best to be as useful as I could, and to render what kind services I could, to those immediately about me; and to try to let that circle of duty gradually and naturally expand itself" (chapt. viii). Esther's phrasing, which bears an uncanny similarity to Hierocles's concentric circles of *oikeiosis*, could ultimately go back to Cicero's linkage of *oikeiosis* and the Stoic teaching about duties, *καθήκοντα* (Long 1986, 190-1). More detailed consideration of this issue, however, lies well beyond the scope of this contribution.

Резюме

В статье рассматривается древнерусская рецепция стоического по происхождению понятия *οἰκείωσις* (*πρὸς θεόν*). В первом разделе высказываются общие замечания о проблеме изучения теолого-философской терминологии в церковнославянской книжности. Во втором разделе кратко прослеживается история понятия *οἰκείωσις* в античности. Третий раздел посвящен разбору примеров употребления слова *присвоѥниѥ*, использовавшегося для передачи греч. *οἰκείωσις*, в древнерусских текстах. В заключительном разделе приводятся некоторые дополнительные со-

---

закономъ, но и природнымъ к дѣтямъ своимъ сердца склоненїемъ, которое влїялъ и въ безсловесная животная (Prokopovich 1722, 12).

[38] Чем больше влияний действует на камень, чем дольше они на него действуют, тем значительнее разрушение камня, тем ближе он к своему уничтожению. У человека – наоборот: различные влияния не только не уничтожают его, но еще более усиливают его самостоятельность. В самом деле, они его *развивают*. Мы выражаем это чрезвычайно просто и верно, говоря, что человек нечто *усваивает* себе, когда что-нибудь на него действует. Усваивать – значит делать своим, вносить в собственную природу, прибавлять к своей сущности. Так что сущность человека растет по мере того, как претерпевает различные влияния. Притом это нарастание не механическое, не складывание в одну кучу, но самодеятельное, внутреннее. В самом деле, усвоить себе что-нибудь вполне чужое, с чем бы не было сродства в самом усвояющем существе, невозможно (Strakhov 2007, 199).

ображения о рецепции этого стоического понятия в Средние века и в Новое время.

Bibliography

Abramovich, D. I., ed. 1916. *Zhitiia sviatykh muchenikov Borisa i Gleba i sluzhby im*. Petrograd: Tip. Imp. AN.

Aitzetmüller, R. A., ed. 1958-1975. *Das Hexaemeron des Exarchen Johannes*. 7 vols. Graz: Akad. Druck- und Verlagsanstalt.

Avvakum. 1979. *Archpriest Avvakum, the life written by himself*. Translated by K. N. Brostrom. Ann Arbor: University of Michigan Press.

Bees, R. 2004. *Die Oikeiosislehre der Stoa*. Vol. 1: *Rekonstruktion ihres Inhalts*. Würzburg: Königshausen & Neumann.

Beneshevich, V. N., ed. 1906. *Drevneslavianskaia kormchaia XIV titulov bez tolkovanii*. V. 1. St. Petersburg: ORIaS AN.

Blundell, M. W. 1990. "Parental Nature and Stoic *οἰκείωσις*." *Ancient Philosophy* 10:221-242.

Brandt, R. 2003. "Selbstbewusstsein und Selbstsorge. Zur Tradition der *οἰκείωσις* in der Neuzeit." *Archiv für Geschichte der Philosophie* 85:179-197.

Bruni, A. M. 2004. *Θεολόγος. Drevneslavianskie kodeksy Slov Grigoriia Nazianzina i ikh vizantiiskie prototipy*. Moscow: Institut vseobshchei istorii RAN.

Budilovich, A. 1871. *Izsledovanie iazyka drevneslavianskogo perevoda XIII Slov Grigoriia Bogoslova*. St. Petersburg: Tip. Imp. AN.

Budilovich, A., ed. 1875. *XIII slov Grigoriia Bogoslova v drevneslavianskom perevode*. St. Petersburg: ORIaS AN.

Bulanin, D. M. 1991. *Antichnye traditsii v drevnerusskoi literature XI-XVI vv*. Munich: Otto Sagner.

Degtev, S. V., and K. A. Maksimovich. 1992. "K interpretatsii teologo-filosofskogo fragmenta Grigoriia Bogoslova." In *Perevodnye pamiatniki filosofskoi mysli v Drevnei Rusi*, edited by M. N. Gromov, 36-43. Moscow: Institut filosofii RAN.

Dop. akt. ist. = *Dopolneniia k aktam istoricheskim*. V. 1. St. Petersburg: Arkheograficheskaia kommissiia, 1846.

Engberg-Pedersen, T. 1990. *The Stoic Theory of Oikeiosis: Moral Development and Social Interaction in Early Stoic Philosophy*. Aarhus: Aarhus University Press.

Forschner, M. 2004. "Stoische Oikeiosislehre und mittelalterliche Theorie des Gewissens." In *Was ist das für den Menschen Gute? Menschliche Natur und Güterlehre*, edited by J. Szaif and M. Lutz-Bachman, 126-150. Berlin: Walter de Gruyter.

Goldin, O. 2001. "Porphyry, Nature, and Community." *History of Philosophy Quarterly* 18:353-371.

Gromov, M. N., and V. V. Mil'kov. 2001. *Ideinye techeniia drevnerusskoi mysli*. St. Petersburg: Russ. Khrist. gum. institut.

Gudzii, N. K. ed. 1960. *Zhitie protopopa Avvakuma, im samim napisannoe, i drugie ego sochineniia*. Moscow: Goslitizdat.

Ivanov, S. A. 2005. *Blazhennye pokhaby: kul'turnaia istoriia iurodstva*. Moscow: Iazyki slavianskikh kul'tur.

Jagich, I. V. 1886. *Sluzhebnyia minei za sentiabr', oktiabr' i noiabr'. V tserkovnoslavianskom perevode po russkim rukopisiam 1095-1097 g*. St. Petersburg: ORIaS AN.

Jordon, M. D. 2005. "Cicero, Ambrose, and Aquinas 'On Duties' or the Limits of Genre in Morals." *Journal of Religious Ethics* 33:485-502.
Kazhdan, A., and G. Constable. 1982. *People and Power in Byzantium*. Washington, D.C.: Dumbarton Oaks.
Kazhdan, A. 1993. "State, Feudal, and Private Economy in Byzantium." *Dumbarton Oaks Papers* 47:83-100.
Kerferd, G. B. 1972. "The Search for Personal Identity in Stoic Thought." *Bulletin of the John Rylands University Library of Manchester* 55.1:177-196.
Lee, C.-U. 2002. *Oikeiosis. Stoische Ethik in naturphilosophischer Perspektive*. Freiburg: Alber.
Long, A. 1986. *Hellenistic Philosophy: Stoics, Epicureans, Sceptics*. 2nd ed. Berkeley: University of California Press.
Lotman, J. 1968. "Die Frühaufklärung und die Entwicklung des gesellschaftlichen Denkens in Russland." In *Studien zur Geschichte des russischen Literatur des 18. Jahrhunderts*, edited by H. Grasshoff und U. Lehmann. Vol. 3, 93-119, 557-9. Berlin: Akademie-Verlag.
Markus, R. A. 1974. *Christianity in the Roman World*. London: Thames & Hudson.
Maslov, B. 2005. "Stoicheskii oikeiosis i proiskhozhdenie poniatiia obozheniia (teozisa) u Grigoriia Nazianzina." *Indoevropeiskoe iazykoznanie i klassicheskaia filologiia* 9:153-7.
Maslov, B. Forthc. "*Oikeiōsis pros theon*: Gregory of Nazianzus' concept of divinization and the heteronomous subject of Eastern Christian penance." *Zeitschrift für Antikes Christentum/Journal of Ancient Christianity*.
Moldovan, A. M., ed. 2009. *Izbornik 1076 goda*. 2nd ed. Moscow: Rukopisnye pamiatniki Drevnei Rusi.
Morris, R. 1995. *Monks and laymen in Byzantium, 843-1118*. Cambridge: Cambridge University Press.
Nelson, N. E. 1933. "Cicero's *De Officiis* in Christian Thought: 300-1300." *Essays and Studies in English and Comparative Literature*, 59-160. Ann Arbor: The University of Michigan Press.
Patlagean, E. 1978. "Christianisation et parentés rituelles: le domaine de Byzance." *Annales ESC* 32:625-636.
Pichkhadze, A. A. 2003. "Prisnyi." In *Novoe v russkoi etimologii-I*, 176-7. Moscow: Institut russskogo iazyka RAN.
Pohlenz, M. 1940. *Grundfragen der stoischen Philosophie*. Göttingen: Vandenhoeck & Ruprecht.
Prokopovich, F. 1722. *Pravda voli monarshei v opredelenii naslednika derzhavy svoei...* [Moscow]: Moskovskaia tip.
Prokhorov, G. M. 1974. "Poslaniia Nila Sorskogo." *TODRL* 29:125-143.
Prokhorov, G. M. 1987. *Pamiatniki perevodnoi i russkoi literatury XIV-XV vekov*. Leningrad: Nauka.
PSRL = *Polnoe sobranie russkikh letopisei, izdavaemoe Arkheograficheskoiu komissieiu*. 29 vols. St. Peterburg, Moscow, 1841-1994.
Radice, R. 2000. *"Oikeiosis". Ricerche sul fondamento del pensiero stoico e sulla sua genesi*. Milano: Vita e Pensiero.
Radishchev, A. N. 1952. *Izbrannye filosofskie i obshchestvenno-politicheskie proizvedeniia*. Moscow: Gos. izd-vo politicheskoi literatury.
Robinson, A. N., ed. 1991. *Zhitie Avvakuma i drugie ego sochineniia*. Moscow: Sovetskaia Rossiia.

SDRIa = *Slovar' drevnerusskogo iazyka (XI-XIV vv.).* 10 vols (8 vols. published to date). Moscow, 1988-.

Serebrianskii, N. I. 1908. "Ocherki po istorii monastyrskoi zhizni v Pskovskoi zemle." *Chteniia obshchestva istorii i drevnostei rossiiskikh.* Kn. 4, 273-580.

SRIa XI-XVII = *Slovar' russkogo iazyka XI-XVII vv.* 28 vols. to date. Moscow: Nauka, 1975-.

SRIa XVIII = *Slovar' russkogo iazyka XVIII v.* 17 vols. to date. Leningrad, St. Petersburg: Nauka, 1984-.

STsRIa = *Slovar' tserkovnoslavianskogo i russkogo iazyka.* 2nd ed. 4 vols. St. Petersburg: N. L. Tiblen, 1867-1868.

Smirnov, S. 1912. *Materialy dlia istorii drevne-russkoi pokaiannoi distsipliny (teksty i zametki).* Moscow.

Sorabji, R. 2000. *Emotion and Peace of Mind: From Stoic Agitation to Christian Temptation: The Gifford Lectures.* Oxford: Oxford University Press.

Spanneut, M. 1973. *Permanence du stoïcisme. De Zénon à Malraux.* Gembloux: Éditions J. Duculot.

Steiner, L. 2011. *For Humanity's Sake: The Bildungsroman in Russian Culture.* Toronto: University of Toronto Press.

Strakhov, N. N. 2007. *Mir kak tseloe: cherty iz nauki o prirode.* [Based on the 1892 edition.] Moscow: Airis-press.

Subbotin, N., ed. 1878. *Materialy dlia istorii raskola za pervoe vremia ego sushchestvovaniia.* V. 4. Moscow: Imp. OIDR.

Supr. = *Suprasŭlski ili Retkov sbornik,* edited by Io. Zaimov and M. Kapaldo. Sofia: BAN, 1982-1983.

TLG = *Thesaurus Linguae Graecae: A Digital Library of Greek Literature* (electronic resource).

Veder, W. 2005. "A Certain Father's Edifying Words to His Son." In Idem, *Khiliada godini kato edin den,* 139-44. Sofia: Kirilo-Metodievski nauchen tsentŭr. Earlier version in *Slavica Gandensia* 13 (1986):85-94.

VMCh = *Velikiia Minei Chetii.* St. Petersburg: Izd. Arkheograficheskoi kommissii, 1868-1915.

Vodolazkin, E. G. 2008. *Vsemirnaia istoriia v literature Drevnei Rusi (na materiale khronograficheskogo i paleinogo povestvovaniia XI-XV vekov).* 2nd ed. St. Petersburg: Pushkinskii dom.

Weiher, E. 1964. "Studien zur philosophischen Terminologie des Kirchenslavischen." *WdSl* 9:147-175.

Weiher, E. 1967. "Altbulgarische, kirchenslavische und russische wissenschaftliche Literatur." *AnzSlPh* 2:101-121.

Weiher, E. 1972. "Zur sprachlichen Rezeption der griechischen philosophischen Terminologie im Kirchenslavischen." *AnzSlPh* 6:138-159.

ANDRII DANYLENKO

"...[I]s farśijskōhō i s tureckōhō jažika na ruśk'ij jezik perelōžil": Script and Language Choice in Medieval Ruthenia

The Lithuanian Tatars in quest of a "linguistic ecumenism"?

Sometime in the first half of the 17th c., the compiler of a Lithuanian Tatar *kitab* (Ar. *kitāb* 'book'), a collection of ritual prescriptions, stories, and moral precepts, apocrypha and other narratives (cf. Szynkiewicz 1935), wrote:

> Ja xōdīna śujū knihū is farśijskōhō i s tureckōhō jažika na ruśk'ij jezik perelōžil dle nevmilīx / žeb jim pō dnū / ā mene xōdinū dōbrimī mōlitvamī uspōmonali ā tōj kniźe śe vmīle (41a) (Miškinenė 2001, 108)[1]
>
> I, Xodyna, translated this book from the Persian and Turkish languages into the Rusian language for the ignorant [believers] so that they can use it every day, and remember me with kind prayers, and be familiar with this book.

Although Xodyna translated only a fortune-telling book, the entire Rusian- or Ruthenian-language[2] portion of this *kitab*, conventionally called KU-1446,[3] is remarkable from two viewpoints that offer a broader vista of the cultural and socio-linguistic situation in medieval Ruthenia, the pre-modern Ukrain-

---

[1] The transliteration is largely premised on the parallel system of Cyrillic and Latin characters as offered in Miškinenė (2001, 94-95); cf. Danylenko 2006d, 154-56.

[2] The term *Ruthenian* is used throughout the text intermittently along with a synonymous *Rusian* and the *prostaja mova*. Preference is given, however, to the latter, since this term closely reflects local names and is free from the scholarly connotations of the learned term *Ruthenian* (Danylenko 2006b, 91, fn 5).

[3] This name is derived from the signatura (1446) under which it has been held at the Kazan' University library (Republic of Tatarstan, Russia). According to Antonovič (1968, 120-31), this *kitab* was copied in the mid-17th c. from an original dating to the late 16th-early 17th cc. The manuscript consists of a Turkic-language text on pages 1 through 40a and a Slavic one, traditionally identified as Belarusian (Miškinenė 2001, 48), on pages 41 through 76. Elsewhere (Danylenko 2006a) I have criticized this identification of the East Slavic vernacular used by Lithuanian Tatars in different parts of the Polish-Lithuanian state, including several settlements in Volhyn' and Podolja. Instead, a more general term, *Rusian* or *prostaja mova*, will be used in this paper to refer to the local Slavic vernacular used by both Lithuanian Tatars and their Slavic neighbors (Danylenko 2006b).

ian- and Belarusian-speaking territories of the Polish-Lithuanian Commonwealth (cf. Goldblatt 1984, 139).

First, the *kitab* consists of various narratives about the prophet Mohammad and his disciples, in accordance with other religious writings containing interpretations of the Holy Scriptures. The *kitab* also includes minor narratives that reflect polemics with the Jews and Christians. Some of the Islamic doctrines shared at that time by the Lithuanian Tatars recalled the theological teaching of the Arians, particularly Symon Budny, who did not beleive in the Holy Trinity and denied that God could have a Son in any true sense.[4] By borrowing Christian narratives and interpretations, local Muslim authors inadvertently reproduced formal and stylistic linguistic features of contemporary Christian writings, there-by demonstrating a sort of "ecumenism in the treatment of sources of the two re-ligions" (Drozd 1997, 5). By using Polish along with the *prostaja mova* in both confessional and secular texts, Muslim writers were not only searching for simi-larities between the different *Weltanshauungen* encoded in Christianity and Is-lam, but also contributing to the development of a local Slavic language (Dany-lenko 2006b, 92-93), a practice that can tentatively be called "linguistic ecu-menism".

Suffice it to mention here an anecdote found in the Rusian-language portion of KU-1446 about a dispute in Baghdad between a Muslim and a learned Jew. Boasting of his wisdom, the Jew promises to convert to Islam if his opponent can answer three questions regarding knowledge of the *ajats* 'verses' of the Qur'ān. Not surprisingly, the Muslim replies correctly to all questions posed by the shrewd Jew. The Jew is therefore obliged to convert to Islam (Miškinenė 2001, 167-68).

The Lithuanian Tatars occasionally prefaced their collections with chapters from the book of Genesis, supplemented by the corresponding verses from the Qur'ān in Arabic and their own Polish translation (Drozd 1997, 22). In some cases, they reversed the order of these elements. One Muslim polemical work begins with Qur'ānic verses and then provides a description of heaven, excerpted from Symon Budny's *Biblia Nieświeska* (1572), followed in turn by some references to Maciej Stryjkowski's *Kronika Polska, Litewska, Żmudzka i wszystkiej Rusi* (1582).

[4] For a discussion of Symon Budny's theological views in the context of his translation of the Bible, *Biblia Nieświeska* (1572), see Fleischmann 2006, 123-38. His *Biblia Nieświeska* was notably popular among local Islamic thinkers, for whom it was allegedly the most adequate translation of the Old Testament (Drozd 1997, 10-11).

Second, the practice of Muslim authors did not deviate from the attitude of the Rusyns toward script(s) and language(s) at that time. One can cite here a polemical adaptation by a Lithuanian Tatar of Krzysztof Pussman's *Historyja barzo cudna i ku widzeniu potrzebna o stworzeniu nieba i ziemie* […] (1543, first published in 1551) (Drozd 1997, 22-23). Dating to the late 16th or early 17th c., this text may be identified as a kind of *tefsir* (Ar. 'commentary on the Qur'ān') (Szynkiewicz 1935, 138-40). Indeed, it contains Qur'ānic verses in Arabic along with their Polish translation, supplemented with quotes from the Old Testament. By that time the Arabic of the Qur'ān had become incomprehensible to the Lithuanian Tatars, who required an interlinear translation into Polish (Karskij 1922, 2; Suter 2004, 9) or, to put it precisely, into a borderland Polish (*polszczyzna kresowa*) that reveals a substantial East Slavic substratum. No less incomprehensible for the Lithuanian Tatars were their native languages.[5] This is why, having abandoned their mother tongue(s) in the early 16th c. or even earlier, they switched instead to the local East Slavic vernacular, but retained Turco-Arabic script as an important marker of their religious and ethnic identity throughout the Muslim world (Akiner 2009, 73). Hence, as devout Muslims, the Lithuanian Tatars were making use of Mohammad's script, although they were speaking the same Slavic vernacular as the Christian populace in the Ruthenian lands enumerated in the Polish Constitution of 1659 (Grygajtis 2000, 5).[6]

To employ the concept of code-switching that I have discussed elsewhere (Danylenko 2007, 553), we might say that the Lithuanian Tatars resorted over the course of time to language-switching, while holding on to the same script. Among other ethnic minorities in Ruthenia, a similar type of language-switching might be posited for the speech community of Armenians based at that time in L'viv. They produced several legal texts in Polish, while using Armenian script (Reczek 1987, 6). In my 2007 study, I proposed to distinguish language-switching from another type of code-switching practiced in medieval Ruthenia during the time of the Polish-Lithuanian state and later: script-switching (Danylenko

[5] The linguistic heritage of the Lithuanian Tatars coming to the Grand Duchy from the Golden Horde from the 14th c. onward was quite complex. Although Turkic was the dominant language family, the Tatar settlers were speakers of its different branches, e.g., Nogai, Volga Tatar, Baškir, Kipčak, Crym-Ottoman and some others. They were also representatives of different social groups with different clan-tribal affiliations (Akiner 2009, 69-70).

[6] In addition to script as a religious and cultural connector with Islam, the local Tatars defended the genetic priority and liturgical dignity of Chaldean (Arabic) among all other languages promoted in different Christian theories dealing with the origin of multiple human languages (Drozd 1997, 15).

2007). This type of code-switching should not be confused with language-switching, which may or may not accompany the change of script(s).

I intend in this study to place code-switching in a broader perspective, accounting primarily for the so-called core Slavic speech communities of Ruthenians and Poles in the Polish-Lithuanian state. Indeed, certain ethnic peculiarities aside, language and script choice in the minor speech communities of Tatars, Armenians, and Karaites (cf. Wexler 1973), with the possible exception of the Jews (Taube 2005), was likely to derive from the cultural and socio-linguistic environment shaped by local Orthodox Ruthenians interacting with Catholics, Protestants, and, later, Uniates. Thus, rather than exclude non-Slavic communities from the discussion of the *prostaja mova*, I venture to juxtapose their practices with the mainstream code-switching practiced by Ruthenian speakers and to project that speech community's typological traits onto other speech communities. All this will help us delineate language- and script-switching as different, yet interrelated, processes in medieval Ruthenia. It will also illuminate philological polemics in Ruthenian literature and clarify the state of multilingualism in the Ruthenian lands, purportedly influenced by humanistic and baroque Europe (see Brogi Bercoff 1996).

Skaryna and the beginnings of a "linguistic humanism"

Among the Ruthenians, an explicit distinction between the language and its graphic medium (letters) was offered by Francysk Skaryna, who wrote in the preface to the Psalter in both the Prague and Vilnius editions of 1517 and 1522:

> Повѣлелъ есми Псалтырю тиснути рускыми словами асловенскымъ ꙗзыкомъ (Skaryna 1988, 22)
>
> I ordered to have the Psalter printed in Rusian letters and in the Church Slavonic language.

Like the Lithuanians, who had been propagating the written language of the former Duchy of Samogitia (Mikalojus Daukša) and the eastern (Vilnius) variant of the literary language (Konstantinas Sirvydas), using Roman letters for both,[7] Skaryna distinguished two languages, Ruthenian (*рускый*) and Slavonic

[7] I would like to recall here Michalo Lituanus, who in 1550 lamented in his treatise, *De moribus Tartarorum, Lituanorum et Moschorum* (published in 1615), about the *letters* belonging only to Muscovites (but not to Lithuanians) (Lituanus, 95), an opinion stemming from Johannes Stobnica's theory (Jan ze Stobnicy) as discussed in his *Epitoma Europe* (1512) (Dini 2005, 38).

(*словенскый*). Although vaguely divorced from each other in Skaryna's linguistic speculation, both languages were bestowed, according to him, with one script. Minor orthographic differences in each of the languages did not infringe on the core features of Cyrillic, allowing him to contrast Ruthenian / Slavonic to Polish / Latin as well as to other languages employing Latin script(s). By *рускыми словами*, as Mečkovskaja (1989, 249) has argued, Skaryna might have implied a specifically Ruthenian shape of the letters shared with Slavonic. For this reason he called the corresponding letters (*слова́*) Ruthenian, unlike the language itself (*языкъ*), which he viewed as Slavonic. In fact, his script differed from that used in Old Church Slavonic manuscripts and from the Cyrillic type used by his predecessors, including Schweipolt Fiol, who largely imitated semi-uncial script (Vladimirov 1989, 24-29).

In hindsight, we see that Skaryna intended two things. First of all, he wanted to make the text of the Bible more understandable to laymen, and so introduced changes in the form, especially in the shape of letters, that would enhance comprehension of the contents. In doing so, he maintained the religious and ethnic correspondence between the language and its letters and, therefore, the *dignitas* of Church Slavonic, which doubtless remained, in the eyes of Skaryna, the universal literary language. Skaryna limited his vernacularizing efforts, dropping some letters (ѫ, ѥ, ѩ) and circumscribing the use of others, such as ѕ, ѻ, ѱ, ѯ, ѵ (Šamjakin 1988, 426). Overall, he produced only a moderate renovation of the "ritual façade" of Church Slavonic. Contrary to Mečkovskaja (1989, 249), Skaryna's moderate intrusion on Cyrillic script is hardly comparable to Peter the Great's dramatic 1710 reform of the orthographic system, by which the latter aimed to promote national unity through vernacular literacy. Skaryna's was, perhaps, an early and limited attempt to distinguish the script and orthography of Church Slavonic as a *lingua sacra*, contrasted to Ruthenian as a *lingua popularis* (cf. Uspenskij 2002, 390).

In Skaryna, the term Slavonic (*словенскый*) was attested in the meaning 'Church Slavonic' only two times, namely in the preface to the Psalter. More of-

---

Divorcing language from script was not accidental in Lithuania, since local linguistic conceptions seemed to be nourished by the Polish tradition as well as the Protestant culture of multilingualism cultivated in the Duchy of Prussia (Lithuania Minor). It comes then as no surprise that the first Lithuanian book, the Calvinist *Katekizmas*, was published in Königsberg in 1547 by Martynas Mažvydas from the Grand Duchy of Lithuania (Danylenko 2006c, 112-13). In the Duchy, Lithuanian, due to Polish acculturation, was relegated by the late 16th c. to the lower class and rural masses, who both preserved and continued to develop their old native vernacular (Zinkevičius 1988, 3, 157-172).

ten, this term denoted the native language shared by all the Orthodox Ruthenians (Mečkovskaja 1989, 251). The name Ruthenian / Rusian (*рускый*, *руськый*) meant 'plain language,' especially when opposed to Church Slavonic in its dignity equal to the Greek language. It is clear why Skaryna used the two terms, Ruthenian and Slavonic, in tandem, since both, through minimal changes in their shared "orthographic façade," defended the Greek rite against Polish-Latin influences, mediated through the Latin alphabet. Even in the preface(s), where the author might be expected to introduce vernacular elements, Skaryna's language is largely congruent with the Church Slavonic used in the Biblical narrative (Žuravskij 1979, Gutschmidt 1997, 82).

No doubt, Skaryna was exposed to humanistic trends circulating in Central Europe, especially in Bohemia. But his treatment of Church Slavonic shows that their impact on him was quite moderate, since his main objective was to preserve and promote the Slavonic Bible among his Orthodox compatriots. Consequently, Skaryna's translations evince neither polemics with nor a critical approach to the text of the Holy Scriptures (Vladimirov 1989, 43). Skaryna's linguistic humanism is reduced to a mere simplification of script, while Church Slavonic, albeit demonstrating vernacular features, did not undergo serious changes. As early as 1619, they were already accounted for by Meletij Smotryc'kyj in his grammar of Church Slavonic. Nevertheless, Skaryna's moderate "linguistic humanism" comes as a surprise, especially if one recalls that his Biblical translations relied on the Czech Bible of 1506, and that he allegedly did not use any Church Slavonic *Vorlage* (Celunova 1990). What is remarkable is that Skaryna used more or less exemplary Church Slavonic, permeated by sporadic non-bookish elements, which some scholars have routinely identified as the Belarusian recension of Church Slavonic. This is why, in the preface to the 1517 Prague edition of the Psalter, Skaryna deemed it necessary to explain some murky Church Slavonic forms with the help of Ruthenian, although he subsequently dropped his explanations in the Vilnius edition of 1522:

> Также положилъ есми на боцехъ некоторыи слова Для людей простыхъ, Нерушаючи самое Ѱалътыри ни вчемъже […] (Skaryna 1988, 24).
>
> I have also translated in the margins some words for laymen, in no way intruding on the Psalter itself.

In sum, Skaryna's linguistic views remained traditional at their core. He did not dare to introduce the local vernacular into his translations (Karskij 2007, 27). The arrival of the Reformation in the pre-modern Belarusian-speaking lands, and the subsequent appearance of Symon Budny's *Cathechism* (1562) and Vasilij Tjapinskij's *Homilary Gospel* (1580) (a translation from Budny's 1572 *Biblia Nieświeska*), heralded the crystallization of the concept 'plain language' known subsequently as *prostaja mova* (cf. Danylenko 2006c). Symon Budny's *Cathechism*, in particular, exhibits this tendency. It was designed for the "Orthodox children of the Rusian nation" (*длꙗ дѣтокъ хрїстианских(х) ꙗзыка Руского*) (Karataev 1883, 139), where the lexeme *jazykъ* was used primarily to mean 'people, nation'. I want to emphasize, however, that the transformation of views about language and script was enhanced, as I have argued elsewhere (Danylenko 2006c, 115-16), by the revival of an indigenous Slavic Orthodox tradition of "linguistic democratism" that dates back to Constantine's and Methodius's programmatic principles.

Anchored in "linguistic democratism"?

This "linguistic democratism," first discussed by Shevelov (1988/89), was already unusual in ninth-century Byzantium. It differed radically from the common practice of missionaries at that time, who readily translated popular prayers or even the Gospel into the local vernacular, but refused to render the liturgy in a "peasant idiom." The brothers, however, programmatically employed Slavic as a missionary and liturgical language equal to Hebrew, Greek and Latin:

> То како вы сѧ не стыдите. три *ꙗзыки* токмо мнѧще, а прочимъ всѣмъ *ꙗзыкомъ* и племеномъ слѣпымъ велѧще быти и глоухимъ? [...] Мы же многы роды знаемъ, книгы оумѣюща и богоу славоу въздающа своимъ *ꙗзыкомъ* кождо. [...] хвалите бога вси *ꙗзыци*, похвалите его вси людїе. (Lavrov 1930, 30)
>
> And how are you not ashamed to recognize only three tongues, while condemning all other nations and tribes to be blind and deaf? [...] And we know many races who have books and glorify God in their own tongues. [...] Praise God, all you nations, praise Him, all people.

Throughout the texts of the *Vitae* of Constantine and Methodius, the meaning of the word *jazykъ* is most often 'language.' Interestingly, the same East Slavic lexeme encompasses an almost undifferentiated semantic continuum between two concepts, 'nation' and 'language' (cf. Shevelov 1988/89, 601). Sreznevskij, for example, sorted out several meanings that can be summarized as follows: (1) 'tongue,' (2) 'speech,' (3) 'language, dialect,' (4) 'people, nation,' (5) 'people, folk,' (6) 'interpreter, guide' (Sr. 3, 1646-50). To take the Kyivan Primary Chronicle as an example, Shevelov (1988/89, 601) found only one entry in the Laurentian Codex, under the year 6406 (898), where the meaning 'language' is clear and undeniable. It is based on the *Vita* of Constantine, virtually retelling it. There are, however, places in the same narrative where the meaning 'people, nationality' comes to the fore. In the following passage, for example, the chronicler mentions peoples and letters in the spirit of Skaryna's *slova* (*словá*):

Laurentian Codex	Vita of Constantine
[…] не достоить ни которому же *ꙗзыку* имѣти букъвъ своихъ. развѣ Еврѣи. и Грекъ. [и] Латинъ. (Laur., 27)	Но три *ꙗзыкы* оубо есть токмо (избралъ), еврѣискъ, гречьскъ и латиньскыи, имиже достоить славоу богоу въздаꙗти. (Lavrov 1930, 28)
'No other people is worthy to have its own letters, save, perhaps, the Jews, Greeks, and Romans'	'But [God] chose only three tongues, Hebrew, Greek, and Latin; one should glorify God in them'

The word *jazykъ* is, by and large, used in my first excerpt from the *Vita* to mean 'language.' Only when it is juxtaposed with the word *plemę* 'tribe, people' does this lexeme lose the seme 'language' and acquire the semantic component 'people, nation.' As Shevelov (1988/89, 602) has argued, the author might have felt uneasy with the ambivalence of the Slavic word *jazykъ*, and so the high frequency of the meaning 'language' in the two *Vitae* attests to his preoccupation with the language problem.

In medieval Ruthenia a similar programmatic vision of the *prostaja mova* became entrenched in the local intellectual milieu. Quite unwittingly, this vision was attuned to the linguistic program of Constantine and Methodius rather than to the doctrines of the Lutheran Reformation (Danylenko 2006c, 113-15). The *prostaja mova* made its way only into the didactic Gospel, e.g., the *Homilary Gospel* of Meletij Smotryc'kyj (1616), in which the commentary dominates the actual text of the Gospel. The uncertainty of the Grand Hetman of Lithuania Hryhorij Xodkevyč [Hryhory Xadkevič], expressed in the preface to the Church Slavonic edition of the *Homilary Gospel* published in Zabludov in 1569, deserves attention in this regard (Karataev 1883, 165). Xodkevyč changed his initial plan to translate this book into the *prostaja molva* so that it could be understood by the common people. Advised by "wise men, learned in this writing," that serious errors might be caused by the translation into the "new expression," Xodkevyč rejected the *prostaja mova* for his project (Žiteckij 1889, 3).

Some fifty years later, despite his strong belief that Slavic language and Slavic letters provided a prestigious medium favored by God because they lacked the cunning techniques characteristic of Greek and especially of Latin,

Ivan Vyšens'kyj had to admit into his language speculation the concept of the *prostaja mova* (Goldblatt 1991, 12). In his famous terse statement on language usage in the late 16th c., the Athonite monk affirmed the unique status of the Church Slavonic language, advising not to "subvert the Gospel and the Apostol during the liturgy with the vernacular tongue," but to use it only after the liturgy to explain and interpret the biblical lections.[8]

Xrabr and the beginnings of a "linguistic conservatism"

What might account for Skaryna's moderate linguistic humanism that allowed for minimal innovation in Church Slavonic and its graphic medium and, over the 16th c., remained unaffected by both Reformation and Counter-Reformation models and patterns of reasoning? Other external influences aside (cf. Goldblatt 1991), it is tempting to postulate a "domestic causality." A distant parallel can be found in the Bulgarian monk Xrabr's famous Apology *On the Letters*, which, albeit written in the early 9th c., was employed in the 14th-15th cc. to provide basic conceptual guidance for polemicists in defense of Church Slavonic against its replacement by the vernacular (id. 1987, 20).

Xrabr's linguistic speculation can be reduced to a few theses. First, the Slavs did not have any letters until Constantine created Slavic writing in imitation of Greek letters. Second, the Slavic letters have acquired full dignity because they were invented by an inspired man, Constantine. Finally, despite the fact that the prestige of Slavic rested on its imitation of the Greek letters, the author emphasized the inadequacy of the Greek letters to render Slavic expressions (Goldblatt 1987, 21-22):

Словѣне не имѣхѫ книгъ, [...] римьсками и грьчьскыми писмены нѫждаахѫ сѧ писати словѣньскꙋ рѣчь безъ оустроениа. Нѫ како можеть сѧ писати добрѣ грьчьскыми письмены богъ, или живѡтъ, или зѣло, или црькы, или чаание, или широта, […] или ꙗзыкъ, и инаа подобнаа симь? [Богъ] посла свѧтаго Константина философа нарицаемаго Кирила […] и сотвори имъ л҃. писмена и осмь, ѡва ꙋбо по чиноу грьчьскыхь писменъ, ѡва же по словѣньстѣи рѣчи, […] и книгы прѣложи, и Меѳодие

[8] In accordance with my thesis about the legacy of the nine-century "linguistic democratism" revealed in language choice in sixteenth-century Ruthenia, Goldblatt (1991, 33) wrote that it would be incorrect to define either Vyšens'kyj's ideas on the "vulgar tongue" and its relationship to the Slavic language, or the language of his writings, as conceived primarily under the influence of the Protestant Reformation. In the case of Vyšens'kyj, we are dealing, presumably, with the language policies of the post-Tridentine Catholic Church, which could have assumed considerable importance in what this author saw as a defense of the Orthodox spiritual tradition (ib., 34).

братъ его. [...] Такъ разоумъ, братие, Богъ есть далъ словѣнѡмъ. (Džambeluka-Kossova 1980, 115–16, 142; Lavrov 1930, 162, 164).

The Slavs did not have books, […] and employed Roman and Greek letters to write down the Slavic tongue. But how can one write well in Greek letters [the words] *bogъ*, or *životъ*, or *crъky*, or *čaanie*, or *širota*, […] or *jazykъ* and other [words] similar to these? God dispatched St. Constantine, the philosopher called Cyril […] and [he] created for them thirty eight letter, some of them in imitation of Greek letters, and the rest in imitation of the Slavic tongue, […] and translated the books, and also his brother Methodius. […] Thus, my brethren, God gave wisdom to the Slavs.

The list of concurrent scripts, with Latin playing a secondary role, is quite natural for tenth-century Byzantium. Apart from Hebrew as one of the sacred languages, there were at best two literary traditions to reckon with in Byzantium: the Greek and the somewhat inferior Latin. It is not accidental, then, that one of its most brilliant intellectuals, Potius, twice a patriarch, never condescended to learn the obviously too barbaric Latin (Shevelov 1988/89, 607). This is why the two *Vitae* of Constantine and Methodius were compiled in Church Slavonic and the monk Hrabr wrote his treatise primarily against Greek script (Tkadlčík 1964, 83; Picchio 1984, 6). Thus, Hrabr's apology sought to emphasize the inadequacy of the twenty-four Greek letters to render Slavic expressions; the additional fourteen "invented" letters were obviously necessary. In other words, Cyril created Slavic letters in imitation of Greek letters in the same way that the inventors of Greek writing had resorted to Hebrew letters (Goldblatt 1987, 22-23). Note once again that at that time the word *jazŷkъ*, rendering 'ethnos' of the Greek Old Testament, typically showed the ambivalent meaning 'nation – language.' For this reason, one can logically conclude that the distinction between dignities among nations was rendered primarily with the help of *pismenŷ* (*письмены*) 'letters.' All in all, Hrabr's was a highly controversial apology for Slavic script created both in imitation and against the Greek letters. Skaryna seemed to get lost in the same linguistic controversy. Believing that Cyrillic script and the correct use of Church Slavonic was a weapon against the authority of other languages and scripts, he was nevertheless already open to innovations, however minimal, in Church Slavonic and Cyrillic script.

This controversy was provoked by the local, Ruthenian "linguistic democratism" which, as I mentioned earlier, became all the more prominent in the mid-16th c., just a few decades after the Reformation, but without any obvious reference to it (Shevelov 1988/89, 616). First outlined in the Cyrillo-Methodian *Vitae*, this linguistic reasoning contrasted with Hrabr's position in his treatise because the two works were prepared to address different concerns. More precisely, Constantine and Methodius were extremely preoccupied by linguistic matters, striving, in particular, for an omni-functional language. They aimed for adequate function within a linguistic community, since the language they elaborated was designed both to accommodate the *prosta čadь* 'common people,' including the nobility, and to conserve religious concepts. Theirs was a question of the "limits of acceptability" in linguistic innovation (Goldblatt 1987, 19). A specific apology for letters (*письмены*; *словеньскы боукви*) in the Cyrillo-Methodian *Vitae* was not, therefore, so important as it was for the monk Xrabr, who used script to demonstrate the succession of languages and letters in order to defend the dignity of Church Slavonic.

Post-Skaryna Ruthenia: from language- to script-switching?

Unlike the diversity of scripts in the Balkans,[9] the written language in post-Skaryna Ruthenia was basically *two-layered*, consisting of the *prostaja mova*, used within certain limits in both ecclesiastic practice and in secular matters, and the Church Slavonic language (Shevelov 1979, 566-67). The linguistic situation is not modified much by taking into account a heavily polonized high style secular variety, since common speakers were not yet acculturated in the Polish spirit. All of these varieties made use of Cyrillic script, which could not be swapped without indicating a change in religious denomination.

Protestantism, which proved so significant in firmly establishing vernacular languages for Church use in Western and Central Europe, seems never to have played an important role in the Ruthenian lands, disappearing altogether

---

[9] At that time, the South Slavs used four scripts, Glagolitic, Cyrillic, Latin (*latinica*), and starting from the arrival of the Turks in the 14th c. to Bosnia, *arabica* (Pervol'f 1888, 266-80). Among others, Cyrillic (*bukvica* or *bosanica*, *bosančica*) was employed by Catholics, especially Franciscans, in Bosnia and Hercegovina, and later in Dalmatia and Dubrovnik. They introduced innovations rejected subsequently by the Orthodox Serbs. Nevertheless, the Bosnian friars believed that they were writing "slovinskim (bosanskim) iezikom sarpskiemi slovi" 'in the Slovenian (Bosnian) language [and] Serbian (Cyrillic) letters' (ib., 273). The local Catholics proposed some orthographic changes which proved more far-reaching in comparison to Skarÿna's type printing. They dropped the front *jer* and introduced jotation, whence special digraphs in *иезик* 'language', *лиубити* 'to love' or *кћнига* (= *knjiga*) 'book' and *крађл* (= *kralj*) 'king' (ib.).

In his *Arcticae Horulae* (1584), the Slovene Protestant Adam Bohorič identified, save for the janissaries of Slavic origin at the Ottoman court, three versions of Cyrillic script as used by the Bosnians, Ruthenians, and Muscovites (Bohorizh, 25). Two major versions of Cyrillic script, *Rutenica* and *Moshovitica*, were, according to him, very similar, albeit *Rutenica* looked like a separate system, created in the Polish-Lithuanian state (Bratulić 1971, 112).

during the late 17th c. As Petrov (1923, 64–67) has argued, Orthodox readers could hardly be expected to adopt a radically new position on the language question from Protestant devotional works. Church Slavonic was always more intelligible to laymen than Greek and especially Latin. Since Church Slavonic retained its high prestige and served as a confessional and ethnic marker, there were no grounds for replacing it by introducing a vernacular idiom. Such replacement could have accelerated Polish acculturation and the advancement of Catholicism in the Ruthenian lands, which in fact did happen in the early 17th c. In the late 16th c., however, the idea of the advantages of the vernacular language was increasingly being articulated in confessional and polemical literature. From the 1580s on, this variety of the written language was used in the didactic Gospels, in the Acts, in the Epistles, in sermons, and in the transactions of church fraternities.

Sensitive to the local "linguistic conservatism" evident in attachment to the Cyrillic alphabet, Ruthenian protestants opposed not so much the script as the dignity of Slavonic (Žuraŭski 1967, 113-116). Although they were inclined to transform the language itself, without especially emphasizing the necessity of changing the script, their concerns differed somewhat from those of Polish protestants. Thanks to the collapse at that time of the political system associated with what Riccardo Picchio has called *Latinitas polona*, the dignity of Latin had already been assumed by Polish without any direct struggle (Mamczarz 1972, 279).

Either because of Protestant influence or, as I have argued elsewhere (Danylenko 2006c, 113-15), because of local tradition, Church Slavonic was gradually losing its intelligibility among the common people of "foolish Rus'" (Žiteckij 1889, 7). The Ruthenians came up with two solutions to this problem: (i) at the initial stage, Church Slavonic texts were printed/copied in parallel with their Ruthenian versions (Tolstoj 1988, 64-67) and (ii) Church Slavonic originals, except perhaps the Old Testament, were subsequently translated and printed in the *prostaja mova*. In both cases, the script remained the same: Cyrillic served as the principle marker of religious and ethnic identification.

Vasilij Tjapinskij's *Homilary Gospel* (1580), the first work printed in both Church Slavonic and the *prostaja mova* (Karataev 1883, 202-203; Karkij 2007, 39), illustrates the first solution:

Church Slavonic	Ruthenian
Милосерꙋдовавъ же господь раба того, пустьти: ѐго, ѝдолъгъ, ѡ(т)пусьти ѐму	И ꙋмилосерꙋдилъсе панъ челѧдникъ того, пꙋсьтилъ ѐго. ѝ долъгъ, ѡ(т)пусьтилъ ѐму
Then the lord of that servant was moved with compassion, and loosed him, and forgave him the debt (Mt 18:27 KJV)	

To continue the list of Church Slavonic texts duplicated by the *prostaja mova*, one can add *Lekcii slovenskie Zlatoustaho otъ besědъ evanhelьskix otъ iereja* [*D.*] *Nalivajka vybranie* (ca. 1580), *Lěkarstvo na ospalyj umyslъ čolověčij* (Ostroh, 1607) (Karataev 1883, 309-10; Aničenka 1969, 112), and some other works prepared in Ostroh in the late 16th-early 17th cc. (Besters-Dilger 2005, 106). The following example excerpted from *Lekcii slovenskie Zlatoustaho* […] (ca. 1580) by Koperžinskij (1928, 382) is worth special attention:

Church Slavonic text	Ruthenian commentary
Ниже богатѣти неправедно, но ѡ(т) преподобныхъ жительствовали оудивлѧтися сѫщими и тѫждихъ ѡтстои	Ани збирай маетности несправедливе, але изъ святобливыхъ чистыхъ своихъ зысковъ выжавлѧйсѧ; мѣй досить на томъ що оу тебе есть, а чюжихъ речей отдалѧйся
Do not get rich illicitly but live up to righteous things, enjoy what you have and avoid somebody else's things	And do not gain wealth but live up to your holy and righteous acts, enjoy what you have and avoid somebody else's things

As Polish acculturation progressed, another type of parallelism, Ruthenian vs. Polish, came to the foreground. Among Polish-Ruthenian texts published in significant numbers, *Kazanьe svjatoho Kirilla Patriarъxi ierusalimъskoho* [...] / *Kazanie ś. Cyrylla Patryarchy Ierozolimskiego* [...] (1596) by Stefan Zyzanij (Karataev 1883, 265-68), or the Volhynian Arian Valentyn Nehalevs'kyj's [Niegaliewski] Ruthenian translation of the 1581 Polish Gospel, first published by the Calvinist Marcin Czechowić in Cracow in 1577 (Nazarevskij 1911, 23), deserve particular attention:

Czechowić's original	Nehalevs'kyj's "transliteration"
Ponieważ wiele ich za to się brało, żeby porządną wydali powieść o sprawach tych o ktorych vnas żadney wątpliwości nie masz	Понева(ж) много ихъ за тое сꙗ брало, жебы порꙗдную выдали пове(ст) ѡ справахъ тыхъ ѡ которыхъ ꙋ на(с) жа(д)ное небезпечности не машь
Forasmuch as many have taken in hand to set forth in order a declaration of those things which are most surely believed among us (Luke 1:1 KJV)	

Such translations were in fact direct transliterations from Latin script (Žiteckij 1889, 2), with only slight changes in phonetic correspondences, while retaining stable East Slavic morphology and revealing some local features (Tolstoj 1988, 63). Thus, Nehalevs'kyj's translation and other similar vernacular publications are hardly more than paraphrases, including confessional bias in the wording of the text and, even more, in the glosses and comments (Nazarevskij 1911, 24, 25f.). In other words, the *prostaja mova* appears to be redundant in such cases, while Cyrillic script is given pride of place. Like the Lithuanian Tatars holding on to the Turco-Arabic writing system as a means of Islamic identification, the Ruthenians had recourse to Cyrillic letters as the principal marker of their Orthodoxy. The only socio-linguistic difference between these two communities was that, unlike the Tatars who abandoned their mother tongues(s), the Ruthenians kept their language, which happened to be related to the Polish language. Due to heavy contacts with Polish, the *prostaja mova* could thus be perceived as a social variant of the better-positioned Polish language.

The latter fact was perhaps the driving force for the use of Polish by the Ruthenians. Although it is hard to believe, the Ruthenians were the first to switch to Polish in their polemic over the Union of Brest with the Uniates, who employed Church Slavonic in defense of the 1596 Synod of Brest. As Martel (1938, 132-42) has shown, the *prostaja mova* was already largely supplanted by Polish in 1605, and by 1626, practically no polemical literature was printed in Cyrillic. Despite its general decline, however, the *prostaja mova* was actively used throughout the 17th c. in other genres and well into the 18th c. as the language of administration in the Hetmanate and *Sloboda* Ukraine (Danylenko 2008, 95-102). At the same time, the prestige of the local Church Slavonic version codified in 1619 by Meletij Smotryc'kyj was gradually deteriorating through the admixture of numerous vernacular elements in both parts of Ukraine, albeit to a greater degree in Galicia and Transcarpathia, thus engendering a mixed idiom, labeled as *jazyčije* in the 19th c. (ib., 109-111).

Regarding the second solution, we should not forget Petro Mohyla's use of a language very close to the vernacular in his *Small Catechism* (1645) and *Euchologion* (1646) in response to the state of Church Slavonic in the Church and beyond (Golubev 1898, 2, 359). Quite remarkably, in the prefaces to these publications, Mohyla abstained from extolling the advantages of the vernacular, concentrating instead solely on the translation(s) undertaken under his supervision. Thus, like Skaryna, who slightly modified the script but did not interfere with the core system of Church Slavonic, Mohyla endorsed only minimal changes in catechistic language without affecting the writing system. Was this an echo of the older belief that Cyrillic helped Ruthenians feel Ruthenian in Polish-Lithuanian society? And indeed, by abandoning Cyrillic, Ruthenian elites would find themselves in danger of losing their mother tongue, polonized as it was, as the ideological basis for defending their Orthodoxy. Hence it did not matter if their language resembled Polish in Ruthenian dress (a kind of Polish-Ruthenian *suržyk* 'a hybrid idiom') as long as they were still using Cyrillic letters.

An extreme level of polonization is traceable in Pamvo Berynda's *Leksikonъ slavenorωsskij y ymenъ tlъkovanije* (1627) (Berynda). Script-retention in this dictionary is construed as transliteration or, to use our terminology, language-switching. Yet, due to heavy Polish interference, there are grounds for treating the type of code-switching practiced by Ruthenian speakers of borderland Polish as an inverted process. Thus, Berynda's *Leksikonъ* might already reflect a mixed Ruthenian-Polish language system, epitomized in this case by *Russice* and, for borderland Polish in general, *Latine scriptae* (Danylenko 2007, 552). Generally speaking, Ruthenians of Berynda's time were already turning from language-switching to script-switching with the development of a mixed language. This stage would be fully exemplified within a hundred years in a derivative dictionary, *Leksikonъ syrěčь slovesnykъ slavenskij* (Suprasl, 1722) (*Leksikonъ*), co-authored by Metropolitan Leon (Luka) Kiška, one of the active participants in the Uniate Synod in Zamostja (Zamościa) in 1720 (ib.).

The consecutive transliterations (script-switching from Roman letters to Cyrillic and backwards) in the entries under the letter *Б*, excerpted from the *Leksikonъ slavenorωsskïj* of Berynda and the Uniate *Leksikonъ* of 1722, and analyzed in 1886 by Kalužnjackij (1886, 31-44; cf. Danylenko 2007), are particularly interesting. Here are a few examples:

Leksikonъ slavenorωsskïj (1627)	*Leksikonъ* (1722)
Бдéнïе: Ч ѹтье, Неспáне.	**Бдéнïє.** Бдéнïе. *Czucie*
Бедрò: Бóкъ.	Бедрò. Bok. *Biodro.*
Безакóнïе: Непрáвость.	Безакóнïе. *Niesprawość*
Беззакóнникъ, Злóсникъ, нецнóта, рбсЬнпïïт бе(з)прáвни(к). Несправедлúвый.	Беззакóнникъ. *Niecnota*

Script-switching, implicit in Berynda's *Leksikonъ* and explicit in the Uniate *Leksikonъ* of 1722, was triggered by two factors. First, from the practical point of view, Berynda had to make Polish lexical transfers more comprehensible to readers by accommodating those speakers of Ruthenian and borderland Polish who might not be familiar with Latin letters. Coincidentally, Nehalevs'kyj, who in 1581 transliterated rather than translated Marcin Czechowić's Gospel, designed his work primarily for those who, as he put it, "cannot read the Polish script" (Strimins'kyj 1984, 30).

In addition, in works like Berynda's dictionary, the authors could hardly switch to another script overtly. In doing so, they would have broken the Ruthenian ethno-cultural identity among the stratum of the nobility flourishing in the multiethnic, multicultural, and multilingual Polish nation as it existed in the 16th-17th cc. The Uniate *Leksikonъ* of 1722 attested a parallel existence of two scripts and two languages among the Uniate Ruthenians, a transitional stage on the way to complete Polish acculturation brought about by the dominant Polish Catholic culture (Danylenko 2007, 554).

Conclusions.

The foregoing scenario of code-switching (from language- to script-switching) in the core Ruthenian community in Post-Skaryna Ruthenia applies also to Xodyna and the other Tatar *literati* I mentioned at the beginning of this paper. While hanging on to Turco-Arabic script, they switched to Ruthenian or Polish in their everyday life and literary works. Putting aside the fifteenth-century literature of the Judaizers (Taube 2005), a similar trend can be projected onto the Jewish community in general, if one accepts Wexler's theory about Yiddish-speaking Jews coming from Germany and Poland in the late 14th c. and assimilating the autochthonous non-Yiddish-speaking Jews (cf. Wexler 1973, 42–43).

Overall, code-switching in both core and non-core speech communities in medieval Ruthenia was an original phenomenon for which only partial analogies, and certainly no affiliating influence, can be traced in humanistic and baroque Europe. There seems also to be no parallel between code-switching in medieval Ruthenia and Southern Slavic lands where Cyrillic script was commonly used by Bosnian Catholics, Orthodox and Islamized Serbs (Pervol'f 1888, 272). In Ruthenia, the final stage of code-switching that led to script-switching accompanied by the development of a mixed (Ruthenian-Polish) language system was provoked by a breakdown of ethnic and linguistic equilibrium in the Polish-Lithuanian state due to Polish-Latin (Catholic) acculturation.

One more conclusion can tentatively be drawn from the foregoing analysis. Contrary to Brogi Bercoff's theory, code-switching in Ruthenia can hardly be construed as a natural cultural process allowing writers and readers to cultivate a constant "switch off" of linguistic code (Brogi Bercoff 1996). The production of macaronic texts by such *literati* as Simeon Polockij, Dimitrij Tuptalo, and Stefan Javorskij was a later phenomenon determined by stylistic impulses. At the outset, however, code-switching in Ruthenia grew out of an ethno-confessional necessity observable in various ethno-cultural communities. Finally, and this thesis needs further investigation in compliance with Plokhy's (2006, 183) arguments, code-switching as I discuss it in this paper casts serious doubt on the view that a multiethnic, multicultural, and multilingual Polish nation existed in the 16th-17th cc.

Резюме

В статье рассматривается процесс выбора алфавитов и языков в руських землях Речи Посполитой. На примере языковой ситуации, сложившейся в различных языковых коллективах, включая литовско-татарскую, караимскую, армянскую и еврейскую общины, автор анализирует причины «перемыкания» шрифтов и языков в средневековом Польско-Литовском государстве. Проведя параллель с языковыми программами Константина и Мефодия, а также черноризца Храбра, автор делает вывод о «лингвистическом консерватизме» жителей руських земель, для которых использования кириллицы было основным способом этнического и религиозного самоопределения.

Bibliography

Akiner, Shirin. Religious Language of a Belarusian Tatar Kitab. A Cultural Monument of Islam in Europe. Wiesbaden: Harrassowitz Verlag, 2009.

Aničenka, U. V. *Belaruska-ŭkrainskija pis'mova-moŭnyja suvjazi.* Minsk: Navuka i tèxnika, 1969.

Antonovič, A. K. *Belorusskie teksty, pisannye arabskim pis'mom, i ix grafiko-orfografičeskaja sistema.* Vilnius, 1968.

Berynda – *Leksykon slovenoros'kyj Pamvy Beryndy,* edited by V.V. Nimčuk. Kyiv: Naukova dumka, 1961 [Facsimile reprint of 1627].

Besters-Dilger, Juliane. "Die Akademie und Druckerei von Ostroh (1576/77-1636)." In *Das Ukrainische als Kirchensprache. Ukrajins'ka mova v cerkvax*, edited by Michael Moser, 65-150. Wien: Lit, 2005.

Bohorizh – *Adam Bohorizh. Arcticae Horulae Succisivae. Zimske urice proste*, edited and translated by Jože Toporišič. Maribor: Obzorja, 1987.

Bratulić, Josip. "Die glagolitische und die kyrilische Schrift in der Bohorič'schen Grammatik." In *Adam Bohorič. Arcticae Horulae. Die erste Grammatik der slowenischen Sprache. Wittenberg 1584*, part 2: *Untersuchungen*, 109-21. München: Dr. Rudolf Trofenik, 1971.

Brogi Bercoff, Giovanna. "Zum literarischen Gebrauch der Mischsprache im ostslavischen Bereich im 17.-18. Jh." *Ricerche slavistiche* 43 (1996): 183-208.

Celunova, E. A. "O cerkovnoslavjanskom protografe Biblii Franciska Skoriny (na materiale Knigi Čisla)." *Slavia* 59, no. 3 (1990): 244-50.

Danylenko, Andrii. "On the Language of Early Lithuanian Tatars or, Have Lithuanian Tatars Ever Written in Ukrainian?" *The Slavonic and East European Review* 84, no. 2 (2006a): 201-36.

Danylenko, Andrii. " 'Prostaja mova', 'kitab', and Polisian standard." *Die Welt der Slaven* 51, no. 1 (2006b): 80-115.

Danylenko, Andrii. "On the name(s) of the *prostaja mova* in the Polish-Lithuanian Commonwealth." *Studia Slavica Hung.* 51, no. 1-2 (2006c): 97-121.

Danylenko, Andrii. *Slavica et Islamica. Ukrainian in Context*. München: Otto Sagner Verlag, 2006d.

Danylenko, Andrii. "The Uniate *Leksikon"* of 1722: a case of regional relapse from script- to language-switching." *Slavia Orientalis* 56, no. 4 (2007): 543-57.

Danylenko, Andrii. "The formation of New Standard Ukrainian: from the history of an undeclared contest between Right- and Left-Bank Ukraine in the 18th century." *Die Welt der Slaven* 53, no. 1 (2008): 82-115.

Dini, Pietro U. "Views on Languages and Polyglossia in the Grand Duchy of Lithuania according to Johannes Stobnica's *Epitoma Europe* (1512)." In *Speculum Slaviae Orientalis: Muscovy, Ruthenia and Lithuania in the Late Middle Ages*, edited by Vyacheslav V. Ivanov and Julia Verkholantsev, 36-43. Moskva: Novoe izdatel'stvo, 2005.

Drozd, Andrzej. "Wpływy chrześcijańskie na literaturę tatarów w dawnej Rzeczypospolitej. Między antagonizmem a symbiozą." *Pamiętnik Literacki* 88, no. 3 (1997): 3-34.

Černorizec Xrabăr o pismenexъ, edited by Alda Džambeluka-Kossova [Giambelluca Kossova]. Sofija: Izd-vo na Bălgarskata akademiia na naukite, 1980.

Fleischmann, Stefan. *Szymon Budny. Ein theologisches Portrait des polnisch-weißrussischen Humanisten und Unitariers (ca. 1530-1593)*. Köln, etc.: Böhlau, 2006.

Frick, David. " "Foolish Rus' ": On Polish civilization, Ruthenian self-hatred, and Kasijan Sakovyč." *Harvard Ukrainian Studies* 18, no. 3/4 (1994): 210-248.

Goldblatt, Harvey. "The Language Question and the Emergence of Slavic National Languages." In *The Emergence of National Languages*, edited by Aldo Scaglione, 119-73. Ravenna, 1984.

Goldblatt, Harvey. *Orthography and Orthodoxy*. Firenze: Le Lettere, 1987.

Goldblatt, Harvey, "On the language beliefs of Ivan Vyšens'kyj and the Counter-Reformation." *Harvard Ukrainian Studies* 15, no. 1/2 (1991): 7-34.

Golubev, S. *Kievskij Mitropolit Petr Mogila i ego spodvižniki (Opyt cerkovno-istoričeskogo issledovanija)*, vol. 2. Kiev: S. V. Kul'ženko, 1898.

Grygajtis, Krzysztof. "Początki osadnictwa tatarskiego w Wielkim Księstwie Litewskim. Uwagi do problemu." *Rocznik Tatarów Polskich* 6 (2000): 5-26.

Gutschmidt, Karl. "Die Sprache der Vorreden Francisk Skorinas zu den Büchern des Alten Testaments und die sogenannte "einfache Sprache" bei den orthodoxen Slaven." In *Sprache - Text - Geschichte. Festschrift für Klaus-Dieter Seemann*, edited by Guski, Andreas and Witold Kośny, 81-90. München: Otto Sagner Verlag, 1997.

Kalužnjackij, È. K bibliografii cerkovno-slavjanskix pečatnyx izdanij v Rossii. *Sbornik Otdelenija russkogo jazyka i slovesnosti Rossijskoj Akademii nauk* 42, no. 1 (1886): 1-46.

Karataev, I. *Opisanie slavjano-russkix knig, napečatannyx kirillovskimi bukvami*, vol. 1: *1491-1652*. Sanktpeterburg, 1883.

Karskij, E. F. "Belorusskaja reč' arabskim pis'mom." In *Sbornik statej, posvjaščennyx professoru Borisu Mixajloviču Ljapunovu po slučaju tridcatiletija ego prepodavatel'skoj dejatel'nosti. 1892-1922*, 1-2. Odessa, 1992.

Karskij, E. F. *Belorusy*, vol. 3: *Očerki slovesnosti belorusskogo plemeni*, book 2. Minsk: Belaruskaja Èncyklapedyja, 2007.

Koperžinskij, K. "Lekcii slovenskie Zlatoustogo ot beseđ evangel'skix ot iereja Nalivajka vybranye." *Sbornik Otdelenija russkogo jazyka i slovesnosti AN SSSR* 101, no. 3 (1928): 381-85.

Laur. – *Lavrent'evskaja letopis'*, part 1: *Povest' vremennyx let*, 2nd ed., edited by E. F. Karskij. Leningrad, 1926.

Lavrov, P. A. *Materialy po istorii vozniknovenija drevnejšej slavjanskoj pis'mennosti*. Leningrad: AN SSSR, 1930.

Leksikonъ – *Suprasl'skij cerkovnoslavjansko-pol'skij slovar' 1722 g.*, edited by Ju. A. Labyncev and L. L. Ščavinskaja. Minsk, 1995.

Lituanus – *Michalo Lituanus. 1550/1615. De moribus Tartarorum, Lituanorum et Moschorum*. Vilnius: Vaga, 1996 [Reprint with a Lithuanian translation].

Mamczarz, Irena. "Alcuni aspetti della questione della lingua in Polonia nel cinquecento." In *Studi sulla questione della lingua presso gli slavi*, edited by R. Picchio, 279-325. Roma, 1972.

Martel, Antoine. *La langue polonaise dans les pays ruthènes, Ukraine et Russie Blanche 1569-1667*. Lille, 1938.

Mečkovskaja, Nina Borisovna. "Ruskymi slovami a slovenskym jazykom" (o jazykovom soznanii Franciska Skoriny). *Russian linguistics* 13, no. 3 (1989): 245–56.

Miškinenė, Galina. *Seniausieji lietuvos totorių rankraščiai. Grafika. Transliteracija. Vertimas. Tekstų struktūra ir turinys*. Vilnius: Vilniaus universiteto leidykla, 2001.

Nazarevskij, A. A. "Jazyk Evangelija 1581 goda v perevode V. Negalevskogo." *Universitetskie izvestija* 8 (1911), 1-40; 11 (1911), 41-78; 12 (1911), 79-139.

Pervol'f, Iosif [Perwolf, Josef]. *Slavjane. Ix vzaimnye otnošenija i svjazi*, vol. 2: *Slavjanskaja ideja v literature do XVIII veka*. Varšava: K. Kovalevskij, 1888.

Petrov, Aleksej. *Otzvuk reformacii v russkom Zakarpat'e XVI v.* Praha, 1923 [Mémoire de la Société Royale des Sciences de Bohême. Classe des Lettres. Année 1921-1922].

Picchio, Riccardo. "Guidelines for a comparative study of the language question among the Slavs." In *Aspects of the Slavic Language Question*, vol. 1: *Church Slavonic – South Slavic – West Slavic*, edited by Goldblatt, Harvey and Riccardo Picchio, 1-42. New Haven: Yale Concilium on International and Area Studies, 1984.

Plokhy, Serhii. *The Origins of the Slavic Nations*. Cambridge University Press, 2006.

Reczek, Józef. "Językowa polonizacja Ormian." *Język polski* 67, no. 1-2 (1987): 1-8.

Šamjakin, I. P. and others. *Francysk Skaryna, i jaho čas. Èncyklapedyčny davednik.* Minsk: Belaruskaja Saveckaja èncyklapedyja imja Petrusja Broŭki, 1988.

Shevelov, George Y. "Prosta Čadь and Prostaja Mova." *Harvard Ukrainian Studies* 12-13: *Proceedings of the International Congress Commemorating the Millennium of Christianity in Rus'-Ukraine* (1988/89): 593-624.

Shevelov, George Y. *A Historical Phonology of the Ukrainian Language*. Heidelberg: Carl Winter, 1979.

Skaryna, Francysk. *Zbornik dakumentaŭ i materyjalaŭ*. Minsk: Navuka i tèxnika, 1988.

Sreznevskij, I.I. *Materialy dlja slovarja drevnerusskogo jazyka*, vol. 1 (1893), vol. 2 (1895), vol. 3 (1912). Sanktpeterburg.

Strumins'kyj, Bohdan. "The language question in the Ukrainian lands before the nineteenth century." In *Aspects of the Slavic Language Question*, vol. 2: *East Slavic*, edited by Goldblatt, Harvey and Riccardo Picchio, 9-47. New Haven: Yale Concilium on International and Area Studies, 1984.

Suter, Paul. *Alfurkan Tatarski. Der litauisch-tatarische Koran-Tefsir*. Köln, etc.: Böhlau, 2004.

Szynkiewicz, Jakób. Literatura religijna tatarów litewskich i jej pochodzenie. *Rocznik Tatarski* 2 (1935): 138-45.

Taube, Moshe. 2005. The fifteenth-century Ruthenian translations from Hebrew and the heresy of the Judaizers: is there a connection? *Speculum Slaviae Orientalis: Muscovy, Ruthenia and Lithuania in the Late Middle Ages*, edited by Vyacheslav V. Ivanov and Julia Verkholantsev, 185-208. Moskva: Novoe izdatel'stvo, 2005.

Tkadlčík, V. "Le moine Chrabr et l'origine de l'écriture slave." *Byzantinoslavica* 25, no. 1 (1964): 75-92.

Tolstoj, N. I. *Istorija i struktura slavjanskix literaturnyx jazykov*. Moskva: Nauka, 1988.

Uspenskij, B. A. *Istorija russkogo literaturnogo jazyka (XI-XVII vv.)*, 3rd ed. Moskva, 2002.

Vladimirov, P. V. *Doktor Francisk Skorina. Ego perevody, pečatnye izdanija i jazyk*. München: Otto Sagner Verlag, 1989 [Facsimile reprint of 1888].

Wexler, Paul. "Jewish, Tatar and Karaite communal dialects and their importance for Byelorussian historical linguistics." *The Journal of Byelorussian Studies* 3, no. 1 (1973): 41-54.

Zinkevičius, Zigmas. *Lietuvių kalbos istorija*, vol. 2: *Iki pirmųjų raštų* (1987), vol. 3: *Senųjų raštų kalba* (1988). Vilnius: Mokslas.

Žiteckij, Pavel. *Očerk literaturnoj istorii malorusskogo narečija*. Kiev: G. T. Korčak-Novickij, 1889.

Žuraŭski, A.I. *Historyja belaruskaj litaraturnaj movy*, vol. 1. Minsk: Navuka i tèxnika, 1967.

Žuravskij, A. I. "Jazyk predislovij Franciska Skoriny." In *Belorusskij prosvetitel' Francisk Skorina i načalo knigopečatanija v Belorussii i Litve*, edited by Sidorov, A.A. and others, 85-93. Moskva: Nauka, 1979.

III. In Search of the Original

Alan Timberlake

Translation and the First Slavic Life of Wenceslaus

I. Introduction

The distinction between Slavia Orthodoxa and Slavia Latina is linguistic as well as confessional. In Slavia Orthodoxa foundational texts were translated from Greek and then served as the model for autochthonous texts composed in Slavic. In Slavia Latina at least a modest number of texts was translated from Latin (the Freising Fragments, Kiev Leaflets, the Conversations of Pope Gregory, the Life of St. Vitus[1]). But relatively few Slavic texts were composed in the tradition of Slavia Latina. The possible exception is the "First Slavic Life of Wenceslaus," the most archaic of the Wenceslaus vitae. Because this life is attested only in Slavic manuscripts, it has long been assumed that it must have been composed in Slavic. Yet this life stems from Bohemia, a missionary territory of Slavia Latina. Accordingly, we are justified in asking whether the text was indeed composed originally in Slavic or whether it might not have been composed in Latin and then translated into Slavic. The question of the original language of composition of this vita bears on the broader question of how vibrant the Slavic rite and Slavic writing were in Central Europe in the tenth century.

II. Forensic Translation

In the introduction to his publication of the Slavic Life of St. Vitus (of Sicily), Sobolevskij noted some peculiarities and compared them to a Latin vita of Vitus. An example is ‹1›:

‹1› ѿвѣща же с҃тꙑи витъ. азъ желаю къ того **роуцѣ** ити ꙗко же г҃ь обѣща избьранꙑимъ его

‘Blessed Vitus answered, I desire to go to **that one's hand** [?] as the Lord promised his chosen ones’

We can make sense of the anomalous **къ того роуцѣ** if we hypothesize that it reflects a translation from Latin. Latin *palma* meant the flat of the hand and, by analogy, a tree with webbed fronds. The sense of *palma* in Sobolevskij's La-

[1] Lists of translated texts: Sobolevskij 1903, 1906; Rogov 1976:16–21.

tin text was presumably the tree, and the Latin text Sobolevskij had in his possession read "ad illam palmam pertingere possim" [to that palm tree I will go].[2] Evidently the text is translated and the translator, not recognizing the sense of *palma* as flora, rendered it by роүка [hand] (and *illam* as possessive того). That would be the appropriate translation of *palma* in the sense of 'flat of the hand', but not of course in the sense of 'tree'. In general, infelicitous translations can arise when a word in the target language which is an appropriate translation for one sense of a word in the source language is then used to translate another sense of that word even though the word is not used in that sense in the target language. In the case at hand, *palma* 'flat of hand' → роүка provides the model for *palma* 'type of tree like the palm of the hand'→ роүка, although Slavic роүка does not refer to that tree in Slavic.

For Sobolevskij, these infelicities in the Slavic text were evidence that the Slavic text was translated from a Latin original. That conclusion should not be surprising, given the text's origin in Sicily and the migration of the cult of Vitus to the missionary territory of Saxony, from where it made its way into Bohemia. And Sobolevskij had a Latin text of the life, and while the specific text Sobolevskij had at his disposal could not have been the source for the Slavic text, the existence of any similar Latin text of the life confirmed his suspicion that the Slavic text must be a translation from a Latin original. L. Matějka (1973) subsequently discovered another Latin text which was older (tenth-century) and closer to Sobolevskij's text, thereby confirming Sobolevskij's suspicion. But his argument, based on infelicities of translation, would have been valid, and establishes a general approach to translation,[3] even if we do not have the original Latin or Greek text.

III. First Slavic Life: Texts

Let us apply Sobolevskij's technique to the First Slavic Life of Wenceslaus, to determine if it was composed in Slavic, as is generally assumed.

[2] Similarly in the tenth-century text discovered by Matějka (1973:19 [slikovni prilozi], f136b, ll. 10–13): "ad illīm palmam."

[3] Another example of mistranslation, proving the source of a Slavic document as a translation, comes from Matějka's analysis of translation the Freising Fragments (1968:263–64), in which *infirma* was translated as the imperative *utvrьrdi* 'strengthen!', apparently because *infirma* was misunderstood as *confirma* 'make strong'.

The First Slavic Life is known from Croatian Glagolitic breviaries, three complete texts and one fragment, and, in addition, two East Slavic Cyrillic texts (all in Vajs 1929):

Texts of "the First Slavic Life" of Wenceslaus

a. Novi: Glagolitic, 15th c., breviary (Vajs 1929:36–43, basic text)
b. Ljubljana: Glagolitic, 14th c., breviary (Vajs 1929:36–43, variant)
c. Rome: Glagolitic, 14th c., breviary, (Vajs 1929:36–43, variant)
d. Moscow: Glagolitic fragment (Vajs 1929:36–43, variant)
e. Vost = Vostovsky: Cyrillic, 16th c., calendrical anthology of saints (Vajs 1929:14–20)
f. Min = Mineja Četija: Cyrillic, 16th c. (Vajs 1929:20–28)

There is also a cycle of Latin texts—new compositions, not copies—mentioned below; of these Crescente Fide, written in the 970s, is the oldest.

The Cyrillic Vostovsky text was the first discovered. After the Glagolitic texts were discovered, it became a question which lineage was more archaic. Some scholars argued that the Glagolitic texts are more archaic because the Vostovsky text has sometimes modified phrascology; thus the verbs of Novi **Вещеслава бѣхоу наоус҅тили матерь с҅вою вез҅ вини изигнати** [they had urged him to drive away his mother without cause] (38.10–12) look more correct than the verbs of Vostovsky **бѣша вѧчеслава наоучили въıдати мт҃рь свою без винъı** [they had taught Wenceslas to give up his mother without cause] (Vajs 1929:33). Yet the Vostovsky text preserves factual details missing from the Glagolitic texts, such as the full date of Wenceslas' murder, his age, his sisters, Budeč. By preserving these more difficult (specific) readings the Vostovsky text appears more archaic. Evidently no single text is a direct copy of the original, and neither lineage, Western Glagolitic or Eastern Cyrillic, is a direct copy of the original. That is to say, the attested texts, both Glagolitic and Cyrillic, must descend from an unattested common Slavic prototext. That conclusion may seem obvious, but it is important to acknowledge that often, in dealing with the traditions of medieval texts, we are forced to hypothesize antecedent or intermediate stages that are not attested.

The original First *Slavic* Life of Wenceslaus—the prototext for the family of Slavic manuscripts—was written in Glagolitic, as can be shown by the familiar argument about numerals (Vajs 1929:34). Latin lives of Wenceslaus tell us that the translation of Wenceslas' relics occurred on the *fourth* of March (CF/Bav §10, 188]: "Et translatio eius celebratur quarta Nonas Martii" [his translation is celebrated on the fourth of March]). In Glagolitic manuscripts the date is written by «Ⰳ», with the numerical value of four. In Cyrillic texts the date is written as «г» ([g]), the letter whose sound corresponds to that of Glagolitic «Ⰳ» ([g]). The Cyrillic letter «г» has the numerical value of three, not four. Thus the Glagolitic texts give the same date as Latin texts, the Cyrillic texts a different, and presumably incorrect, date; the oldest stage of the Slavic tradition then was Glagolitic.

Thus it is clear that the Slavic texts go back to an unattested Slavic prototext written in Glagolitic. To repeat the argument, the Slavic texts are related, but no single extant manuscript is a direct copy, therefore it is necessary to reconstruct a Slavic prototype that is not itself attested. But was that prototext of the Slavic texts the oldest, the original, vita of Wenceslas? Is it conceivable that the Slavic prototext was derived from another, yet more ancient—and also unattested—text? To allow for that possibility, I want to use the formula "1V(S)V" below to mean the original Wenceslas legend, without making an a prior commitment to whether it was written Latin or Slavic, and also the Slavic texts which are our evidence about the state of the original Wenceslas legend, whatever it was. Because the texts are transparent, it is usually fair to cite on attested text as evidence about the original legend.

In the literature there has been little doubt that the original text was written in Slavic, so much so that it is hard to find explicit argumentation. The thinking seems to be the following. The Slavic texts preserve more factual details than the Latin texts such as Crescente Fide, for example the names **Нотаръ, Тоужа, Чьста, Тира, Гнѣвиса, Мастина, Крастѣи, попъ Паулъ** (Vondrák 1903:155). The original of the Slavic family was written in Glagolitic (as just discussed), the most archaic Slavic writing. Moreover, the manuscripts have morphological archaisms like root aorists and short masculine past active participles. Thus the Slavic texts are more archaic in linguistic form and content than the Latin vitae. Since this family of texts is attested only in Slavic, the original must have been composed in Slavic.[4]

---

[4] Exceptions: A near exception is Vondrák, who Vondrák noted that texts of 1V(S)V and CF refer to the misericordiae, which Vondrák saw as parallel to misericordiae in the German missionary zone. That suggested to Vondrák that the original Wenceslas legend arose in a Latin context and was composed by a *latiník*—someone whose basic written language was Latin but who had learned Slavic well (Vondrák 1903:148, 155). This improbable scenario is tantamount to conceding that the original text was composed in Latin.

A genuine exception is Novotný, who argued that the first form of the legend was a Latin transcript [*sepsání*] made to preserve essential facts; the transcript was subsequently

Composition in Slavic not long after Wenceslaus' death would have been possible only if Slavic writing were still active in Bohemia in the first half of the tenth century, as seems to be proven by the statement that Wenceslaus learned Slavic as well as Latin:

‹2› **Навичє жє к҄ниги словѣн҄скиє и латин҄скиє добрѣ**. (Novi 37.7–8)
'He learned Slavic and Latin books well'

The existence of other archaic Glagolitic texts from Central Europe, notably the Kiev Leaflets with their Czech phonological reflexes, is often taken as evidence that Slavic writing was in active use. The assumption that the original Wenceslas legend was composed directly in Slavic then goes hand in hand with the belief that the Slavic rite and Slavic writing remained active in Bohemia from the time of the Moravian Mission at the end of the ninth century continuously into the middle of the tenth century and on into the eleventh century.

This seems to be the reasoning behind the assumption that the oldest text of the Wenceslas tradition was written directly in Slavic. Yet it is conceivable that the legend was originally composed in Latin.

IV. First Slavic Life, Usage

Let us look at some facts of language usage in the First Slavic Life, starting with lexicon:

‹3› **старньниє приємашє по ћєлскоу гласоу** [Min **словоу**, Vost **оученню**] (Novi 37.19–20)
'he took in wanderers, in accordance with the word of the Gospel'

In ‹3› **гласъ** does not have its usual sense of the human voice, raising the suspicion that **гласъ** in ‹3› translates Latin *vox*. Like Slavic **гласъ**, Latin *vox* meant 'voice, sound', and in this sense **гласъ** would be an appropriate translation for Latin *vox* in the sense of the human voice. By metonymy, Latin *vox* also meant (citing Lewis and Short's dictionary): "That which is uttered by the voice, i.e. a word, saying, speech, sentence, proverb, maxim." This metonymic sense of *vox* —the result of the activity of using the voice—was not the usual sense of Slavic

translated into Slavic and expanded in the middle of the eleventh century at the Sázava Monastery (1929:27, 35). Třeštík (1967) proposed that the text was composed in Croatia, in Latin.

гласъ (Sreznevskij 1893: s.v. **гласъ, голосъ**); it is not accidental that the two Cyrillic texts have replaced **гласъ** by words meaning a message. Evidently the usual translation of *vox* 'voice' → **гласъ** motivates the translation of *vox* 'speech, message' → **гласъ**. The situation is parallel to Sobolevskij's *palma* → **роука**.

Slavic **разоумѣти** ordinarily takes an object referring to a fact or intellectual proposition, as in **Разоумѣ, ꙗко ꙗвлениѥ ѿ Бга бысть ѥмоу** [He understood that this was a sign to him from God] (Sreznevskij, s.v. **разѹмѣти**).

‹4› **На Вещеславь разоумѣвь страхь бжи**… (Novi 38.12)
'But Wenceslaus understood the fear of God'

In ‹4›, however, **разоумѣти** 'understand' takes an object that is experienced emotionally, not comprehended intellectually. Latin *scio* had a broader meaning than Slavic **разоумѣти**. As Lewis & Short state, *scĭo* means "*to know*, in the widest signif. of the word; *to understand; perceive; to have knowledge of* or *skill in* any thing, etc." The locus classicus for the sense of the perception of emotions, as opposed to intellectual content, is 2 Corinthians 5:11: "Εἰδότες οὖν τὸν φόβον τοῦ Κυρίου ἀνθρώπους πείθομεν" / "scientes ergo timorem Domini hominibus suademus" [Knowing therefore the terror of the Lord, we persuade men]. Evidently the correct translation of Latin *scio* 'know' *scio* 'know [a fact]' → **разоумѣти** Slavic with an intellectual proposition as object provided the model for the dubious translation of *scio* 'perceive' → **разоумѣти** with an emotions as object. The pattern is analogous to *palma* → **роука** and *vox* → **гласъ**.

Some unusual syntax occurs in the Slavic texts.

A characteristic structure of New Testament and Byzantine Greek, and also of Latin, was the final infinitive with subject. The construction appears in 1V(S)V:

‹5› **Трети же дань вьсѣмь видещимь цр҄кви вьзиде нд нимь ѣко дивити се вьсѣмь**
'On the third day as all could see the church rose above them, so that all were astounded.' (Novi 42.19–21)

The dative with infinitive construction with final meaning here mimics the locus classicus for this construction in Mark 15:5 "**ꙗко пилатови дивити сѧ**" [(But

Jesus yet answered nothing) so that Pilate marveled]. This final construction, in origin a calque, was internalized and used in original Slavic compositions. Thus ‹5› could in principle reflect translation or an internalized pattern. But in ‹6›, which continues ‹5›, the infinitive is anomalously the object of the proleptic verb of hoping, going beyond the range of usage of this construction in Slavic.

‹6› **И още надѣемʼ се о бозѣ мⷧ҇итвами благоверʼнаго и добраго мⷤ҇а Вещесʼлава вещьшемоу чоудеси ѣвити се** (Novi 42.21-24)
‘And we put our trust in God through the prayers of the blessed and noble man Wenceslaus that greater miracles will occur’

Likewise in ‹7›,

‹7› **Вꙁʼрастʼшоу же емоу ѣко поⷣстрищи и приꙁва Вратиславь оц҃ь его на подстрижение бискоупа именемь Нотара** (Novi 36.11–13)
‘when he had grown to the age when he should be tonsured, his father Vratislav sent for a bishop by the name of Notar for the tonsuring’

the initial dative absolute (**вꙁʼрастʼшоу емоу** ‘upon his having grown up’) is normal, but the following infinitive with final meaning—‘so that, as a result, it was time for tonsuring’—does not seem like Slavic.

Another possible influence of Latin is the exuberant use of verbal nouns.

‹8› **оубоѣвʼши же се оубʼенʼѣ оубѣжа в Хрʼвати** (Novi 42.10–11)
‘fearing murdering, she fled to the Croatians’

In ‹8› Slavic uses a verbal noun as the complement of ‘fear’, where, further, the verbal noun is semantically passive (the person who fears is the person subjected to the act of murdering).

Thus verbal nouns appear in the 1V(S)V in places where they seem awkward, at least for my taste, as in (**оубоѣвʼши же**) **оубʼенʼѣ** ‘killing’ ‹8› and **на подстрижение** ‘for tonsuring’ in ‹7›. More broadly, there are lexemes and phraseological units whose usage in 1V(S)V seems not to be native Slavic. While these infelicities might reflect an internalized usage, such phrases invite the suspicion that the First Slavic Life of Wenceslaus was translated from Latin.

V. The Larger Wenceslaus Cycle

The First Slavic Life is only one of the lives of Wenceslaus. As listed in Table 1, in addition to First Slavic Life, there was a series of Latin texts from the end of the tenth century into the eleventh which presented the lives of Wenceslaus and one (if it was a distinct text) the life of his grandmother Ludmila:

text	*saint*	*attested languages*
1V(S)V = First Slavic Life	Wenceslaus	*Latin, Croatian Glagolitic + Cyrillic
CF = Crescente fide Christiana (975–76)	Wenceslaus	Latin, no known Slavic
Fuit = Fuit in provincia Bohemorum (970s?)	Ludmila	Latin, abridged Slavic prolog
Legenda Gumpolda (c. 980)	Wenceslaus	Latin, Second Slavonic Legend (= Nikolsky)
LChr = Legenda Christiani (c. 993)	Wenceslaus +Ludmila	Latin, no extant Slavic; resonances in the Načal′nyj svod
Legenda Laurentii (c. 1039)	Wenceslaus	Latin

Table 1: Texts of the Wenceslaus Cycle (after Třeštík 1997)

The texts other than the First (Slavic) Life are were written in Latin and are attested in Latin. Each was written in a specific context. The oldest of the attested Latin Wenceslaus texts is Crescente Fide. It was the source for the effusive text commissioned by Bishop Gumpold from Mantua in the 980s. In the next decade Christianus enriched Crescente Fide with material about Ludmila (perhaps from a separate text called now Fuit in provincia Bohemorum) and other lore. The final text of the cycle, the highly effusive Legenda Laurentii (Vavřincova legenda), is not relevant here.

There is evidence that certain of these lives were translated into Slavic. Crescente Fide was not, as far as we know. A version of Gumpold enriched by additions from Crescente Fide became the Cyrillic text known as the "Second Slavonic Life" or the "Nikolsky" text; it was used by Nestor (Čyževsky 1950), so it must have been known in Kiev by the early twelfth century. Ingham (1965) demonstrated that one or another of the Wenceslaus legends was the source for the liberation of prisoners, the seventh miracle of the Anonymous' Skazanie of Boris and Gleb. In the Nachal′nyi svod of the 1090s, passers-by observe light hovering and angels singing Psalms over the grave of Gleb's abandoned corpse and prisoners are liberated. Among the extant Wenceslaus texts, only Christianus has this combination of motifs. This suggests that Christianus was known in Kiev at that time, even though no Slavic version is attested (Timberlake 2006/7). Fuit shows up in reduced form in East Slavdom as a liturgical text. We can conclude that there was a pattern of translating Latin Wenceslaus legends into Slavic and, further, that the resulting Slavic texts could travel to other Slavic lands.

VI. Crescente Fide, First Slavic Life, and Vita Haimhrammi

In a study in 1970 Josef Staber, historian of the Regensburg bishopric, examined Crescente Fide and observed resonances with Arbeo's eighth-century life of St. Emmeram (the Vita Haimhrammi, VH below); a Benedictine monastery dedicated to him was located in Regensburg. Let us review some of Staber's observations on CF and VH and then extend the comparison to the First Slavic Life of Wenceslaus.

(a) *Demons*: In VH (‹9›) and also in CF (‹10›), the saint's murderers were hounded by demons and disappear:

‹9› ut unusquisque eorum inmundo prostratus esset spiritui ... ad deserta confugientes... ita ut infirmorum cadavera nullo ulterius comparuisse comprobatur (VH §27 [65.28–66.1; 66.9; 66.14–16])

'such that each of them was laid low by an unclean spirit... fleeing to the desert... to the degree that it was confirmed that the bodies of those weak men were never seen by anyone'

‹10› Illi autem homicide qui eum occiderunt a demoniis exagitati fugerunt et ulterius non comparuerunt (CF/Bav §9 [187])

'However, those murderers who struck him down, driven away by demons, and they were not seen again'

Both texts share the detail that the villains do not appear further, a fact which is even expressed by forms of the same verb, *compārēo* 'appear'. This complex of motifs is a topos that makes its way into the Kievan Načal′nyj svod and the Primary Chronicle from LChr, which took the motif from CF (Timberlake 2006/7). There is nothing comparable in 1V(S)V.

(b) The phrase "certaminis campus" is used many times in VH and once in CF, namely:

‹11› Cuius autem anima in illo campo certaminis huius vite liberata de ergastulo, sanguine laureata migravit ad Dominum... (CF/Bav §8 [187])

‘However, on that field of battle his soul was freed from the prison of this life, and adorned with blood, it went forth to the Lord...’

In both VH and in CF, the battlefield acquires the symbolic sense of a place of earning eternal glory through suffering. 1V(S)V lacks this.

(c) *Pilgrimage*: St. Emmeram in VH and Wenceslaus in CF both made plans to undertake a pilgrimage to Rome, but the pilgrimages were frustrated.

In the three instances just examined there are resonances between CF and VH in which there happens to be no correspondence in First Slavic Life. Let us now look at resonances involving 1V(S)V.

(d) *Impending death*: In both VH and CF the saints are aware of their impending death, but they do not attempt to avoid being murdered. In both texts the saints show concern about the eventual fate of their murderers:

‹12› Ex caritatis causae tibi consilium do,... non quod cruciatos tuos pertimescam, sed tuae damnationis magis condoleo... (VH §15 [48.13–17])

‘For the sake of charity I give you advice, … not because I am frightened by your sufferings, but more do I sympathize with your condemnation...’

‹13›... ita ipse procul dubio desiderabat martyrium percipere, sed non de manus fratris sui, quia diligebat eum et sciebat, ob hoc eum minime evadere gehennam perpetuam. (CF/Bav §6 [186])

‘... so he himself [Wenceslaus] desired without hesitation to attain martyrdom, but not by his brother's hand, because he loved him and knew that because of this he would in no way escape eternal damnation.’

1V(S)V states that Wenceslaus actively refuses to believe that his brother intends to kill him:

‹14› **Тоу же мнимь да пв҃дѣше емоу рекоуще, ѣко хощеть те брать Болесл҃вь оубити; са же не верова томоу** (Novi 40.4–6)

‘There we think that he spoke to him saying that your brother Boleslav wants to kill you, but he did not believe it’

In this way the narrator allows that Wenceslaus should have been aware of his impending death, which suggests that the text is based on (but deviates from) a source in which it was stated that the saint was cognizant of his imminent fate. Though 1V(S)V does not portray Wenceslaus as concerned about his brother’s soul, the narrator at least is aware that Boleslav will earn perdition by participating in the murder of Wenceslas:

‹15›**вʹсѣѣ дʹѣвaль вʹ срⷭ҇це его злобоу ѣкоже оубити и, да не би спⷭ҇на дша҆ его вѣкь била** (Novi 39.9–11)
'into his heart the devil put the evil thought of killing him, so that his soul would not be saved for all eternity'

‹14› and ‹15› suggest that 1V(S)V was responding to the paired motifs of awareness of death and concern for the villain's spiritual fate seen in VH, though the text of 1V(S)V differs.

(e) *Scattering of the faithful*: Arbeo's Life of St. Emmeram is an exuberant narrative. The saint, leaving Poitiers for Regensburg with the intention of proselytizing to the Avars in Pannonia, gets entangled in a domestic scandal involving Prince Theoto's daughter Ota, who was impregnated by a local lad and blamed her pregnancy on Bishop Emmeram. In fact, Emmeram himself asked to take the guilt and the punishment upon himself, a gesture apparently construed as a sacrifice (in *imitatio Christi*) of self for others. (That Emmeram's sacrifice consists of pretending to be the agent of a sexual transgression is remarkable.) Believing his daughter's fabrication, Theoto confronted the bishop, prompting the bishop's terrified associates to hide, an event described in New Testament terms as "Percutiam, inquid, pastorem, et dispergentur oves gregis" [I will smite the shepherd, and the sheep of the flock shall be scattered abroad] (VH §16), as in Matthew 26:31 and Mark 14:27. Crescente Fide refers to this New Testament passage twice, first as an unstated prophecy fulfilled (‹16›) and later as explicit quotation (‹17›):

‹16› Et prebyteros multos cum clero, privantes substantia, eiecerunt de terra. Tunc impleta est eius prohetia, quam nuper predixerat. (CF/Bav §3 [185])
'And they expelled many priests and clergy from the land, confiscating their property. Then was the prophecy which he had recently spoken fulfilled.'

‹17› … omnes amicos eius perimerunt et clericos eius persecuti sunt, ut scriptum est: Percutiam pastorem et dispergentur oves. (CF/Bav §9 [187])
'They killed all his friends and persecuted his priests, for it is written, I will smite the shepherd, and the sheep of the flock shall be scattered abroad.'

‹18› **Оубише же тк҇ое вʹ томь градѣ и Масʹтиноу етера частна мжⷶа Вещесʹлавла. Проче же гʹнаше вʹ Прагь, нѣкие избише, а нѣки по зм҇и разʹбѣгоше се.**

Младенце же издавише, жени же многие за иние м҃жи в҄даше, с҄лоужителе же б҃жие изигнаше (Novi 41.13–19)

‘In that city they likewise killed a certain Mstina, an honorable man of Wenceslaus. Others were driven to Prague, some were killed, and others dispersed over the earth. Youth were killed, many women were given in marriage to other men, servants of God were driven off.’

As in ‹18›, the First Slavic Life also records the dispersal and oppression of Wenceslaus’ supporters, though without quoting the New Testament passage. Thus both CF and 1V(S)V derive from VH, though CF is closer to VH than to 1V(S)V.

(f) *Dismemberment*: In the exaggerated narrative in VH, Prince Theoto and his henchman attacked St. Emmeram, hacked off his digits and limbs, plucked out his eyes, and severed his genitalia. The body parts were collected and preserved. After the remnant of the bishop’s torso finally expired, the remains, miraculously restored, were buried in a church. In contrast to this narrative exuberance, 1V(S)V says only this about the saint’s remains:

‹19› **вѧчеслава же разсѣкше ѿидоша и не съхранивше его** [Vost 18.19–20]
‘Having hacked Wenceslas they abandoned him unburied’

Much as 1V(S)V condensed and simplified the saint’s awareness of his fate (‹14›) and the dispersal of the followers (‹18›), here 1V(S)V compresses the mutilation and abandonment reported at great length in Vita Haimhrammi.

Shortly after ‹19› in 1V(S)V, his mother responds:

‹20› **Слишавши же мати его ѣко оубенъ е҃ соущь синь ее, пришад҄ши искаше и… и собрав҄ши в҄се оуди т҃лесе его… на в издабѣ ереовѣ облѣче и, омив҄ши и и нес҄ши, положи и в҄ црѣкавь. [И] оубоѣв҄ши же се оуб҄ен҄ѣ, оубѣжа в Хр҄вати.** (Novi 42.4–11)

‘When his mother heard how her son was killed, she came and looked for him… and gathering all the parts of his body, in a priest’s hut she wrapped them up, she washed him and carried and laid him in the church. Fearing she might be murdered, she fled to the Croatians.’

Eventually his repentant brother Boleslav translated his remains to the church of St. Vitus in Prague (‹24› below). Note that the mother’s actions of collecting and burying the remains interrupt her flight to the Croatians, suggesting these actions are a literary topos inserted into an eyewitness account.

The narrative in ‹20› resonates with VH. In VH the limbs of St. Emmeram's dismembered body were first collected and buried under a tree; they were subsequently found to be missing: evidently a divine force restored the body to its original wholeness, after which it was placed in a church. The motif of the martyr's body restored connects to a long-standing concern with resurrection, which Caroline Bynum (1995:26 ff.) traces as far back as Justin and Athenagoras. Resurrection, of Jesus and of the faithful, is a miracle: the natural death and decay of flesh are reversed by divine intervention. The miracle is proportional: the more difficult the task of restoration, the greater the miracle. In both 1V(S)V (‹20›) as in VH, the saint was dismembered, the limbs scattered, making assembling the parts and restoring the body to wholeness a truly miraculous event.

On the state of Wenceslaus' body, CF reads as in ‹21›:

‹21› Tunc quoque lumine incenso intuentes viderunt corpus eius integrum et omnia vulnera eius sanata. Tantum vulnus unum sanguineum erat, quod frater eius primitus vulneravit. (CF/Bav §10 [188])

'Then, when the lamp was lit, looking about, they saw his body intact, all his wounds healed. The only bloody wound was that which his brother had originally dealt him.'

CF's description presupposes a process of violation and then restoration of the body so miraculous that all wounds excepting the fratricidal wound were healed and thereby resonates with VH and 1V(S)V, though it is obviously a reworking of one or the other text.

(g) *Churches*: in VH the faithful are inspired by the bishop's martyrdom to construct a new church appropriate for his remains (‹22›).

‹22› Tunc quidem christiani, inito consilio, in eodem loco ecclesiam in honorem ipsius martyris Christi moeniis construxerunt (VH §30 [71.20–24])

'And indeed then the Christians, having followed the advice, in the same place built a church with walls, in honor of the very martyr of Christ himself.'

‹23› ... ut tranferrent illud ad ecclesiam, quam ipse construxit. (CF/Bav 188)

'... when they transferred [his corpse] to the church which he himself had constructed'

‹24› **Положише и въ костелѣ стꙋ҃ога Вида, о десноую с҆траноу олтара обою и҃ десете аплоу, идѣже бѣ и с҃мь рекаль сазидати цр҃ѣкви.** (Novi 43.17–20)

'And they laid him in the Church of St. Vitus, on the right side of the altar of the twelve disciples, in the place where he himself had said to construct the church.'

All three texts establish a special connection between the saint and the church in which his remains would lie. But there is an obvious difference. In VH the saint did not initiate the building of the church, whereas in the two Wenceslaus texts the saint himself was responsible for the construction of the church that would serve as the resting place for his remains: 1V(S)V "**идѣже бѣ и с҃мь рекльь сазидати црѣкви**" ≈ CF "quam ipse construxit." The similarity in wording of 1V(S)V and CF suggests that one derives from the other, rather than both independently from VH. 1V(S)V names the church in question and the place (altar) within the church where the body was interred, CF does not. By the principle of *lectio difficilior*, the greater specificity of detail in 1V(S)V makes it older than (and therefore the source for) CF.

(h) *Blood*: In VH blood is the symbol for mortality and then, by the trope of reversal, for triumph over death "de tuo sanguine me redemisti" [with your blood you redeemed me], says VH (§16 [50.2–3]). The trope is embedded in "certaminis campus," the battlefield in which the martyr loses earthly life but achieves eternal life (see ‹11› above). Blood and battlefield come together in a passage in VH where, after the bishop has been mutilated, his tormenters depart and his entourage arrives to find him drenched in blood:

‹25› Remansit autem in certaminis campo cruore involutus victor triumphi exultans. (VH §18 [53.12–15])

'However, he remained on the field of battle covered in blood, boasting as a victor in triumph.'

And elsewhere it was mentioned that the saint's severed limbs were bloody. That is all VH has to say about blood.

Blood figures prominently in 1V(S)V in connection with the burial of Wenceslaus:

‹26›... **крꙿв же его до три дꙿни не рачи в зм҄ю нти. Трети же дань вꙿсѣмь виде цимь црѣкви вꙿзиде н҃д нимь** ... (Novi 42.18–21)

'His blood would not go into the ground for three days. On the third day all could see the church rise above them...'

The events of ‹26› are identified as a miracle, demonstrating the importance of these linked motifs. In CF the martyr's blood defies the attempts of the unrighteous to silence the truth:

‹27› ... et eius innocentem sanguinem, qui aspersus erat in terram et in tabulis, aqua lavantes absterserunt. Cumque alia die mane surrexissent, viderunt in eodem loco sanguinem effusum, quem iterum aqua lavantes absterserunt. Cumque surrexissent tercia die, rursum viderunt sanguinem effusum in loco predicto quem tercia die lavaverunt. (CF/Bav 187)

'....and his innocent blood, which had been sprinkled on the earth and on the walls, they wiped away, cleansing it with water. On the next day, they arose in the morning, and they saw blood poured out in the same place, which once again they washed with water and wiped away. And when they arose on the third day, they again saw blood poured out in the aforementioned place, which, now for the third day, they washed.'

In 1V(S)V and CF blood becomes an instrument of martyrdom; it is a witness whose testimony will not be effaced or silenced. Blood here recalls the Resurrection, as is made explicit in 1V(S)V and CF by the interval of three days. In VH nothing was said about the blood of the martyr being ineffaceable, and there is no mention of an interval of three days. Thus the motif of blood in 1V(S)V and CF is independent of VH, and CF derives from 1V(S)V, not VH.

(i) *Freeing captives*: 1V(S)V and CF report that the saint freed captives. In 1V(S)V this activity is attributed to the living saint, and it is applied to those sold into slavery:

‹28›... **ꙗкоже с҄ прѣдь рѣхомь, добра твораше и онѣхъ ки продани бѣхоу искоуповаше.** (Novi 38.25–39.1)

'as we said earlier, he did good and those who had been sold he ransomed.'

In CF on a series of posthumous occasions a captive is freed, as shackles fall away by themselves (CF/Bav §10).

There is nothing directly comparable in VH, even though, as Staber (1970) points out, concern with the misery of the enslaved or imprisoned was important in the Benedictine reformist tradition. Of the attestations in 1V(S)V and CF, it would appear that the reference in 1V(S)V is older. In 1V(S)V Wenceslaus' concern with the imprisoned is embedded in the list of misericordiae. CF expanded the range of liberations and sometimes narrated the accompanying drama, with prose that appears to have been invented. By the principle of *lectio brevor*, the motif of liberation in 1V(S)V is older and was reworked and expanded considerably in CF.

The motifs discussed above are summarized in Table 2.

	motif	*VH*	*1V(S)V*	*CF*
‹a›	villains hounded by demons	§27	—	§9
‹b›	*certaminis campus* as sacred place	7xx	—	§8
‹c›	planned pilgrimage to Rome interrupted	§§8, 15	—	§6
‹d›	no resistance to death, peril for murderer's soul	§15	39.9–11, 40.4–6	§6
‹e›	scattering of followers	§16	41.17–20	§§3, 9
‹f›	body dismembered, parts collected (CF: wounds healed)	§§16–17	42.1–12	§10
‹g›	burial church specific to martyr	§30	43.14–17	§10
‹h›	indelible blood	—	42.18–19	§9
‹i›	freeing of captives	—	38.25–39.1	§11–12

Table 2: Resonances among VH, CF, and 1V(S)V

To review, in the first group of Table 2, ‹(a–c)› a motif is shared by CF and VH, but there is nothing analogous in 1V(S)V. Such cases were observed by Staber, who commented (1970:186) that such a pattern of resonances [Anklänge] is no coincidence; such a pattern implies that CF must have relied on VH. That in turn means that CF was written by a monk in the monastery devoted to St. Emmeram in Regensburg, the episcopal see responsible for missionary activity in Bohemia. Moreover, some passages of 1V(S)V resonate with VH. In the list in Table 2, ‹d› peril for the murderer's soul (referenced in passing in 1V(S)V), ‹e› persecution of the saint's followers, ‹f› dismemberment of the body and collection of body parts, and ‹g› burial in a church uniquely appropriate to the saint.

Within the group of ‹(d–g)›, all three texts share a motif. Within that group, in two instances CF is more closely related to 1V(S)V than it is to VH: first, ‹f› dismemberment of the body (dismemberment is stated only briefly in 1V(S)V, while CF goes a step further in narrative compression by avoiding stating dismemberment—what remains constant is the idea that, ultimately, the saint's body maintains its integrity); and second, ‹g› the characterization of the church in which the saint is buried in CF is almost identical to (but is slightly abbreviated in comparison to) the corresponding description in 1V(S)V. These two motifs suggest that CF made use of 1V(S)V. That conclusion is confirmed by ‹h› indelible blood lasting three days and ‹i› freeing of captives. Neither of these two motifs is found in VH at all. They confirm that 1V(S)V and CF shared motifs without VH, and then that CF is dependent on 1V(S)V.

We have then a chain of literary resonances: VH to 1V(S)V, and both texts to CF. If, as Staber argued, the resonances between CF and VH mean that CF was composed in St. Emmeram's Monastery in Regensburg, the resonances of 1V(S)V with VH argue that 1V(S)V was, like CF, composed in St. Emmeram's. That conclusion is supported by the fact that CF shares resonances with 1V(S)V, in some instances even without VH. A special association of Wenceslaus and 1V(S)V with St. Emmeram's is supported by the assertion, **Пришад꙽шоу же д꙽неви стꙉго Имьрама, к꙽ немоуже бѣ обѣтань Вещеславь** 'on the day of St. Emmeram, of whom Wenceslas was a devotee' (Novi 39.11–13). The day in question is just before Wenceslaus' martyrdom.

In short, 1V(S)V's textual and intertextual properties show that it came from Regensburg. Since 1V(S)V both used a Latin source and served as the source for a subsequent Latin text, the original version of the Wenceslaus legend was most likely composed in Latin.

VII. Historical Context

If, on the traditional view, the oldest Wenceslas text was written in Slavic, it follows that someone must have been able to write in Slavic in the first half of the tenth century. For the proponents of this view, writing in Slavic in the middle of the tenth century was possible in Prague because Slavic worship and writing had been transferred from Moravia to Bohemia and nurtured continuously, till the Slavic Renaissance became visible in the monastery at Sázava, founded by Prokop in 1032. A recent statement of this view is Osterrieder (2000:62), who states, "on the basis of Czech-Slavonic literature, literary and linguistic investigation first demonstrated clearly that, after the fall of the 'Moravian State', there must have been an uninterrupted tradition of Slavic liturgy and use of Glagolitic in Bohemia from the tenth century to the end of the eleventh century."

Given this hypothesis, it is natural to ask how Slavic writing and rite could have arrived in Bohemia. Relevant here is the assertion made by Christianus who wrote in the 990s that Prince Bořivoj was converted to Christianity by Methodius. The claim, though repeated by Cosmas and subsequently by many modern commentators, is not wholly reliable. Christianus place the initial proselytization of Moravia in the time of Augustine; he seemed concerned with establishing legitimacy of Slavic worship. In historical terms, The Bohemians and Moravians were at odds in the last decades of the tenth century. In 895 the Bohemian nobles, led by Spytihněv, declared allegiance to the Bavarian Arnulf, presumably converting in the process (AF, s.a. 895 [p. 148]). They returned in 897 to complain of the Moravians, "a quibus saepe, ut ipsi tesitficati sunt, durissime conprimebantur" [by whom they, as they themselves had attested, were often horribly oppressed] (AF, s.a. 897 [p. 153]). The Bohemians joined the Bavarians in laying waste to Moravia in 900. Just because the two regions shared language, it does not follow that cultural institutions would be transferred.

After Spytihněv's conversion, the neophyte Bohemian church was a missionary area under the supervision of the bishop of Regensburg until the 970s, when the bishopric of Prague was created and attached to Mainz. The worship must have been the western rite in Latin, not an eastern rite in Slavic. We know this from Christianus' own words in his Legenda from the 990s. In documenting the practice of Slavic worship in various Slavic lands, he names Bulgaria but neither Moravia nor Bohemia. That omission means Slavic worship was *not* practiced in Moravia or Bohemia (Clifton-Everest 1996: 263). It was not maintained without interruption from the Moravian Mission to the Sázava revival.

There might seem to be evidence for the vitality of Slavic writing in the age of Wenceslas in the statement in the Slavic lives that ‹2› **Навиче же кⸯниги словѣнⸯскиє и латинⸯскиє добрѣ** 'He learned Slavic and Latin books well'. Because this passage and its surrounding context differ significantly in the Western Glagolitic manuscripts from the Eastern Cyrillic manuscripts, it is at the least not obvious what the original form was. It may be that this discussion of the languages of Wenceslas' education in the attested texts was not in the original Wenceslaus legend but was interpolated when the text was translated in the eleventh century. There is no discussion of language in CF; by presumption, Wenceslas was educated in Latin. It is only with Christianus in the 990s that questions of language are discussed explicitly. The extended discussion of language in attested Slavic texts, especially the Eastern texts, suggests that discussion was interpolated after Christianus and after the Slavic revival had begun (Timberlake, in press). In short, the seemingly unimpeachable assertion that Wenceslas learned Slavic and Latin is not nearly as compelling as one might think.

It is often thought for the vitality of Slavic writing in age of Wenceslas is demonstrated by a handful of archaic texts, among them the Glagolitic Kiev Leaflets. Kølln (2003) argued persuasively that the leaflets were a translation of a Latin service for use by Slavic worshippers in their native language. There is nothing in this text, however, that would date it specifically to the early tenth century as opposed to the eleventh century. The other texts are similarly undatable. That leaves only the Life of Wenceslas, the very text whose original language is at issue; it is not independent evidence for the existence of Slavic writing in the first half of the tenth century.

It is possible, nevertheless, that there was some use of Slavic, oral and perhaps also written, in devontional contexts in the tenth century. Osterrieder (2000:62) notes that in Slavic was used in proselytizing and linked the use of the vernacular in missionary activity to the reformist Benedictine movement spreading from Gorze (from 933 on) to various monasteries, among them St. Emmeram's in Regensburg. Osterrieder identifies Bishop Wolfgang (fl. 972–994) in particular as an enthusiast. Thus by the last quarter of the tenth century preaching in the vernacular had become visible and accepted.

In fact, prior to Wolfgang's arrival, one Boso, educated at St. Emmeram's, had proselytized to the Slavs before he was appointed bishop of Merseburg in 968 (Thietmar II, §§36–37). He tried to preach in Slavic, though with humorous mistakes. Boso, Thietmar tells us (§37), even wrote "instructions in the faith" in the vernacular for his newly converted parishioners. We should be careful not to exaggerate the significance of Boso. Thietmar's report of Boso's writing (presumably Latin letters, not Glagolitic) documents the use of written Slavic in a devotional context, but for a specific function: as a tool in the process of proselytizing. That does not mean that written was used for translation of scripture or the liturgy or for the composition of new hagiographic texts.

The chronology of the spread of the vernacular from Gorze to St. Emmeram's is striking—the proponent Wolfgang served from 972 on. At about the same time, in the last quarter of the tenth century, interesting developments were occurring in St. Alessio's Monastery in Rome, established in 977. Latin and Greek monks gathered, and use of both languages was permitted (Hamilton 1965). This ecumenical spirit had some resonance in Central Europe. Bishop Adalbert, the second bishop of Prague, left his post after conflicts with the duke (989) and entered this monastery in Rome (990), but was ordered back to Prague by his archbishop, Willigis of Mainz (992). During his brief return to Prague, he founded a monastery at Břevnov (993) before he fled again to Rome (994) (Hamilton 1961:16–17, 22). It is generally presumed that Adalbert brought with him the ecumenical spirit of St. Alessio's, which then might have been inculcated in monks trained at Břevnov. Those monks included Anastasius, who was appointed archbishop of Gran in response to King Stephan's request to Pope

Sylvester II for an autocephalous church in Hungary (1001) (Hamilton 1965:299–300). St. Alessio's trained missionaries to the Slavs. Adalbert himself found martyrdom among the pagans.

We have, then, a confluence of forces of change from two sources, the Benedictine reform emanating from Gorze and the ecumenical spirit emanating from Rome, which both pointed in the same direction: proselytizing to heathens in the vernacular. The full acceptance of Slavic as a language appropriate for scripture and worship came about only in the eleventh century in Sázava and Hungary (Kniezsa 1964:208–9).

What is the significance of these developments? The significance lies in the fact that there was change, a dynamic trajectory, from the stirrings of use of the vernacular in the mid tenth century to the all-out use of the vernacular in the Slavic revival in the eleventh. But this practice of the eleventh century represents change, made possible by a reconceptualization of the possible languages of worship. The acceptance of Greek and then vernaculars happened in the Ottonian period and beyond; it was not there *von Haus aus*. Given that there was a change, we can presume that the use of written vernacular for devotion was not in place early in the tenth century.

A further question is where the expertise would come from to write and worship in Slavic. On the traditional view, this is not a question: the tradition was simply maintained from the Moravian Mission on. But we should stop and think for a moment: how could this tradition have been maintained? Bohemia lacked institutions for housing manuscripts or training neophytes and ordaining them, and it is doubtful that the Regensburg permissive attitude to preaching in the vernacular would have extended to a Slavic liturgy. Recall, further, that the Slavophile monks at Sázava were banished after the deaths of Prokop (1053) and Prince Břetislav I (r. 1034–55) during the Spytihněv II's reign (1055–61). Where did they go? Possibly to the monastery at Visegrád in Hungary, on the bend where the Danube turns south towards contemporary Budapest, a place positioned between East (Prague) and West (Kiev) and South (Preslav), where expertise was assembled. The point then is that there was a source of expertise which was external to Bohemia but which was nevertheless accessible. Accordingly, the fact that Slavic writing shows up in Sázava in the eleventh century does not have to mean there was a prior, domestic tradition.

In short, the hypothesis of continuous cultural activity in Bohemia is not without problems: there is no corroborating evidence of Slavic activity in Bohemia at the start of the tenth century; there was change, not just stasis, from the

Moravian Mission to the Sázava revival; the expertise could have come from outside.

VIII. Conclusion

Above we observed infelicities in lexicon and syntax in the First Slavic Life, enough to suggest that the Slavic life might be a translation from an original Latin text. That philological argument is supported by the relationship between the Wenceslaus texts and the culture of Regensburg and St. Emmeram's Monastery, on two levels.

On the level of composition and literary influence, the oldest attested Latin life of Wenceslaus— Crescente Fide—shows the influence of Arbeo's Life of St. Emmeram. Accordingly, Crescente Fide was most likely composed in the monastery devoted to St. Emmeram, by a monk who read and wrote Latin. The oldest life of Wenceslaus, known to us only in Slavic texts, also used Vita Haimhrammi as a source and it was used by Crescente fide. From these two facts it follows that the early tradition of writing vitae of Wenceslas was carried out in Regensburg, in St. Emmeram's Monastery. The monk who wrote the oldest vita of Wenceslas must have known Latin, since he used Arbeo. Resonances between Crescente Fide and the attested Slavic lives show that the author of CF must have been able to read the original form of the legend. That would have been possible if that legend were written in Latin. Otherwise, we would have to suppose that the author of Crescente Fide read Slavic, a less probable scenario. The Slavic life of Wenceslaus was a translation made at a center of the Slavic Renaissance in the eleventh century such as Sázava or Visegrád, when other vitae (Gumpold, Legenda Christiani, the Skazanię o preloženii knig under 898 in the Primary Chronicle)[5] were translated into Slavic.

On a broader level, the development of Christianity in Bohemia followed a path from missionary outpost of the Regensburg bishopric to bishopric in the Ottonian period. The Moravian mission was shut down after Methodius' death in 885; only a few years later, in 895–97, the Prague nobles allied themselves with the Bavarian powers against the Moravians. Given the absence of an active church in Moravia after Methodius' death, and given Bohemia's detachment from Moravia and attachment to Bavaria, ecclesiastically and politically, it is un-

[5] Gumpold—Čyževsky (1950); LChr—Timberlake (2006/7). Florja (1983) argued that the Skazanię did not make use of Christianus. Because the Skazanie o preloženii knig was compiled in the West (Sázava or possibly Visegrád), not in Kiev, Florja's argument does not bear on whether LChr could have been translated into Slavic and taken to Kiev.

likely that Bavaria would have tolerated the continuation of Slavic Christianity in Bohemia. Nor would they have had the expertise to do so. Developments from the middle of the tenth well into the eleventh suggest a change towards increasing use of and tolerance of the vernacular and a revival—implying a prior lull—of Slavic activity in Central Europe.

The oldest Wenceslaus life, then, was most likely a Latin text that was translated during the Slavic Renaissance. That movement attempted to revive an earlier era. In a way, the fact that activity at Sázava was a revival is even more remarkable than if it had simply been the preservation of a prior tradition in Czech-speaking lands. It is remarkable that the Sázava Monastery could undertake this restoration of Slavic culture—that Prokop could gather monks with expertise in Slavic writing and that these monks could persist after the interlude of banishment in the middle of the eleventh century from 1055 to 1061.

On the state of Slavic worship we can agree with the cautious statement in the recent overview of the Christianization of Bohemia:

> Another debatable question is the extent to which Methodius's Slavonic liturgy was used in Bohemia. With the exception of the monastery at Sázava, there is no direct evidence: only the use of Slavonic script is attested. (Sommer, Třeštík, and Žemlička 2007:233–34)

The last point is subject to revision. The traditional crowning proof of the vitality of Slavic writing—the First Slavic Life of Wenceslaus—is uncertain as evidence of Slavic writing. According to the argument presented here, there are grounds for suggesting that not only the Slavic liturgy but Slavic writing was limited to "the exception of the monastery at Sázava" in the eleventh century.[6]

Резюме

О первом славянском житии чешского князя Вячеслава—самом богатом деталями и стилистически наиболее примитивном житии Вячеслава, засвидетельствованном только в славянских рукописях—обычно предполагается без аргументации, что оно было написано на славянском языке, таким образом как бы удостоверяя непрерывное существование славянского обряда и славянской письменности со времени Моравской миссии в IX в. до чехов XI в. Разного рода факты —лингвистические,

[6] The author is grateful to Viktor Zhivov for offering illuminating comments on content and bibliography and to Jason Gajdarowicz for refining the Latin translations.

интертекстуальные, исторические—указывают на то, что славянское житие Св. Вячеслава возникло как перевод, сделанный в Сазавском монастыре в эпоху славянского возрождения в XI в. с латинского оригинала, написанного в сороковые годы X в. в монастыре Св. Эммерама в Регенсбурге.

References: Primary Sources

AF = G. H. Petrz, Friedrich Kurze, eds. 1978. *Annales Fuldenses, sive, Annales regni Francorum orientalis ab Einhardo, Ruodolfo, Meginhardo Fuldensibus, Seligenstadi, Fuldae, Mogontiaci conscripti cum continuationibus Ratisbonensi et Altahensibus*. (Monumenta Germaniae historica. Scriptores rerum Germanicarum in usum scholarum separatim editi. 7.) Hannover: Hahn; *The Annals of Fulda*, transl. annt. Timothy Reuter. (Manchester medieval sources series Ninth-century histories, 2.) Manchester; New York: Manchester UP.

CF/Bav = J. Emmler, ed. 1873. Passio s. Uencezlai incpiens verbis Crescente fide christiana. Recensio bavarica.. *Fontes Rerum Bohemicarum, Prameny dějin českých*, 1.2: *Životy svatých a některých jiných osob nabožnych*, 183–90. Prague.

CF/Boh = Jaroslav Ludvíkovský, ed. 1958. Passio s. Vencezlai incipiens verbis Crescente fide Christiana. Recensio bohemica. Nově zjištěný rukopis legendy Crescente fide a jeho význam pro datování Kristiána. *Listy filologické* 81:56–67.

LChr = Jaroslav Ludvíkovský, ed. 1978. Incipit vita et passio sancti Wenceslai et sancte Ludmile ave eius. *Kristiánova legenda: Život a umučení svatého Václava a jeho báby svaté Ludmily*, 1–103. Prague: Vyšehrad.

Min = N. J. Serebrjanskij, ed. Ruské redakce původní staroslověnské legendy o sv. Václavu. Text Minejní, variant i překlad. Ed. Jozef Vajs, *Sborník*, 20–28.

Novi = J. Vajs. Charvátskohlaholská redakce původní staroslověnské legendy o sv. Václavu. Text Novljansky s českým překladem. Ed. Jozef Vajs, *Sborník*, 36–43.

Thietmar = 2001 *Ottonian Germany: the Chronicon of Thietmar of Merseburg*. Transl., annot. David Warner. (Manchester Medieval Sources Series.) Manchester: Manchester UP; New York: Palgrave.

VH = Bruno Krusch, ed. 1920. Arbeonis episcopi frisingensis Vitae Sanctorum Haimhrammi et Corbiniani. *Scriptores rerum germanicarum in usum scholarum ex Monumentis Germaniae historicis recusi*, 13. Hanover: Impensis Bibliopoll Hahniani.

Vost = N. J. Serebrjanskij, ed. Ruské redakce původní staroslověnské legendy o sv. Václavu. Text Vostovský s českým překladem. Ed. Jozef Vajs, *Sborník*, 14–20.

References: Secondary Literature

Bynum, Caroline Walker. 1995. *The Resurrection of the Body in Western Christianity, 200-1336*. New York: Columbia UP.

Clifton-Everest, J. M. 1996. Slavisches Schrifttum im 10. und 11. Jahrhundert in Böhmen. *Bohemia* 37:257–70.

Čyževsky, D. 1950. Anklänge an die Gumpoldslegende des heiligen Václav in der altrussischen Legende des heiligen Feodosij und das Problem der "Originalität" der slavischen mittelalterlichen Werke. *Wiener slavistisches Jahrbuch* 1:71–86.

Florja, B. N. 1983. Skazanie o preloženii knig na slavjanskij knig. Istočniki, vremja i mesto napisanija. *Byzantinoslavica* 46:121–30.

Florja, B. N. 1995. "Kirillo-mefodievskie tradicii v 'Legende Christiani'." *Byzantinoslavica* 56:571–77.

Graus, František. 1969. Böhmen zwischen Bayern und Sachsen. *Historica* 17:5–42.

Hamilton, Bernard. 1961. The City of Rome and the Eastern Churches in the Tenth Century. *Orientalia christiana periodica* 27:5–26.

——. 1965. The Monastery of S. Alessio and the Religious and Intellectual Renaissance in Tenth-Century Rome. *Studies in Medieval and Renaissance History* 2:263–310.

Ingham, Norman W. 1965. Czech Hagiography in Kiev: The Prisoner Miracles of Boris and Gleb. *Die Welt der Slaven* 10:166–82.

Kniezsa, István. 1964. Zur Frage der auf Cyrillus und Methodius bezüglichen Traditionen auf dem Gebiete des alten Ungarn. *Cyrillo-Methodiana. Zur Frühgeschichte des Christentums bei den Slaven 863-1963*, 199–209. (= Slavistische Forschungen, 6.) Köln: Böhlau.

Kølln, Hermann. 2003. *Westkirchliches in altkirchenslavischer Literatur aus Grossmähren und Böhmen.* (Historisk-filosofiske meddelelser, 87.) Copenhagen.

Lewis, Charlton T., and Charles Short. 1879. *A Latin Dictionary. Founded on Andrews' Edition of Freund's* Latin Dictionary. Revised, enlarged, and in great part rewritten. Oxford: Clarendon Press. Accessed www.perseus.tufts.edu.

Mai, Paul. 1973. Regensburg als Ausgangspunkt der Christianisierung Böhmens. Ed. Staber et al. *Millennium ecclesiae Pragensis 973–1973*, 9–21.

Matějka, Ladislav. 1968. On Translating from Latin into Church Slavonic. Ed. Henry Kučera. *American Contributions to the Sixth International Congress of Slavists*, 1: *Linguistic Contributions*, 247–74. The Hague: Mouton.

——. 1973. Dvije crkvenoslavenske legende o svetom Vidu. *Slovo: Journal of Old Church Slavonic Institute* 23:73–96.

Mayer, Franz. 1973. Die Errichtung des Bistums Prag. Ed. Staber et al. *Millennium ecclesiae Pragensis 973–1973*, 23–42.

Novotný, Václav. 1929. *Český kníže Václav svatý. Život, památka, úcta.* Prague: Státní nakladatelství.

Osterrieder, Markus. 2000. Kulturverbindungen zwischen Regensburg und Kiev (10. – 13. Jahrhundert) und die Rolle der Iren. Ed. Hermann Beyer-Thoma. *Bayern und Osteuropa: aus der Geschichte der Beziehungen Bayerns, Frankens und Schwabens mit Russland, der Ukraine und Weissrussland*, . 57–94. (Verö ffentlichungen des Osteuropa-Institutes Mü nchen. Reihe Geschichte, 66.) Wiesbaden: Harrassowitz.

Rogov, A. I. 1976. Slovanské legendy z doby vzniku českého státu a jejich osudy na Rusi. *Staroslověnské legendy českého původu. Nejstarši kapitoly z dějin česko-ruských kulturních vztahů.* Prague: Vyšehrad.

Schwaiger, Georg, and Josef Staber, eds. 1972. *Regensburg und Böhmen. Festschrift zur Tausendjahrfeier des Regierungsantrittes Bischof Wolfgangs von Regensburg und der Errichtung des Bistums Prag.* (Beiträge zur Geschichte des Bistums Regensburg, 6.) Regensburg: Verein für Regensburger Bistumsgeschichte.

Sobolevskij, A. I. 1903. Mučenie sv. Vita v drevnem cerkovno-slavjanskom perevode. *IzvIORJaS* 8.1:278–94.

Sommer, Petr, Dušan Třeštík, and Josef Žemlička. 2007. Bohemia and Moravia. Ed. Nora Berend. *Christianization and the Rise of Christian Monarchy: Scandinavia, Central Europe and Rus' c. 900-1200*, 214–62. Cambridge; New York: Cambridge UP.

Sommer, Petr. 2007. *Svatý Prokop. Z počátků českého státu a církve.* Prague: Vyšehrad.

Sreznveskij, I. I. 1893. *Materialy dlja slovarja drevne-russkogo jazyka po pis'mennym pamjatnikam*, vol. 1–3. Sanktpeterburg: IAN.

Staber, Josef, Paul Mai, and Franz Mayer. 1973. *Millennium ecclesiae Pragensis 973–1973.* (Schriftenreihe des Regensburger Osteuropainstituts, 1.) Regensburg: Lassleben.

Staber, Josef. 1966. *Kirchengeschichte des Bistums Regensburg.* Regensburg: Josef Habbel.

——. 1970. Die älteste Lebensbschreibung des Fürsten Wenzeslaus und ihr Ursprungsort Regensburg. *Das heidnische und christliche Slaventum. Acta II Congressus internationalis historiae Slavicae Salisburgo-Ratisbonensis anno 1968 celebrati. Annales Instituti Slavici* 6:183–93.

——. 1972a. Regensburg und Böhmen bis 870. Ed. Schwaiger and Staber, *Regensburg und Böhmen*, 11–16.

——. 1972b. Die Missionierung Böhmens durch die Bischöfe und das Domkloster von Regensburg im 10. Jahrhundert. Ed. Schwaiger and Staber, *Regensburg und Böhmen*, 29–38.

Timberlake, Alan. 2006. The Origins of Anonymous's Skazanie and Nestor's Čtenie o svv. mučenikax Borise i Glebe. *Russkij jazyk v naučnom osveščenii* 11.1:156–93.

——. 2006/7. The Recovery Narrative of Gleb. *Harvard Ukrainian Studies* 28:329–39.

——. In press. Language and the First (Slavic) Life of Wenceslaus. *Schnittpunkt Slavistik: Ost und West im wissenschaftlichen Dialog. Festgabe für Helmut Keipert zum 70. Geburtstag.* Ed. Irina A. Podtergera. Göttingen: Vandenhoeck & Ruprecht Verlag, Unipress Bonn.

Třeštík, Dušan. 1967. "Miscellanea k I. staroslovanské legendě o sv. Václavu: 'každý kdo povstává proti pánu svému, podoben jest Jidáši.'" *Československý časopis historický* 15(3):337–43.

——. 1997. *Počátky Přemyslovců: vstup Čechů do dějin, 530–935.* Prague: Lidová novina.

Vajs, Jozef, ed. 1929. *Sborník staroslovanských literárních památek o sv. Václavu a sv. Lidmile.* Prague: ČAV.

Vondrák, Václav. 1903. Nový text hlaholský církevněslovanské legendy o sv. Václavu. *Časopis Musea Království Českého* 77:145–62.

МАЙКЛ ФЛАЙЕР

В РУЦѢ ИСУСУ
К вопросу о новгородском влиянии в настенных надписях Золотой палаты Кремля

Среди выдающихся произведений древнерусского искусства эпохи Ивана Грозного росписи тронного зала и парадных сеней кремлевской Золотой палаты снискали особую известность благодаря своему новаторству, вызвавшему весьма неоднозначную реакцию современников. Обновление интерьера палаты после опустошительного московского пожара 1547 года было задумано двумя выходцами из Новгорода – митрополитом Макарием и протопопом Благовещенского собора Сильвестром. В настенных росписях палаты космогонические сюжеты соседствовали с чисто историческими, пословицы – с библейскими пророчествами, а картины военных баталий и венчаний на царство – с аллегорическими изображениями пороков и добродетелей. Подобного рода инновации не остались незамеченными: глава посольского приказа, дьяк Иван Висковатый усмотрел в стенописи Золотой палаты нарушение православного канона. Висковатый просил царя о вмешательстве, но вместо этого в 1553–1554 годах сам подвергся «розыску», был обвинен в богохульстве и присужден к трехлетней епитимье.[1] На протяжении семнадцатого и восемнадцатого столетий Золотая палата постепенно приходила в упадок и в 1752 году была снесена по указу императрицы Елизаветы Петровны, чтобы освободить место для строительства Большого Кремлевского дворца.

Имеющиеся у нас сведения о росписях палаты сами по себе довольно скудны. Материалы проведенного в XVI веке «розыска» представляют собой лишь фрагментарные описания некоторых изображений и подписей под ними. Сведения о деталях росписи, которыми мы располагаем в настоящее время, в основном почерпнуты из подробной описи (РНБ, Q.XIII.8), сделанной в 1672 году иконописцем Симоном Ушаковым и дьяком Никитой Клементьевым по приказу царя Алексея Михайловича,

[1] «Розыск или список о богохульных строках и о сумнении святых честных икон, дьяка Ивана Михайлова сына Висковатого, в лето 7062». Чтения в Императорском Обществе Истории и Древностей Российских (ЧОИДР), 1858, кн. 2, III–VIII, с. 1–42.

распорядившегося обновить фрески. Опись содержит детальное – стена за стеной, свод за сводом – описание изображений на стенах и сводах сеней и тронного зала Золотой палаты, а также подписей под этими изображениями. По всей видимости, в основе Описи лежали ныне утраченные записи иконописца Никиты Павловца, составленные им при содействии еще примерно двух десятков иконописцев.[2] Опись содержит множество дополнений и исправлений, позволяющих предположить, что Ушаков с Клементьевым сверяли записи Павловца с тем, что видели собственными глазами.[3]

В своих недавних исследованиях, посвященных описи Клементьева-Ушакова, исследователь Ольга Белоброва (2003, 2003a) делает попытку установить источники некоторых изображений на стенах Золотой палаты и подписей под ними (в частности, источники встречающихся в подписях цитат из Ветхого Завета).[4] Белоброва предполагает, что источником аллегорических изображений пороков и добродетелей на сводах палаты могли стать западноевропейские гравюры, однако не исключает, что эти изображения могли также испытать влияние местного народного искусства.[5] Кроме того, Белоброва отмечает, что витиевато украшенные буквы, встречающиеся в подписях под сюжетами росписи, напоминают декоративную кириллическую вязь и, возможно, ведут свое происхождение от латинского готического шрифта.[6] Вместе с тем, пытаясь выяснить происхождение содержательной стороны подписей, исследователь обращается к местным источникам.

Цель настоящей работы — указать на релевантный новогородский компонент в подписях под сюжетами росписей Золотой палаты, в частности на традицию, идущую от первой полной славянской Библии, появившейся в 1499 году при архиепископе Новгородском Геннадии.

---

[2] Иван Забелин, «Домашний быт русских царей в XVI и XVII столетиях», 4-е изд. испр., 1, ч. 1, с. 157 (Москва: Язык русской культуры, 1918/2000).

[3] О.А.Белоброва, «О некоторых источниках подписей к сюжетам росписи Золотой палаты Московского Кремля», Труды Отдела древнерусской литературы (ТОДРЛ) 53 (2003), с. 511.

[4] О.А.Белоброва, «О некоторых источниках», с. 502–17, и idem, «О подписях к ветхозаветным сюжетам в росписях Золотой палаты Московского Кремля», ТОДРЛ 53 (2003), с. 623–50.

[5] Белоброва, «О некоторых источниках», с. 516.

[6] Ibid., с. 512.

Белоброва отмечает, что ко времени реставрации росписей Золотой палаты Кремля (1547–1553 гг.) относится также появление первого тома Лицевого летописного свода, или Лицевой летописи (ГИМ, Муз.358, так называемая Музейная коллекция), которая представялет собой текст, иллюстрируемый многочисленными миниатюрами. Здесь Белоброва в значительной степени полагается на интуицию искусствоведа Ольги Подобедовой, еще в 1965 году отмечавшей, что библейские тексты, цитируемые в ушаковской Описи, целесообразно сравнить с Лицевой летописью.[7] Несмотря на то, что в некоторых исследованиях последнего времени датировка Лицевой летописи подвергается сомнению, при сравнении текстов из обоих источников обнаруживается их сходство между собой (ср. цитаты из Исх. 4:2-4, сопровождающие Моисеев цикл на сводах сеней (Опись) с аналогичными текстами Лицевой летописи).[8]

Опись росписи Золотой палаты (РНБ, Q.XIII.8, л. 62)	Лицевая летопись (ГИМ, Муз. 358, л. 167об.)
Рече Господь к Моисею: "Что есть в руцѣ твоей?" Онъ же рече: "Жезлъ." И рече ему: "Поверзи его на землю." И верже на землю. И бысть змий. Отбежа Мойсей от него. Рече же Господь к Моисеови: "Простри руку твою и ими за овинъ." И простре Моисей руку и ять, и бысть аки жезлъ в руцѣ его.	И рече к нему Господь: "Что есть в руцѣ твоей?" Онъ же рече: "Жезлъ." И рече ему: "Поверъзи его на землю." И веръже и на землю. И бысть змий. И отбѣже Моисий от него. Рече же Господь к Моисеови: "Простри руку твою и ими за ошибъ." И простре Моисий руку и ять и. И бысть пакы жезлъ в руцѣ его.

Белоброва указывает, что при сравнении этих практически идентичных текстов в Описи обнаруживаются очевидные ошибки, например появляются не имеющие в данном контексте никакого смысла лексемы «овинъ» и «аки» (как) вместо «ошибъ» (хвост) и «паки» (опять).[9] Ошибки в Описи вполне естественны: ведь причиной реставрации послужило плохое

[7] Белоброва, «О подписях», с. 626–27.

[8] Цит. по Белоброва, «О подписях», с. 627. Мною были исправлены несколько незначительных транскрибционных неточностей в цитатах из Описи (РНБ, Q.XIII.8) и Лицевой летописи, которые приводит в своей статье Белоброва. При цитировании, как и в ТОДРЛ, используется гражданский алфавит, поскольку детали цитируемых текстов не имеют значения в рамках обсуждаемого вопроса.

[9] Ibid.

состояние старых росписей, местами, вероятно, стершихся и из-за этого неправильно понятых составителями Описи.

Поскольку в Описи отражены тексты, размещенные на физически ограниченном пространстве стен и сводов Палаты, представляется также вполне естественным, что эти тексты могут отличаться от аналогичных текстов Лицевой летописи своей большей лаконичностью, достигаемой, например, при помощи сокращений или пересказа (см. Исх.15:23-25).

Опись росписей Золотой палаты (РНБ, Q.XIII.8, л. 65)	Лицевая летопись (ГИМ, Муз. 358, л.189)
Придоша сынове Израилеви в Мерру и не можаху пити воды, горка бо бѣ. И показа ему Господь древо Моисею. И вложи в воду. И усладися вода.	Поять Моисий сыны Израилевы от моря Чръмнаго и веде их въ пустыню Суръ. И идяху три дни въ пустыни. И не обрѣтаху воды, яко да пьють. И приидоша же въ Мерру. И не можаху пити воды от Мерры, горка бо бѣ. Сего ради наречеся имя мѣсту тому горесть. И роптаху людие на Моисеа, глаголюще: "Что пиемъ?" Въспи же Моиси къ Господу и показа ему Господь дрѣво. И вложи е в воду. И усладися.

Приводимый в Описи сокращенный текст сопровождается описанием соответствующего ему изображения на стене Золотой палаты: Ангел Господень, вручающий Моисею древо (в ГИМ, Муз. 358 это изображение отсутствует).[10]

Сравнив библейские тексты из Описи и из Лицевой летописи, а также приведенные Ушаковым описания настенных изображений с миниатюрами летописи, Белоброва приходит к заключению, что настенные росписи, хотя и были ограничены пространством стен и сводов палаты, в целом носили более расширенный и детальный характер, чем миниатюры.[11] Вместе с тем, подписи под изображениями на стенах палаты чаще всего представляли собой сокращенные или пересказанные «своими словами» библейские отрывки. Лицевая летопись, напротив, представляет

[10] Белоброва, «О подписях», с. 633.
[11] Ibid., с. 644–49.

собой собрание полных, без сокращений, библейских отрывков, где миниатюры служат прежде всего иллюстрациями к тексту.[12]

Каковы же, однако, источники ветхозаветных текстов, размещенных на стенах Золотой палаты и отраженных в Описи? Поскольку речь идет о первой широкомасштабной настенной росписи, осуществленной после восшествия на престол Ивана Грозного, Белоброва утверждает, что источником подписей послужил самый авторитетный из библейских списков того времени - Геннадиевская Библия (1499). По мнению ученого, сравнение текстов из Лицевой летописи с текстами таких библейских списков, как, например, РНБ, Погодина, №77 (антология, конец XV – нач. XVI вв.)[13] или РНБ, Кир.-Бел., №2/7 (Пятикнижие, конец XV – нач. XVI вв.) указывает на прямую зависимость текста летописи от текстов библейских переводов допечатной эпохи. Тем не менее, в своей работе Белоброва сетует на нехватку убедительных доказательств прямого влияния Геннадиевской Библии на рассматриваемые нами тексты. В частности, Белоброва отмечает, что в Лицевой летописи полностью отсутствует маркировка глав – один из важных отличительных признаков Геннадиевской Библии. Кроме того, исследователь признает, что во время реставраций настенных росписей, предпринятых после пожаров 1569, 1571 и 1634 годов, часть подписей, возможно, была «отредактирована» в соответствии с уже появившимися в этот период печатными Библиями: Острожской Библией 1581 года или Московской Библией 1663 года. Тем не менее, Белоброва убеждена в том, что уцелевшие в огне части подписей все же сохраняли следы старой традиции. Так, например, слово «овинъ» из Описи соответствует в Лицевой летописи слову «ошибъ» (см. выше), отмечаемому Срезневским в рукописи XIV века РНБ, ф.304, М. 2027 в Исх. 4:2-4, а также в Геннадиевской Библии в Иов 40:12 в форме «ошабъ».[14] Однако, Белобровой все же не хватает текста, который стал бы неоспоримым промежуточным звеном между подписями Золотой палаты (Опись), Лицевой летописью и Геннадиевской Библией. Между тем, более

---

[12] Ibid., с. 649.

[13] В антологию входят книги Иисуса Навина, Судей, Руфи, четыре книги Царств, книга Эсфири (главы 1–10.3), а также Житие пророка Илии; см. В.А.Ромодановская, «Геннадиевская Библия 1499 г. в русской рукописной традиции XV–XVII вв. (Латинские источники)». Автореферат диссертации на соискание ученой степени кандитата филологических наук, Санкт-Петербург, 1999, с. 6.

[14] Белоброва, «О подписях», с. 649–50.

детальное изучение подписей под сюжетами росписей Золотой палаты помогает обнаружить свидетельство существования такого текста.

На стенах парадных сеней Золотой палаты, начиная от самого входа, иконописец изобразил сцены военных подвигов Иисуса Навина - в частности, его победный поход против царей Ханаанских. Безоговорочная победа Иисуса над этими царями и захват их городов в течение непродолжительной военной кампании представлена в росписях Золотой палаты вполне традиционным образом: Иисус Навин во главе израильтян осаждает неприятельский город; Господь отдает город в руки Израиля; израильтяне захватывают город, истребляя всех его обитателей, включая царя. Имея это в виду, рассмотрим более подробно фрагменты двух ветхозаветных отрывков - Нав.10:32 и 10:35. Сравним подписи Золотой палаты с текстами Лицевой летописи:

Опись (РНБ, Q.XIII.8, л. 65)	Лицевая летопись (ГИМ, Муз. 358, л. 474 об.)
Нав. 10:32. Преда господь Ахис [Ляхис][15] в руцѣ Исусу и взя его и избиша.	Нав. 10:32. И предасть господь Лахисъ в руцѣ Исусу и взя ю в день второй и изби ю мечемъ...

Имеет смысл сравнить этот пересказ отрывка из книги Иисуса Навина (Нав.10:32) с аналогичным фрагментом из «Слова об Иисусе Навине» из Великих Миней Четьих (см. Сентябрь, день 1), издание которых было также инициировано митрополитом Макарием. «Слово об Иисусе Навине» было включено в расширенную версию Успенской и Царской Библий, вышедших в Москве, соответственно, в 1552/53 и 1554 годах. Совпадения в этих текстах указывают скорее на существование у всех трех общего источника, чем на их взаимовлияние.[16] Приведенный ниже отрывок взят из Царского списка Великих Миней Четьих (ГИМ, Син. 174–183).[17]

[15] Приводимая в скобках форма указывает на исправление, сделанное в самой Описи Ушакова-Клементьева и, по всей видимости, представляющее собой исправление текста, составленного Николаем Павловцем.

[16] *Die Grossen Lesemenäen des Metropoliten Makarij: Uspenskij spisok,* vol. 1: *1.–11. März,* ред. Eckhard Weiher и др., Monumenta Linguae Slavicae Dialecti Veteris: Fontes et dissertations, № 39 (Freiburg i. Br.: Weiher, 1997), xxv.

[17] «Великие Минеи Четьи», т. 1: Сентябрь, дни 1–13, (Санкт-Петербург: Археологическая комиссия, 1868), кол. 39.

Великие Минеи Четьи, Царский список
(ГИМ, Син. 174–183)

Нав. 10:32. И предасть я Господь Лахисъ въ руцѣ Исусу, и взя ю, изби ю мечемъ...

На мой взгляд, сравнивая три упомянутых текста, имеет смысл обратить внимание на встречающуюся в каждом из них фразу «въ руцѣ Исусу». Во всех трех случаях эта фраза представляют собой повторение одной и той же, ранее никем не замеченной, ошибки перевода: все три основных кодекса Септуагинты – Александрийский, Ватиканский и Синайский – описывая взятие Лахиса, сообщают, что город был предан в руки Израиля, а не в руки Иисуса Навина: ἐις τὰς χεῖρας Ἰσραήλ. Древнейших из славянских текстов, в котором мне удалось обнаружить эту замену, – Геннадиевская Библия (ГИМ, Син. 915, 1499).

Геннадиевская Библия, 1499
(ГИМ, Син. 915)

Нав. 10:32. И предасть Господь Лахисъ в руцѣ Исусу и взя ю въ день 2 и изби ю мечемъ...

Неизвестно, была ли эта ошибка допущена составителями Геннадиевской Библии или они позаимствовали ее из более ранних источников, но сам факт ее появления в таком авторитетном тексте, безусловно, оказал влияние на последующие переводы Новгородской школы, включая и составленный в Москве расширеный вариант Великих Миней Четьих (1542–1554), и подписи под росписями Золотой палаты (1547–1553). Оба этих проекта, как известно, осуществлялись при участии митрополита Макария, бывшого архиепископа Новгородского, человека, входившего в окружение архиепископа Геннадия. Лицевая летопись, составленная либо при жизни Макария, либо (что более вероятно) после его смерти в 1563 году, без сомнения, также находится в русле новгородской традиции.[18]

---

[18] С допечатной новгородской традицией связана и Лицевая летопись, несмотря на существование различных мнений относительно ее датировки. Возможность более ранней датировки Лицевой летописи рассматривается О. А. Подобедовой в книге

Ошибка, допущенная составителями Библии, вполне объяснима: священные имена обычно сокращались, так что іи҃лю «Израиль» (Дат.ед.ч.) было легко принять за іс҃ꙋ «Иисус» (Дат.ед.ч.). Замена же Израиля на Иисуса, выступавшего во главе войска Израилева, воспринималась как синекдоха. На самом же деле, более позднее исправление іс҃ꙋ на іи҃лю сделано сверху на полях Библии.

Кроме стиха 10:32, фраза «въ руцѣ Израилю» появляется в книге Иисуса Навина еще дважды: Нав.10:30 (взятие Ливны) и Нав.10:35 (взятие Еглона). В случае Нав.10:30 ни в Геннадиевской Библии, ни в Минеях Четьих ошибки нет. В подписях Золотой палаты этот фрагмент вовсе отсутствует. В Лицевой летописи одинаковое окончание стихов 10:28 и 10:31 (так называемый гомеотелеутон)[19] приводит к пропуску стиха 10:30.

Стих Нав.10:35 переведен правильно и в Геннадиевской Библии, и в Лицевой летописи. В подписях Золотой палаты в этом месте мы видим парафраз: «и преда господъ градъ Исусу». Однако даже из этого сокращенного текста видно, что он возник под влиянием ошибки, допущенной в стихе 10:30 Геннадиевской Библии. В Великих Минеях Четьих стих 10:35 пропущен. Сказанное выше можно суммировать в следующей таблице:

«Миниатюры русских исторических рукописей: к истории русского лицевого летописания» (Москва, Наука, 1965), 102–106. Автор полагает, что работа над летописью могла начаться в 1556 году, т.е. еще при жизни Макария (скончавшегося в 1563 году). Б. М. Клосс датирует Лицевую летопись 1568–76 годами (см. Летописный свод Лицевой в «Словаре книжников книжности Древней Руси», №2: вторая половина XIV–XVI в.., ч. 2: *L–Ia* (Ленинград: Наука, 1989), 30–32). Недавние работы, посвященные кодикологическим и физическим свойствам рукописей, склоняются к более поздней датировке, указывая, что хронографическая часть летописи (55%–60% от общего объема летописи) могла быть закончена не ранее декабря 1576 года (см. А. А. Амосов, «Лицевой летописный свод Ивана Грозного: Комплексное кодикологическое исследование (Москва: URSS, 1998), 221–22); а также Е. А. Белоконь, В. В. Морозов и С. А. Морозов, «Лицевой летописный свод XVI века: методика описания и изучения разрозненного летописного комплекса» (Москва: Институт «Открытое общество», 2003), с. 36–51. В любом случае, язык ветхозаветных цитат из первого тома (посвященного всемирной истории) отсылает нас к той же самой новгородской рукописной традиции, что и язык подписей Золотой палаты и Великих Миней Четьих, к традиции, представленной прежде всего Геннадиевской Библией.

[19] В Геннадиевской Библии стих Нав.10:28 прерывается на словах «и створиша ц(а)рю македоньскому…», пропуская «яко створи ц(а)рю ерихоньску». В Лицевой летописи Нав.10:28 заканчивается таким же образом, но вместо Нав.10:29 «(и иде и(су)с(ъ) и в(е)с(ь) и(зра)иль с ним от макида...» (отрывок цитируется по Геннадиевской Библии) далее следует Нав.10:31 «(и иде и(су)съ и весь из(раи)ль с нимъ от левьмиа....)».

	Геннадиевская Библия 1499[20]	Великие Минеи Четьи	Опись Золотой палаты	Лицевая летопись
Нав.10:30	в руцѣ Израилю	в руцѣ Израилю	---------------	----------------
Нав.10:32	в руцѣ Исусу	в руцѣ Исусу	в руцѣ Исусу	в руцѣ Исусу
Нав.10:35	в руцѣ Израилю	----------------	Исусу	в руцѣ Израилю

Подводя итог, можно сказать, что Геннадиевская Библия послужила источником, по которому Священное Писание цитировалось в трех совершенно различных текстах, созданных при дворе Ивана Грозного: подписях под сюжетами росписей Золотой палаты Московского Кремля, Великих Минеях Четьих и первом томе Лицевой летописи. Новгородская рукописная традиция была перенесена в Москву митрополитом Макарием в 1542 году и продолжала оказывать влияние на создаваемые в Москве тексты даже после смерти Макария в 1563 году. Таким образом, можно утверждать, что и росписи Золотой палаты Кремля, и подписи под ними находятся в русле новгородской традиции.

Abstract

The present study provides strong evidence to support a Novgorodian basis for some, if not most, of the mid-16th-century inscriptions in the tsar's Golden Hall throne room in the Moscow Kremlin. A detailed textual analysis of specific inscriptions reveals not only a Novgorodian textual tradition, but a direct connection with the most prestigious Bible manuscript of the late 15th century, the so-called Gennadii Bible of 1499. Whereas previous studies have hinted at such a link primarily through lexical patterns, a close reading here demonstrates the influence of that work through the preservation of errors.

[20] Вошедшая в состав Геннадиевской Библии книга Иисуса Навина не испытала на себе влияния Вульгаты; см. В. А. Ромодановская, «Геннадиевская Библия 1499 г.», 1; idem., «Заметки о переводе «латинских» книг Геннадиевской Библии 1499 г.: Библейский текст и энциклопедические глоссы», ТОДРЛ 56 (2004), 235. В переводе Вульгаты фраза *in manu Israhel* «в руки Израиля» встречается только в Нав.10:30 и отсутствует в Нав.10:32 и Нав.10:35.

MICHAEL MOSER

The "Synopsis" and Maciej Stryjkowski's "Kronika": Ruthenian Ways of (Re)Translating Rusian History from Polish

1. The main source for the "first textbook on Rus(s)ian history"

First published anonymously in 1674 in the Kyivan Cave Monastery under the auspices (rather than authorship) of Abbot Innokentij Gizel'[1] and soon reedited in two amended and extended versions in Kyiv, the "Synopsis" was to become the most influential contribution to early modern East Slavic modern historiography and one of the most important books from the Slavic East altogether. By 1836, the text appeared in at least 17 new editions, not to mention several printed versions of some fragments, manuscript copies, and translations into Greek and Latin (Rothe 1983: 46–49; 126–127). Despite the fact that the "Synopsis" had originally been written first and foremost as a local chronicle of Kyiv and its strongest emphasis was put on an even narrower topic, namely the historical role of the Kyivan Cave Monastery, this work was soon to be used primarily as a historical legitimization of Russian imperial history (Sysyn 2003: 120). It thus comes as no surprise that the vast majority of new editions came out in St. Petersburg during the 18th century, beginning with Peter I's rule. Altogether, the "Synopsis" had a tremendous impact on forging an all-Rusian, ultimately Russian-centered East Slavic identity, which was called "Slavenorus(s)ian" in the "Synopsis" (cf. Kohut 2003, Sysyn 2003, Plokhy 2006: 258–266).

The "Synopsis" was originally written in Ukrainian Church Slavonic with sporadic vernacular interference on all linguistic levels. Although the language was increasingly cleansed of this interference and de-Ukrainianized in the later editions, it retained some markedly Ukrainian elements even in the Russian editions of the late 18th century (Moser 2007, 2008a). The "Synopsis" can thus be interpreted as a perfect symbol of the Ukrainian-Russian encounter in the sphere of high culture between the late 17th and early 19th centuries.

[1] Like other scholars, I believe that the "Synopsis" was not written by one author, but that it is a collective work that was coordinated by Gizel'.

Yet the "Synopsis" is of no less interest with regard to its standing in the Ukrainian-Polish cultural and linguistic encounter of the early modern period, in terms of content as well as in terms of language. Namely, despite the primarily Orthodox foundations and Orthodox scope of the "Synopsis", its most important immediate textual source is not a historical work from the Orthodox world, but the "Kronika Polska, Litewska, Żmódzka i wszystkiej Rusi", a work written by the Polish humanist Maciej Stryjkowski and originally published in Königsberg in 1582. Although Stryjkowski not only compiled older historical works from the realm of the Western churches, but also leaned on various Rusian chronicles, it is nevertheless a matter of fact that "the first textbook of Rus(s)ian history", as the "Synopsis" has often been called, is primarily based on a work written by a Polish Catholic.[2] Moreover, despite the fact that many of Stryjkowski's fragments on Rusian history were either omitted or significantly abbreviated (cf. Peštič 1958: 291–292), a closer comparative look at the "Synopsis" and the "Kronika" soon reveals that with regard to many passages of the "Synopsis" it is no exaggeration to speak not merely of an adoption (on the sources of the "Synopsis" and on Stryjkowski's sources, see Rogov 1964), but of an eclectic, sometimes abbreviated and sometimes expanded translation of Stryjkowski's "Kronika".

The following fragment "On Oleh's rule in Kyiv and his death" ("Ѡ владѣнїи Олеговомъ въ Кїевѣ и ѡ смерти єгѡ") can be used to demonstrate the fact that we are in fact dealing with a translation.[3]

[…] A gdy po zwycięstwie wesela używał w Kijowie,	[…] и [потом] єгда ѡ побѣдѣ веселѧшесѧ въ Кїевѣ.
kazał do siebie przywieść konia, w ktorym się nawięcey kochał,	Повелѣ пред себе любимагѡ [своегѡ] Конѧ привести
y wezwawszy wieszczkow pytał ich,	и призвавъ Вѡлсвы вопроси их',
coby o tym koniu rozumieli,	чтобысѧ имъ мнѣло ѡ томъ конѣ?
ktorzy [przyszedszy] rzekli,	Ониже ѿвѣщаша [ємγ],
iż tobie [wielki Kniaziu] od tego Konia śmierć podiąć,	ꙗкѡ ѿ тогѡ конѧ смерть имат тебѣ быти,
przeto go kazał od siebie odwieść y osobno chować. (115)	сегѡ ради повелѣ Ѡлегъ конѧ онагѡ ѿ себе ѿвести и блюсти [єгѡ] ѡсобъ. (170–171)

[2] The author(s) of the "Synopsis" frequently pointed to their main source in the margins themselves, but the "Kronika" was even more important to them: In many more cases, they refer to other works when their true immediate source was the "Kronika".

[3] As in the following fragments, underlining marks forms significantly deviating in meaning and/or form, whereas bracketing and smaller script mark untranslated forms in Stryjkowski's text and forms freely introduced into the "Synopsis" respectively.

Most passages of the “Synopsis” are much more freely translated from Stryjkowski’s “Kronika” than this one, but they nonetheless remain translations. The corresponding passage from the Hypatian Chronicle (cf. Hyp: 28–29), for example, clearly demonstrates that the medieval Rusian chronicle clearly did not serve as an immediate source:

> и приспѣ ѡсень и помѧну Ѡлегъ конь свои . иже бѣ поставилъ кормити . нє всѣда на нь . бѣ бо преже въпрошалъ волъхвовъ кудесникъ . ѿ чего ми єсть оумьрети . и ре [!] єму ѡдинъ . кудесникъ . кнѧже конь єго же любиши . и ѣздиши на немъ . ѿ того ти оумрети . Ѡлегъ же приимъ вь оумѣ си рече николи же всѧду на конь . ни вижю єго боле того . и повѣлѣ кормити и . и не водити єго к нему […] (Hyp: 28–29)

2. Translated language

2.1. Vocabulary

2.1.1. Founding towns and building castles

The following sketch is based on an analysis of some selected passages on Rusian history prior to Volodymyr I’s rule: fragments on “the Roxolanian (Rusian) people and its dialect”, on Kyj, Šček, and Khoriv; on Askol’d and Dyr, on Oleh’s death, on Ihor’s death, and on Ol’ha’s revenge.

The fragment cited above is all but untypical for the general relation between the original and the translation inasmuch as it shows the translators striving to maintain a Church-Slavonic language that would most often be as remote from the Polish original as possible, particularly in terms of vocabulary. Although the frequently-used word *рокъ* ‘year’, e. g., marks the “Synopsis” as a text originating in the Ruthenian (and not the Russian) sphere, Polonisms occur in the text rather sporadically. Despite the fact that Ruthenian learned men of the 17th century were usually perfectly familiar with these Polish words and even adopted and integrated almost all of them into their own Ruthenian secular written language, the translators rather consistently translated Polish lexemes in the “Synopsis” (*побѣда* for *zwycięstwo* or *повелѣти* for *kazać*, among other examples in the fragment above). They also replaced Polish idiomatic expressions – such as *kochać się w czymś*, *używać wesela*, *tobie* […] *śmierć podiąć* – with often laconic and simple Church Slavonic forms (the present passive participle *любимый*, the simple verb *веселитисѧ*, and *смерть имат тебѣ быти*, respectively, for the same idioms).

Nevertheless, some non-Church Slavonic elements that are likely to be of Polish origin do occur in the “Synopsis”. As in other related cases, the fact that we are largely dealing with a translated text adds an interesting force to the study of these elements because the analysis must not be reduced to the simple question of their occurance, but should consider their relation to the original text.

Polish *(z)budować* and *zamek*, e. g., are consistently rendered in the "Synopsis" with Church Slavonic *соз(и)дати* or *соградити* and Church Slavonic *градъ* or East Slavic *городъ* (note, however, that *замок* is a perfectly integrated calque in all East Slavic languages!) respectively. Polish *miasto*, however, is most often either omitted in the translation (likewise, Polish *mieszczanie i grodzanie* yields only *граждане* in the translation) or rendered with a related term such as *столица*, although elsewhere it yields *мѣсто* with the non-Church Slavonic meaning 'town'. In a similar way, Polish *założyć/zakładać* 'to found' is in some fragments perfectly translated by *основати* or rendered with quasi-synonyms such as *соз(и)дати* or *соградити/сограждати*, while elsewhere the non-Church Slavonic calque *заложити* occurs. Interestingly, this latter form is used in the aorist form (*заложи*, 3rd person singular), which is clearly marked as a Church Slavonic grammatical element in 17th century East Slavic. Consider the following fragments:

A tak Holha [...] dobywszy wszystkich ZAMKOW [inszych] Drewlańskich (118)	И тако [...] Олга ѿмсти^{в}ши Мүжа своегѡ смерть, прїѧть въ свою ѡбла^{ст} всѧ ГРАДЫ древлѧнскїѧ (178)
Wtory Brat Scek niedaleko od Kiiowa ZBUDOWAŁ ZAMEK [Y MIASTO] na gorze Sciekawice od swego imienia. (111)	Вторый брат' [Щок' или] Щекъ, СОЗДА недалече Кїева ГРАДЪ на горѣже, [и нарече егѡ] Щекавица [или Шковица] ѿ своегѡ имени, [иже Гора и до нн҃ѣ тако именүетсѧ.] (162–163)
y posłała do [MIESZCZAN Y DO] GRODZAN, mowiąc, iużem się pomściła śmierci męża swego, wszakże od was nie odstąpię, aż mi iaką taką dań postąpicie (118)	И посла къ [всѣмъ] ГРАЖДАНО^{М} гл҃ѧ: ꙗкѡ оуже ѿмстила єсмъ смерть Мүжа своегѡ, ѡбаче не ѿстүплю ѿ васъ, дондеже ми күюлибүдь дань дасте (177)
A ci panuiąc nad [Ruskimi] narody MIASTA Y ZAMKI [ku obronie zakładać y] BUDOWAĆ poczęli. (111)	идеже владѣюще нарѡдами [и полѧнскою землею] начаша ГРАДЫ И МѢСТА [note the different order of appearance, M. M.], [ради тишайшаго житїѧ и прибѣжища] СОЗИДАТИ. (162)
Sinaus [zaś albo Syniew] osiadł krainy Ruskie nad Białym Jeziorem [...] Nad tymże [Jeziorem...] ZAMEK SWOY STOŁECZNY Y MIASTO ZBUDOWAŁ (113)	Сїнеүсъ ѡб'ѧтъ страны Рѡссїйскїѧ на^{д} Бѣлымъ озеромъ, на^{д} нимъ же [себѣ] ГОРОДЪ И СТОЛИЦҮ СОЗДА. (167)
Kyi [albo Kig starszy], ZAMEK Y MIASTO Kijow [od swego imienia] nad rzeką Dnieprem ZAŁOŻYŁ, [gdzie potym była głowa y sławna stolica Jedynowładstwa Ruskiego.] (111)	[Первѣе оубѡ] старѣйшїй братъ Кїй, ѠСНОВА [И СОГРАДИ] ГОРОДЪ И МѢСТѠ, [на Гѡрѣ] надъ Рѣкою Днѣпромъ, [нарекши єгѡ] КЇЄВЪ (162)

Drewlanie będąc temu radzi, [iż iuż wszystkie Xięstwa Ruskie ich Xiążęciu, z tak wielką Małżonką będą podane, za ktorym powodem nad Rusaki wzaiem, będąc pierwey poddanemi Pany być mieli,] wnet W CHORESTENIE GŁOWNYM MIEŚCIE [swoim], [Miody y tak] wielkie dostatki na sławne wesele zgotowali. (118)	Древлaнеже семү [паче] рады быша, и абїе всa оуготоваша изѡби͏лно, къ нарочитом веселїю, ВЪ ГЛАВНѢМЪ МѢСТѢ КОРОСТЕНѢ, [или по нн҃ѣшнемүү званїю Искорести]. (175)
A Siostra ich Libeda nad rzeką Libiedą osady swoie ugruntowawszy, tamże ZAMEK Libiec albo Lubiec ZBUDOWAŁA na kopcu wyniosłym. (111)	Сестра же ихъ Либедь, надъ Рѣкою Либед'ю свои осады положши тамѡже и ГОРОДЪ на пригорку высокомъ, СОГРАДИ [ѿ своего имени] Либедь. (163)
[Także też] Korewo trzeci Brat [ich] Korewicę [w udzielnym swoim Xięstwie] ZAŁOŻYŁ, ktory potym Wyszegrodem zwano. (111)	Третїй братъ Коревъ, [или Хоревъ] СОЗДА [ГРАД' такождe ѿ своего имени] Хоревицү, а по томъ Вышгородъ прозвасa. (163)
Rurik starszy Xięstwo Nowogroda wielkiego wziął w udział, á Stolicę swoię na wyspie Jeziora Ladogi […] ZAŁOŻYŁ. (113)	старѣйшїй Рүрикъ воспрїaтъ себѣ Кнaженїе Великѡновгородскѡе, а столицү свою на Островѣ Єзера Лагоды ЗАЛОЖИ. (167)
[Trzecie Xiążę Warackie] Truwor [albo Trubor] wziął Xięstwo [Pleskowskie albo] Pskowskie w udział […], á stolicę swoię ZAŁOŻYŁ w Sworcech albo w Izborku (113)	а Трүворъ воспрїaтъ Кнaженїе Псковское, Столицү же свою ЗАЛОЖИ, въ Свѡрцахъ или въ Изборскү. (167)
[tak] każdy gołąb do swego domu [y gołębińca], á wroble w strzechę [albo pod dachy zwykłe] z ogniem [nazad z woyska Ruskiego] przyleciawszy, w kilkudziesiąt mieyscach ZAMEK [Y MIASTO] zapalili [zarazem]. (118)	Голүбже всaкъ къ своемү домү, и врабїи къ стрѣсѣ съ огнемъ, прилетѣвши на многихъ мѣстах' ГРАДЪ зажгѡша, (177–178)

As we have seen, the translators adopted the non-Church Slavonic meaning of *мѣсто*. The last example demonstrates, however, that they hesitated to introduce the suffixed form *мѣстьце* < Polish *mieśćce* (> *miejsce*), which took the neutral meaning 'place' after the semantic change of *miasto*/*мѣсто*. Consequently, *мѣсто* appears in the "Synopsis" with both the traditional meaning 'place' and the new meaning 'town'.

2.1.2. Weddings and other joys

Another remarkable element that occurs several times in the "Synopsis" is *веселїе* with the meaning 'wedding', which is adopted from Polish *wesele*. Most Polish terms with a related meaning are meticulously translated by their Church Slavonic elements:

poiął sobie w małżeński stan Olchę (116) za ich xiążę […] w małżeński stan poszła (117) waszemu się Xiążęciu w małżeński stan niezbraniam (117) chcąc być małżonką (117–118) według ślubu swego (118)	сочетасѧ […] съ Олгою (172) кнѧзю их […] жена бүде^{т} (173) въ брачное сочетанїе Кнѧзю вашему не ѿрицаю (Syn: 174) пришествїе […] въ сүпрүжество (174–175) прежде [вторaго] брака (174–175)

The translators not only adopted Polish *swadzbę* (acc. sg.; Stryj: 118) as *свадбү* (Syn: 176) – as we would expect, since the word (< *svat-ьba*) is as much Church Slavonic as it is Polish – but they also introduced Polish-based *wesele*. Once introduced, the word even appears without its use in the original. Yet even after the first independent use of *веселїе*, the word *wesele* is "explained" in the translation as *брачно веселїе*. Elsewhere, the translators avoided the polysemy of Polish *wesele* and translated *z wielkim weselem* 'with great joy' with *с' велїею радостїю*. The following examples are given in the order of their appearance:

Drewlanie będąc temu radzi, [iż iuż wszystkie Xięstwa Ruskie ich Xiążęciu, z tak wielką Małżonką będą podane, za ktorym powodem nad Rusaki wzaiem, będąc pierwey poddanemi Pany być mieli,] wnet W Chorestenie głownym mieście [swoim], [Miody y tak] wielkie dostatki na sławne WESELE zgotowali. (118)	Древлѧнеже семү [паче] рады быша, и абїе всѧ оуготоваша изѡби^{л}но, къ нарочитомү ВЕСЕЛЇЮ, въ главнѣмъ мѣстѣ Коростенѣ, [или по нн҃ѣшнемү званїю Искорести]. (175)
Holha też iako obiecała, z [Kijowską Slachtą,] mężami do bitwy przebranemi, na czas naznaczony, do Chorościenia przyiachała (118)	[Великаѧ Кн҃гинѧ] Олга по ѡбѣщанїю своемү со оуготованными [многими] людми [не тако КЪ ВЕСЕЛЇЮ, ꙗко] къ бою на оурочное времѧ пойде до Коростенѧ. (175)
á Holha zakrywszy [y zmyśliwszy] gniew w sercu [zamilkła, á] ubrawszy się w świętne szaty, iako na WESELE, (118)	[Тогда] Олга сокрывши въ ср^{д}цы [своемъ] [жалость и] ꙗрость, ѡблечесѧ въ цвѣтныѧ дорогоцѣнныѧ ѡдежды, аки на [БРАЧНО] ВЕСЕЛЇЕ (176)
A tak Holha […] wrociła się do Kijowa z wielkim WESELEM z Synem swoim Swentosławem [Czarewicem]. (118)	И тако [м^{д}раѧ и храбра^{ѧ} Кн҃гинѧ] Олга […]и во^{з}вратисѧ въ [напрестѡлный свой Градъ] Кїевъ с' велїею РАДОСТЇЮ, съ сынѡмъ своимъ Свѣтославомъ. (178)

2.1.3. More non-Church Slavonic lexemes

The fact that the translators treated Polish, non-Church Slavonic forms inconsistently is evident from the following example. Polish *dol* (*dół*) is first integrated into the Church Slavonic text as *долъ*, but soon afterwards perfectly translated as *ров'*:

Ktorych ona wysłuchawszy, kazała DOŁ głęboki we dworze wykopać, y wszystkich onych Posłow [weń żywych] wrzucić, (117) // [...] [potym] sama nachyliwszy się nad DOŁEM, pytała ich, iako się tam macie Panowie Swatowie y kazała [ich] ziemią żywych zawalić. (117)	Ѡна же [посланїе] слышавши, повелѣ [нарочитых ради сватѡвъ, и чсть нарочиту оустроуити, сирѣч,] ДОЛЪ глүбокъ, въ дворѣ ископати, и ихъ въ врещи, (173) // [...] самаже преклоншасѧ над РОВ' вопрошаше сватов ѡ здравїи, и повелѣ живых землею загребсти. (173–174)

As in the cases above, no formal feature marks the word *доброво*л(ь)*ный* 'on one's own will' as a non-Church Slavonic calque from Polish. The translators were probably not aware of this word's origin and probably found the word highly appropriate because its compoundness made it look so Church-Slavonic. Polish *dobrowolny* is thus simply calqued as *доброволный*, and *доброволный* soon afterwards even renders Polish *wolny*, although it makes sense in this latter context only in the literal meaning of the word 'of good will':

[A gdy przyiechali do Ruskich granic] z wielką chęcią od wszech stanow Rosieyskich byli przyięci, á zaraz państwo Ruskie DOBROWOLNIE od ludu WOLNEGO podane na trzy części [trzey bracia Xiążęta] miedzy się podzielili. (113)	[Рүрикъ, Сїнеүсъ, и Трүворъ,] прїѧти бывше ѿ всѣхъ Рѡссовъ, с' великою радостїю[4], [и бл҃годарствїемъ], абїе и Гсд҃рствѡ Рүское доброволнѡ ѿ Нарѡда доброволнагѡ поданое на три части междү собою раздѣлиша (167)

Elsewhere, the Ruthenian calque *дорогоцѣнный* < Polish *drogocenny* occurs independently of Stryjkowski's text, notably with the pleophonic form in the first component of the compound noun:

[á] Holha [...] ubrawszy się w świętne szaty, iako na wesele (118)	[Тогда] Олга [...] ѡблечесѧ въ цвѣтныѧ дорогоцѣнныѧ ѡдежды, аки на [брачно] веселїе (176)

Finally, the form *Монарха* is worth mentioning. It is used in the "Synopsis" as a masculine noun ending in *-a* in perfect accordance with Polish *monarcha*. Interestingly, whereas *патрїарха*, used in the first edition of the "Synopsis," was usually replaced with *патрїархъ* (Moser 2007), this did not apply to *Монарха*. This Polish-based form of the word was even used by Teofan

[4] In the margin there is a reference to Stryjkowski and Miechowita.

Prokopovyč in Petrine times – which might be explained by the fact that the *Монарха* for the Ruthenians was above all the Polish *Монарха*, whereas *Монархъ* was not a Church Slavonic word (see also Moser 2011). Therefore it was glossed by the translators of the "Synopsis" as *или Самодержец'*:

Ktora nieiako białey głowy mdła płeć, ale iako nayporządnieyszy MONARCHA rządziła (117)	И не ѩкѡ Женскъ сосѹдъ немощенъ, но аки крѣпчайшїй МОНАРХА [или САМОДЕРЖЕЦ', всѣми Кн҃женїи Рѡссйскими бл҃горазѹмнѡ] правлѧше (173)

Obvious non-Church Slavonic elements shared with Polish occur rather sporadically. Examples are *къ стрѣсѣ* (177–178) for *w strzechę* (118; as a loan from German), which refers to a concrete object lacking a Church Slavonic equivalent or *поселство* (Syn: 299 et al.; with Polish *e* < ъ) as a diplomatic term, or *посполитый* (Syn: 393) from the concluding parts of the "Synopsis" (which have no parallel in the "Kronika").

2.3. Idiomatics

Moreover, some words are used in the "Synopsis" in accordance with their idiomatic potential in Polish rather than in Church Slavonic. This particularly applies to Polish *leżeć* with the meaning 'to be geographically located somewhere', which is simply rendered with Church Slavonic *лежати* in the "Synopsis":[5]

Po śmierci Olechowey Ihor [albo Igor] Rurykowicz począł panować na Kijowie, wielkim Nowogrodzie, na [Pleskowie albo na] Pskowie, na Białymiezierze, y na wszystkich Xięstwach y Ziemiach Ruskich, w zachodnich, pułnocnych y na południe LEŻĄCYCH, (116)	По смерти Ѡлговой, [Великїй Кн҃з'] Игор' Рѹрикович нача [самъ] Кнѧжити въ Кїевѣ, на великѡмъ Новгородѣ, Псковѣ, и на бѣломъ ѡзери, и на всѣхъ Кнѧженїѧхъ и землѧхъ Рѡссїйскихъ, Восточныхъ [!], Полѹнощныхъ, и на Полѹднѣ ЛЕЖАЩИХ. (172)

Elsewhere, the "Synopsis" laconically translates the Polish idiomatic phrase *podbić* [...] *pod moc* into perfect Church Slavonic as *покорити*, but the Polish phrase is very likely to be the source of *подъбиваѧ подъ Власть*, which appears two lines above:

[5] Note also the use of Slavonicized, but not really Church Slavonic *полѹнощныхъ* and *на Полѹднѣ* instead of traditional Church Slavonic *сѣверный* and *на юзѣ*.

wiele krain [przyległych] mocą y fortelami [do posłuszeństwa swoiego y Ihorowego] PRZYPĘDZIWSZY. […]] [Ciągnał potym z woyskiem *Olech* na Drewlany z Ikorem, ktorzy też byli narodu Ruskiego, y] PODBIWSZY ich POD MOC swoię, hołd na nich ułożył (115)	ПОДЪБИВАА ПОДЪ ВЛАСТЬ [себѣ и Игѡрови] всакїа страны силою и [различны^{м}] промыслом'. ПОКОРИВШИже [Древланы], возложи на них' да^{н} (170)

Another idiomatic expression that is likely to be used in the "Synopsis" due to its occurrence in Stryjkowski's text is *животъ смертїю премѣнити*. Note, however, that in Polish *żywot z śmiercią przemienić* the preposition *z* is used, as opposed to the version in the target language:

trzey Bracia [przerzeczeni] Xiążęta Ruskie, Kyi, Sciek, y Korewo ŻYWOT Z ŚMIERCIĄ PRZEMIENILI (111)	Кназїе Рѡссїйскїи Трїе братїа, Кїй, Щекъ, и Коревъ [, или Хоревъ] […] ЖИВОТЪ СМЕ^{Р}ТЇЮ ПРЕМѢНИША (163–164)

The idiomatic phrase seems to be typical of 16th century Polish: A Google search for "żywot z śmiercią" with this exact word order yields two examples of the phrase *żywot z śmiercią przemienić* in two sentences from the 16th century "Kronika mistrzów pruskich".

2.4. Ruthenian elements in the "Kronika" and their echo in the "Synopsis"

The Polish-Ruthenian cultural and linguistic encounter has never been a unilateral process. This particularly applies to our context inasmuch as Stryjkowski's text reveals a number of Ruthenian elements (most of which were already discussed and analyzed by Maria Karpluk in 1977; Karpluk 1977). The most important question in our context is how the translators dealt with the Ruthenian elements in Stryjkowski's text.

If Stryjkowski repeatedly uses Ruthenian name forms such as *Ihor*, *Olech* (with *x* < Ruthenian *h*), *Holha* (with the Ruthenian prothesis and Ruthenian *h*) (see the examples above) or even Ruthenian-based titles such as *Kniaź* (Stryj: 116–117), *Kniaziowie* (Stryj: 115) < East Slavic *Кназь* (along with *Xiąże*, Stryj: 116–117, *Xiążąt*, Stryj: 115, etc.) and, curiously enough, *Kniaźinia* (Stryj: 117; without an equivalent in the "Synopsis")[6], then the translators, as might be expected, decided to ignore these peculiarities and simply chose the traditional East Slavic forms, namely *Игоръ*/*Игорь*, *Олегъ*, *Ольга*/*Олга*, or *К҃нзїе* (Syn:

[6] As for the Ruthenian forms in Stryjkowski's work and the astonishing variety of Ruthenian-based name forms, see Karpluk 1977, particularly the index.

170), and so on. They certainly read these names according to their Ukrainian pronunciation in Kyiv (whereas the Muscovites would read them according to their Russian rules or, at a certain historical stage, according to the Ukrainian rules, too).

Furthermore, if Stryjkowski used the appellative noun [*ostatki uciekaiących*] *poboiscza* (Stryj: 118) instead of *pobojowiska*, the translator was, of course, not concerned about this East Slavic element in Stryjkowski's text either and also simply translated it as [*Ø бѣжащи*^{х} *ѿ*] *побоища* (Syn: 176).

In one particular case, the challenge for the translators was stronger. At a certain stage of his narrative, Stryjkowski puts into the *Derevlianes'* mouth a piece of invented direct speech which was obviously meant to be as close to 16th-century Ruthenian as possible. Interestingly, the translators followed their source in translating this text fragment as direct speech, but they entirely ignored the Ruthenian language of Stryjkowski's text and rendered it in Ruthenian Church Slavonic as follows:

y rzekli iey Drewlanie, *HOSPODZE KNIEINIO, MUŻA TWOIEHO ZABILIJESMO*, IŻ ON BYŁ NIEMIŁOŚCIW, KAKO WOŁK DRAPIEŻUJ OWCE, (118)	а Древлѧне рекѡша къ ней: Мγжа твоегѡ оубихом', ꙗкѡ онъ небѣ мл^{с}рдъ къ намъ, [не аки Г^{с}дръ съ По^{д}даными,] но ꙗко волкъ съ овцами оуправлѧшесѧ. (176)

Stryjkowski writes *hospodze* not only with *h* (Karpluk 1977: 56), but also with *dz*, which might be explained by Polish morphonology, but perhaps also by a Belarusian source (as in, for example, Old Polish *gospodza*). The vocative form *knieinio* reveals not only the change *Ø* < *h* < *g*, but also the change *'a* > *'e* (Karpluk 1977: 48–49), known from many Belarusian dialects. The noun *muża* is marked as East Slavic due to its *u* instead of *ę*, and the pronominal form *twoieho* is marked as Ruthenian due to its *h*. Of greatest interest is the preterital verb form *zabilijesmo* (no entry in Karpluk 1977), which is marked as Ruthenian by the component *jesmo* (though not *smo*) instead of Polish *-śmy*. The form *niemiłościw* may be interpreted as both Belarusian and Polish, whereas *kako* (no entry in Karpluk 1977) is East Slavic (compare, however, Ukrainian and Belarusian *jak*(*o*)) and *wołk* (no entry in Karpluk 1977) reveals the East Slavic reflex of **vьlkъ*, as in Polish *wilk*. All other forms in the direct speech are not marked as

Ruthenian, but are either genuinely Polish (*iż*, *drapieżuj*[7]) or indeterminately Polish or Ruthenian.

The translators paid no attention whatsoever to the fact that Stryjkowski’s text switches from Polish to Belarusian-based Ruthenian. They translated the Ruthenian phrase into Church Slavonic and emphasized their choice by introducing forms of the aorist and the imperfect into the Derevljanes’ speech.

2.5. Syntax

With regard to syntax, too, the translators often demonstrated that they strove to realize a language particularly remote from Polish.

Polish non-delimitative *до* + genitive case is quite consistently rendered with a Church Slavonic construction, as in the following example with *къ* + dative case:

Á widząc iż trudne było mocą [Miasta y] Zamku dostać, [dla twardości z przyrodzenia mieysca,] udała się DO FORTELU PRZEMYŚLNEGO, (118)	Видѧщиже премдраѧ Кнгинѧ Олга, ꙗко неоудоб взѧти Града приступами, Вдасѧ КЪ ХИТРОСТНОМУ ПРОМЫСЛУ (177)

In the following instance, the translators avoided the use of the predicative instrumental case. Although it could have been used in this context according to the rules of Church Slavonic (Moser 1998: 77–108), the translators were perfectly right in assuming this case to be much more typical of Polish than of Church Slavonic.

á Olha zaraz Posłow [swoich do Drewlanow] posłała, opowiadaiąc iż iuż do nich IEDZIE, CHCĄC BYĆ MAŁŻONKĄ ICH XIĄŻĘCIU, Á IM PANIĄ, (117–118)	и паки посла Олга гонца, из’ѧвлѧѧ скорое свое ПРИШЕСТВЇЕ къ древлѧномъ въ супружество Кнзю ихъ, а ИМЪ ВЪ Гсдриню, (174–175)

In the following passage, the translators aptly replaced the markedly Polish temporal prepositional phrase *za* + genitive case with a dative absolute construction:

[7] The form remains unclear to me. The most widespread form of the verb is *drapieżyć*, not *drapieżować*. Perhaps, in any case, the form renders reduced *drapieżuje*. On the reduction of *e*, see Karpluk (1977: 76–77), who, however, cites no forms with *-uj* < *-uje*.

á ieszcze ZA ŻYWOTA OLECHOWEGO [opiekuna swego] poiął sobie w małżeński stan Olchę Prawnuczkę Gostomiselowę ze Pskowa. (116)	Єщеже ЖИВУ СУЩУ ѠЛЕГУ сочетаса Игоръ съ Олгою [премдрою и красною дѣвицею], Правнукою Гостомысловою ѿ Пскова.[8] (172)

Elsewhere, however, the syntactic organization is clearly influenced by the Polish original. In the following example, the use of the conditional form in the indirect speech does not follow the rules of Church Slavonic, but those of (Middle) Polish. Although this use is widespread in Middle Ruthenian due to the influence of Polish, it is in all probability the original version which evokes the use of the conditional in this particular context of the "Synopsis":

y wezwawszy wieszczkow pytał ich, coby o tym koniu rozumieli, (115)	и призвавъ Вѡлсвы вопроси их', чтобыса имъ мнѣло ѡ томъ конѣ? (170)

As many examples cited in this study show, the translators did not necessarily adopt Polish word order, as in the following passage, where the second clause largely accords with Polish word order, whereas the first clause does not:

Rurik starszy Xięstwo Nowogroda wielkiego wziął w udział, á Stolicę swoię na wyspie Jeziora Ladogi [ktorego iest wszerz mil 60. á wzdłuż sto, iak Herberstein pisze] trzydzieści y siedm mil od Nowogroda wielkiego] założył. (113)	старѣйшїй Рурикъ воспрїатъ себѣ Княженїе Великѡновгородскѡе, а столицу свою на Островѣ Єзера Лагоды [!!!, M. M.] заложи. (167)

As regards Stryjkowski's organization of participle and adverbial participle constructions, as well as of complex sentences, the translators quite often followed his model. Adverbial participles tend to be replaced with congruent participles:

A ci panuiąc nad [Ruskimi] narody Miasta y Zamki ku obronie [zakładać y] budować poczęli. (111)	идеже владѣюще нарѡдами и поланскою землею начаша Грады и мѣста, ради тишайшаго житїа и прибѣжища созидати. (162)
A Siostra ich Libeda nad rzeką Libiedą osady swoie ugruntowawszy, tamże Zamek Libiec [albo Lubiec] zbudowała na kopcu wyniosłym. (111)	Сестра же ихъ Либедь, надъ Рѣкою Либед'ю свои осады положши тамѡже и Городъ на пригорку высокомъ, согради [ѿ своего имени] Либедь. (163)
wiele krain [przyległych] mocą y fortelami [do posłuszeństwa swoiego y Ihorowego] PRZYPĘDZIW-	ПОДЪБИВАА подъ Власть [себѣ и Игѡрови] всакїа страны силою и [различным]

[8] In the margin there is a reference to Stryjkowski and Guagnini.

SZY. […]] [Ciągnął potym z woyskiem *Olech* na Drewlany z Ikorem, ktorzy też byli narodu Ruskiego, y] PODBIWSZY ICH POD MOC SWOIĘ, hołd na nich ułożył (115)	промыслом'. ПОКОРИВШИже [Древлѧны], возложи на них' даⁿ (170)
[Potym] gdy trzey Bracia [przerzeczeni] Xiążęta Ruskie, Kyi, Sciek, y Korewo żywot z śmiercią przemienili, synowie y potomkowie ich po nich długi wiek każdy na swoim udziale [spokoynie] panowali, aż po tym[9] na ich mieysca [Oskald,] Askołt y Dyr Xiążęta z ichże narodu nastąpili. (111)	Єгдаже Кнѧзїе Рѡссїйскїи Трїе братїѧ, Кїй, Щекъ, и Коревъ [, или Хоревъ, по довоⁿном' Кнѧженїи своемъ надъ Рѡссами,] животъ смерⁿтїю премѣниша, […], сыны и Наслѣдники ихъ по нихъ долгїй вѣкъ, всѧк' на своемъ оудѣлу, Господствоваша. Даже по томъ на ихъ Мѣста Осколдъ, и Диръ Кнѧзїе ѿ ихъ же народа настуниша. [ѡ них'же будетъ нижае.] (163–164)
[Potym] Drewlanie zhardziawszy [w wolności] y [urągaiąc Kiiowianom iż ich Pana zabili], posłali do Olhy dwadzieścia osob zacnych, namawiaiąc ią łagodnie, á potym grożąc y chcąc ią do tego przymusić, aby za ich Xiążę Drewlańskie Niskinię, [á według niektorych Maldita] w małżeński stan poszła (117)	Древлѧне же велїю дерзость [ѿ оубїенїи Гсдрѧ своегѡ Игѡра] воспрїемше, послаша къ Олзѣ [Кнгинѣ] двадесѧтъ нарочитыⁿ Мужєй [въ Лодїѧх'], оувѣщевающе ю доброхоⁿнѡ, а потом' и претѧще, да [и по нуждѣ] Кнѧзю их древлѧнску Низкинѣ [оубїйцѣ Игорову] Жена будеⁿ. (173)
A gdy po zwycięstwie wesela używał w Kijowie, kazał do siebie przywieść konia, w ktorym się nawięcey kochał, (115)	и [потоⁿ] єгда ѡ побѣдѣ веселѧшесѧ въ Кїевѣ. Повелѣ преⁿ себе любимагѡ своегѡ Конѧ привести (170)
y posłała do [Mieszczan y do] Grodzan, mowiąc, iużem się pomściła śmierci męża swego, wszakże od was nic odstąpię, aż mi iaką taką dań postąpicie (118)	И посла къ [всѣмъ] Гражданоⁿ глѧ: ꙗкѡ оуже ѿмстила єсмъ смерть Мужа своегѡ, ѡбаче не ѿступлю ѿ васъ, дондеже ми куюлибудь дань дасте (177)

There are, however, also many deviations. The "Synopsis" tends to be much more laconic than Stryjkowski. Consequently, the clause structure is considerably simplified, as in the following example:

A [zebrawszy większe woysko] [z ziem Ruskich] ciągnął [wodną armatą [przez czarne Morze] do Konstantynopola, [ktorego wielką mocą dobywał, ustawicznie morzem y ziemią na basty y na mury sturmuiąc.] (115)	По семъ ходи Ѡлегъ войною въ [двѣ тысѧщу] Кораблей къ Цриграду (171)

The same applies to the following examples, where the translators skipped one level of subordination by omitting entire subordinate clauses of the Polish original. In the first fragment, two coordinated infinitives are translated by a construction with a participle and the infinitive; in the second, the translators in-

[9] Sic, *po* at the end of the line.

troduced a matrix sentence much earlier than Stryjkowski by replacing one of two coordinated participal constructions with a paratactic clause:

Oni będąc tey wdzięczności radzi, szli do łaźniey, [Á GDY SIĘ PŁOKAĆ, Y WINNIKAMI AIEIE WOCH WOCH WOCH [note the expressivity avoided in the translation, M. M.] CHWOSTAĆ POCZĘLI,] kazała łaźnią słomą y chrostem w koło otoczyć y zapalić, tak iż wszyscy, [y z sługami swoimi ogniem gwałtownym] zgorzeli, (117)	ѡниже съ веселїемъ внїйдоша в' баню, а [Олга] повелѣ соломою и хврастїемъ баню ѡболкши запалити, и исгорѣша [с' банею] всѣ Послы. (174)
A tak Holha pomściwszy się śmierci męża swoiego [znacznie], y dobywszy wszystkich Zamkow [inszych] Drewlańskich [, KTORE SIĘ IEY ZA TYM STRACHEM, Y PRZEMYSŁEM NIEZWYKŁYM ANI SŁYCHANYM, DOBROWOLNIE PODAWAŁY], wrociła się do Kijowa z wielkim weselem z Synem swoim Swentosławem [Czarewicem]. (118)	И тако [м^{д}раѧ и храбра^{ѧ} Кн҃гинѧ] Олга ѿмсти^{в}ши Мѵжа своегѡ смерть, прїѧть въ свою ѡбла^{ст} всѧ Грады древлѧнскїѧ, и во^{з}вратисѧ въ [напрестѡлный свой Градъ] Кїевъ с' велїею радостїю, съ сынѡмъ своимъ Свѣтославомъ. (178)

In other cases the translators simply began new sentences instead of adopting Polish subordinate constructions:

A Holha [też] w ten czas do sturmu ze wszystkich stron, [z ogromnym krzykiem y hukiem] przypuściła, gdzie z zapalonego [119] Zamku uciekaiących wielkość Drewlanow pobito, posieczono, y potopiono, (118–119)	а Олга [горѧщѵ Градѵ] абїе всею силою нача приступати ѿ всѣхъ странъ [по^{д} Городъ]. Тогда ѿ возгорѣнїѧ града бѣжащих' велїе множествѡ Древлѧнъ побиша, (178)

The translators particularly avoided a number of Polish subordinate constructions with *który*. Instead of relative clauses or constructions with "relativer Anschluss," one typically finds paratactic translations with anaphoric *онъ же* or without any pronoun:

Y wyzwał do siebie na rozmowę przyiacielską Oskołoda y Dyra [Xiążąt Kijowskich], KTORZY nic się nieprzyiacielskiego [od swoich] niespodziewaiąc, w małym poczcie wyiechali [do obozu Olechowego y Ikorowego nad Dniepr]. (115)	[и достигши Града Кїева ста по^{д} нимъ,] и вызва [лестїю] к' себѣ [на станъ и^{з} Града], Ѡсколда и Дира, аки бесѣды ради прїѧтел'скїѧ, ОНИЖЕ никакѡва ѕла [себѣ] чающе, изыйдоша к' немѵ малолюднѡ. (169)
KTORZY [przyszedszy] rzekli, iż tobie [wielki Kniaziu] od tego Konia śmierć podiąć, (115)	ОНИЖЕ ѿвѣщаша [ємѵ], ꙗкѡ ѿ тогѡ конѧ смерть има^{т} тебѣ быти, (170)
KTOREGO [wielkiego gwałtu] Cesarz Konstantynopolski niemogąc wytrzymać, [á pomocy na	єгоже Кеса^{р} Ґрецкїй [Лев' прем^{д}ры^{й}] немогїй стерпѣти, оумѧгчи дарами и

odsiec zniskąd się niespodziewał,] przeiednał [Olecha wielkimi] darami, odkupiąc pokoy, [á prosząc aby od oblężenia odstąpił:] (115)	миръ кγпи. (171)
KTORY usłyszawszy, iż Oskołod y Dyr wrocili się do Kijowa straciwszy Armatę pod Konstantynopolem przez potop, zaraz [w naczyniu wodnym] wziąwszy z sobą Ikora Rurykowica, przyciągnął do Kijowa [Dnieprem rzeką] (115)	и оуслышавши ѾЛЕГЪ ꙗкѡ Ѿсколдъ и Диръ ходивше къ Цр҃иградγ войною, возвратистасѧ в’ Кїевъ посрамленны в’ малой дрγжинѣ, абїе в’земши съ собою Игора Рγриковича, пойде къ Кїевγ (169)
KTORZY gdy do Kijowa przyiechali [w łodziach y naczyniu wodnym rozmaitym Rzeką Dnieprem], kazała [*Kniażinia* Holha] dla nich łaźnią [wielką] nagotować (117)	и єгда <Ø> прїйдоша къ Олзѣ, повелѣ [толикихъ] ради гостей [и подорожна трγда] баню оуготовати (174)

Much less often, relative clauses with *ktory* are rendered as relative clauses with Church Slavonic *иже*:

Potym się wrocił z Carygroda do Kijowa *Oleh* [czasu Jesieni], y wspomniał na onego Konia swoiego, od ktorego mu Wieszczkowie śmierć podiąć praktykowali, [y kazał go przywieść do siebie.] (116)	Єгда же Ѿлегъ возвратисѧ ѿ Цр҃играда [, и прїйде] в’ Кїевъ, воспомѧнγ ѡ конѣ своемъ: ѡнемже Вѡлсвы ємγ провозвѣщахγ. (171)

This last sentence is also interesting inasmuch as it represents one of the rather rare cases of a subordinate clause with *єгда* independently of the original.

In the following example, the temporal clause is omitted, but the first paratactic clause of the original is translated with a participal construction:

[A gdy przyiechali do Ruskich granic] z wielką chęcią od wszech stanow Rosieyskich byli przyięci, á zaraz państwo Ruskie DOBROWOLNIE od ludu WOLNEGO podane na trzy części [trzey bracia Xiążęta] miedzy się podzielili. (113)	[Рγрикъ, Сїнеγсъ, и Трγворъ,] прїѧти бывше ѿ всѣхъ Рѡссовъ, с’ великою радостїю[10], [и бл҃годарствїемъ], абїе и Гср҃дствѡ Рγское доброволнѡ ѿ Нарѡда доброволнагѡ поданое на три части междγ собою раздѣлиша (167)

Elsewhere, temporal clauses are quite frequently translated as participal constructions:

á gdy mu powiedziano, iż <Ø> iuż był zdechł [w iego niebytności], kazał się prowadzić do kości iego, aby ie uyzrzał (116)	и прїемши вѣст ꙗкѡ оуже Кон той издше, [абїе] пойде смотрѣти костей єго (171)

[10] In the margin there is a reference to Stryjkowski and Miechowita.

In a number of cases, the translators avoided nominalizing constructions with deverbal nouns; in the following example, they achieved their aim by replacing the deverbative noun *zabicie* with the much less specific noun *смерть*:

Po zabiciu [od Drewlanow] Małżonka swoiego Ihora Rurykowica Xiężna Holha z Synem [iedynym] Swentosławem Państwa Ruskie Wielkonowogrodzkie y Kijowskie wzięła w swoię sprawę, (117)	[Великаѧ] Кнѧгинѧ Олга, по смерти мүжа своего Игора Рүриковича [ѡставшисѧ] з' сыном своимъ свѣтославомъ Игоровичемъ [вдовою][11], всѣ Гсдрства Рѡссїйскїи въ свою власть прїѧт, (173)

Much less often, nominalizing constructions appear in the translation independently of the original:

To sprawiwszy, zarazem Gońca do Drewlanow wyprawiła, DZIĘKUIĄC IM [za to], iż się o nię iako o Wdowę osierociałą staraią, (117)	Сїе содѣлавши, абїе посла Гонца къ древлѧнѡм [с' чолом'битїем] к' блгдарствїем. ꙗко ѡ Вдовствѣ єѧ и сиротствѣ попеченїе имѣютъ (174)

While space limits allow us only to hint at some aspects of the relationship of the "Kronika" and the "Synopsis", a study of the syntax in particular deserves considerably more attention. It is very likely that translations from Polish into Ruthenian Church Slavonic such as the "Synopsis" (which was an extremely popular book in the Russian Empire at least until the late 18th century) played a major role in Europeanizing Church Slavonic syntax in the East Slavic area on a broader scale, particularly at the turn of the 18th century. Insofar as the most important point of departure for the development of Modern Standard Russian was Late Church Slavonic, particularly the heavily Ruthenianized Late Church Slavonic of the turn of the 18th century, a more careful study of the syntax of texts like the "Synopsis" against the background of their sources is not only desirable, but truly necessary.

3. Conclusions

In this brief analysis I have tried to demonstrate that the language of the "Synopsis" can be studied seriously only against the background of Stryjkowski's "Kronika". In conclusion, I would like to emphasize that the interplay between the original and the translation is no less important on other levels of cultural history. Namely, since the late 16th century, Ukrainian clerics had "learned about

[11] In the margin there is a reference to Stryjkowski.

Slavic unity and the joint claim of Muscovites and Ruthenians to ancient Rus’” primarily from Polish authors, and, in particular, from Stryjkowski (Kohut 2003: 64). The following fragment shows this even more clearly:

A [potym] drugie NARODY RUSKIE SŁAWAŃSKIE po rożnych się krainach [rospostarli y] rosproszyli, ktorzy rozmaitymi imionami od Rzek, [Kraiow] y Xiążąt swoich [rożno] są nazwani, (111)	Ибо тыѧжде Нарѡды СЛАВЕНОРѠССЇЙСКЇИ, [по времени оумнѡжающеса, и] по различныхъ мѣстехъ вселѧющеса, [єще и иными] различными имены ѿ рѣкъ [Лѣсовъ, Примѣтовъ, Поль, ѿ Дѣлъ,] и ѿ Кнѧзей своихъ [Именъ, и Нарѣчїй,] прозваны быша: (153)

Even “Slavjanorus(s)ianism”, this highly influential ideological key concept of early modern East Slavic cultural history, ultimately echoes, in its own way, Stryjkowski’s “Kronika”, and thus turns out to be another perfect example of translated traditions.

Резюме

Киевский „Синопсис“, впервые изданный в Киеве в 1674 г. в Киево-Печерской Лавре под руководством Иннокентия Гизеля и переизданный до 1836 г. 17 раз, вскоре оказался особенно важным вкладом в восточнославянскую историографию раннего нового времени. Хотя этот текст представлял собой прежде всего местную хронику города Киева с сильным акцентом на роли Киево-Печерской Лавры, он служил легитимацией царской власти на Руси и до определенной степени основоположением „всерусской“ или, по его собственному слову, „славенороссийской“ идентичности. Давно известно, что „Kronika Polska Litewska, Żmódzka i wszystkiej Rusi“ Матея Стрийковского 1582 г. явилась самым важным источником „Синопсиса“. Параллельное чтение „Синопсиса“ и „Кроники“ показывает, что многие места „Синопсиса“ не просто основываются на образце „Кроники“, но фактически являются переводами из нее. Само понятие „славенороссийскости“ переведено из Стрийковского.

Cited sources

Stryj: Maciej Stryjkowski. *Kronika Polska, Litewska, Żmódzka y wszystkiej Rusi Kijowskiey, Moskiewskiey, Siewierskiey* […], Königsberg 1582.

Syn: *Sinopsis, Kiev 1681*. Facsimile mit einer Einleitung von Hans Rothe, Köln – Wien. Böhlau. 1983 (Bausteine zur Geschichte der Literatur bei den Slaven, Bd. 17).

Karpluk, Maria 1977. O języku Macieja Stryjkowskiego, historyka i poety z drugiej połowy XVI wieku. Regionalizmy, cechy ruskie i poetyzmy w dziedzinie fonetyki. Wrocław et al. Wydawnictwo Akademii Nauk (Prace Komisji Językoznawstwa, Polska Akademia Nauk, Nr. 45).

Kohut, Zenon 2003. The Question of Russo-Ukrainian Unity and Ukrainian Distinctiveness in Early Modern Ukrainian Thought and Culture. In: *Culture, Nation, and Identity: The Ukrainian-Russian Encounter (1600–1945)*. Eds.: Andreas Kappeler – Zenon Kohut – Frank E. Sysyn – Mark von Hagen. Edmonton: Canadian Institute of Ukrainian Studies Press, pp. 57–86.

Moser, Michael 1998. *Die polnische, ukrainische und weißrussische Interferenzschicht im russischen Satzbau des 16. und 17. Jahrhunderts*. Frankfurt am Main: Peter Lang (Schriften über Sprachen und Texte, Bd. 3).

– 2007. Zur Genese des allrussischen Geschichts- und Sprachmythos in der Kiewer „Synopsis“. In: *Wort – Geist – Kultur. Gedenkschrift für Sergej S. Averincev*. Hrsg. v. J. Besters-Dilger u. a. Frankfurt am Main: Peter Lang, pp. 219–285. Cf. the Ukrainian translation in *Moser 2008*, pp. 162–222.

– 2008. [Мозер, Міхаель]. *Причинки до історії української мови*. Харків: Харківське історико-філологічне товариство (²Харків: Прапор 2009).

– 2008a. Санкт-петербурзька „деукраїнізація“ мови „Синопсису“. In: *Moser 2008*, pp. 223–279.

– 2011. Ukrainian and Belarusian in Alexander Issatschenko's "Geschichte der russischen Sprache". In: *Florilegium in honorem Alexandri Isačenko. Ad iubilaeum centenarium oblatum*. Eds.: A. Eliáš – L. Matejko. Bratislava: Katedra ruského jazyka a literatury, pp. 59–73
Cf.: www.coolart.sk/grafika_11.../FLORILEGII_2011_web%20nahlad.pdf (08-06-2011)

Peštič, Sergej L. [Пештич, Сергей Л.] 1958. «Синопсис» как историческое произведение. In: *Труды отдела древнерусской литературы*, vol. XV, pp. 284–298.

Plokhy, Serhii 2006. *The Origins of the Slavic Nations. Premodern Identities in Russia, Ukraine, and Belarus*. Cambridge: Cambridge University Press.

Рогов, Александр И. 1966. *Русско-польские культурные связи в эпоху Возрождения (Стрыйковский и его Хроника)*. Москва.

Rothe, Hans 1983. Einleitung. In: *Syn*, 1–140.

Sysyn, Frank 2003. The Image of Russia and Russian-Ukrainian Relations in Ukrainian Historiography of the Late Seventeenth and Early Eighteenth Centuries. In: *Culture, Nation, and Identity: The Ukrainian-Russian Encounter (1600–1945)*. Eds. Andreas Kappeler – Zenon Kohut – Frank E. Sysyn – Mark von Hagen. Edmonton: Canadian Institute of Ukrainian Studies Press, pp. 108–143.

RENEE PERELMUTTER

Deictic Shifts in the Slavic Translations from Hebrew Associated with the Judaizers

Introduction.

During the 15th-early 16th centuries, a number of historical, philosophical, scientific, and Biblical texts were translated from Hebrew into East Slavic (Ruthenian). These texts have been connected to the Heresy of the Judaizers, a movement that arose in Novgorod in the late 15th century, and was ultimately suppressed in 1504. Our knowledge of the heresy is limited to 1) the writings of the opposition (most notably Gennadij, the Archbishop of Novgorod, and Iosif Sanin); and 2) the texts themselves.

While a fair amount has been written about the heresy's history, some basic questions remain unanswered. First, the very connection of Jews and Judaism to the movement is debated. Second, there is an ongoing argument about the heretics' worldview, religious beliefs, and motivations. Third, there is no agreement among scholars as to which translated texts can be reliably connected to the heresy.

Lacking new historical evidence, one wonders whether any new discoveries can be made about the heresy. In this article, I argue that linguistic analysis focusing on translation methods can be successfully applied to these texts. It is crucial to examine both the source language(s) and the language(s) of the translation, but many philologists -- primarily Slavists -- working with the corpus over the years have been hindered by insufficient knowledge of Hebrew and Aramaic.

In this article, I will focus on one prominent linguistic phenomenon in these translations, namely deictic shifts. In many of these translations, third-person pronominal reference in the original Hebrew is replaced with second- and first-person reference in the Slavic translations. I will examine these deictic shifts and show how they can shed light on the translations' origin, the texts' connection to Jews, and, finally, their connection to Slavic scribes.

I will start with an overview of the heresy's troubled history (2.1) and the translated texts' controversial connection to the movement (2.2). I will then discuss the phenomenon which is the focus of this article: deictic shifts. In section

3, I will show how deictic shifts can signal the Jewish worldview of the translators. In section 4, I will discuss deictic shifts in reported speech, since, in many texts, indirect discourse in the original is often translated as direct discourse. I will argue that this change is not necessarily connected to the Judaizers, but rather constitutes a Slavic scribal convention. In section 5, I will show that two of the most prominent translated texts associated with the Judaizers (*Logika* and *Tajnaja Tajnyx*) completely reframe the narration by using a deictic shift from third person (indirect discourse) to first and second person (direct discourse), and argue that this change is deliberate and indicates the translators' motivations and target audience. The last section (6) wraps up the discussion and presents conclusions.

1. The Heresy of the Judaizers

1.1 Historical Background

The heretical movement that first appeared in Novgorod the second half of the 15th century is commonly known in the literature as the Heresy of the Judaizers, but its connection to Jews and Judaism is still debated. The name itself is a later artifact, coined almost 200 years after the heresy's appearance (Pliguzov 1992: 269).

Our knowledge of the heresy comes from two main sources: 1) the corpus of astronomical, biblical, philosophical, and historical texts translated from Hebrew into East Slavic around this time; and 2) the contemporary opponents and persecutors of the heresy, most notably the archbishop Gennadij of Novgorod (1484-1504) and the abbot of Volokolamsk, Iosif Sanin (1470-1515).

Archbishop Gennadij, who was the first to discover the movement in Novgorod, accused the heretics of being жидовская мудръствующие (i.e. Judaizing or following Jewish teachings) in an epistle sent to Moscow in 1487. In later epistles, however, Gennadij appeared unsure of the exact nature of the movement, connecting it to Marcionite and Messalian heresies. Iosif Sanin, who denounced the heresy in his *Prosvetitel'*, adamantly connected the Novgorodian heresy to Judaism, but his account did not appear until 1492, and his first-hand knowledge of the heresy is likely to have been limited.

Lack of solid historical evidence regarding the heretics' beliefs and practices has led modern-day scholars to dispute the heresy's connection to Jews and Judaism. Opinions range from Luria's denial that there was any connection (AFED) to Taube's assertion that "the Muscovite Principality in the second half of the 15th century may well have been on the brink of succumbing to a Jewish conspiracy to proselytize Muscovy from the top, a plan orchestrated by learned Jews from the Polish-Lithuanian Commonwealth" (Taube 2005: 185).

The connection of the heresy to the Grand Duchy of Lithuania is much better established. In the later part of 15th century, the Muscovite State underwent a period of consolidation under Ivan III. This was also a period of intense struggle between the Lithuanian and Muscovite parties for influence in still-independent Novgorod. The Lithuanian party was briefly victorious in 1470, when the Prince Mikhailo Olel'kovich of Kiev was invited to Novgorod. He arrived in November 1470 with a large retinue, which included, according to Gennadij's epistle to Metropolitan Zosima (1490), a certain heretical Jew: *был в Новеграде князь Михайло Оленкович, а с ним был жидовин еретик, да от того жидовина распростерлась ересь в Ноугородцкой земли* 'the Prince Mikhailo Olel'kovich visited Novgorod, and with him was a [certain] heretical Jew, and from that Jew there spread a heresy in the Novgorodian land' (AFED: 375). According to Iosif Sanin's *Tale of the Newly-Appeared Heresy*, the name of this Jew was Skharia. This heretical Skharia succeeded in converting several priests of the lower white clergy.

Mikhailo Olel'kovich and the Lithuanian party left Novgorod in March 1471. In the following conflict between Moscow and Novgorod, Moscow emerged victorious; Ivan III arrived in Novgorod in June 1471 and appointed a governor, thus ending the city-state's long period of independence (Vernadsky 1933: 438). The fate of the Jew(s) who may have arrived with the Lithuanian prince is unclear; the heresy, however, persisted in Novgorod.

Returning to Novgorod in 1478, Ivan III invited two priests associated with the heresy, Alexej and Denis, to assume important positions in Moscow. Alexei became the archpriest of the Cathedral of the Assumption, whereas Denis received a less prestigious, but still prominent, priestly appointment to the cathedral of the Archangel Michael. The center of the heresy shifted to Moscow, where some prominent members of Ivan III's court became involved, most notably Feodor Kuritsyn, Ivan's chief diplomat and protégé, who served as secretary of Foreign Affairs, and who subsequently directed Muscovite foreign policy while leading the Moscow heretics. Ivan III's daughter-in-law, Elena, also sympathized with the heresy.

The Lithuanian connection emerges here again, since Elena was a direct cousin of Prince Mikhailo Olel'kovich of Kiev. She was also the mother of Prince Dmitrij, who officially became Ivan III's heir in 1498. This connection prompts Taube to speak of the heresy as "a family affair" (Taube 2005: 186).

Once he discovered the heresy in 1487, Archbishop Gennadij began persecuting the Novgorodian heretics, but his attempts to engage the Muscovite See in the persecution were relatively unsuccessful until a special Sobor was convened in Moscow in 1490. The heretics received ecclesiastical punishment and were sent back to Novgorod (Pliguzov 1992: 276). This mild verdict did not satisfy Gennadij, who argued for burning them at the stake after the fashion of the Spanish inquisition (of which he learned from G. von Turn, an envoy of the Romano-German emperor who visited Novgorod in 1490). Gennadij's efforts continued throughout the 1490s, strengthened by the passionate polemical involvement of Iosif Sanin. In the 1490s, the heretics' party suffered two serious blows: the deposition of Metropolitan Zosima, who, according to some historians, sympathized with the heresy (1494), and the death of Feodor Kuritsyn (1498). In 1502, Elena and her son Dmitrij were imprisoned. In 1504, another Sobor was convened, where Iosif Sanin demanded death for the Judaizers. The Sobor condemned the heretics to be burned at the stake, and Volk Kuritsyn, the brother of Feodor, was among the executed.[1]

2.2 Texts

One strong connection to Jews and Judaism that appears in this period is a corpus of texts translated from Hebrew into East Slavic. The translations include astronomical, historical, philosophical, and biblical texts.[2] Scholars debate the existence of translations from Hebrew in Rus' before this period, with Mescherskij (1958) and Alekseev (1987), among others, asserting that some pre-Mongol translations exist. These scholars cite two pieces of evidence for the early practice of translating from Hebrew: the book of Esther, and *Josippon*, a Hebrew language rendering of Josephus Flavius' *Jewish War*.[3]

---

[1] For further historical polemics on the heresy, see Vernadsky 1933, Fennell 1962, Lilienfeld 1978, Luria 1984, Luria 1995, Zimin 1982, AFED, Taube 2005.

[2] Seebohm (1977) examined many of the Judaizers' texts in order to analyze the heretics' ideological makeup and their connections to Judaism. According to Seebohm, the heretics were interested in scientific and philosophical rather than religious literature. The choice of texts to translate, as well as some editorial emendations in the translations, suggest that the heretics regarded reason as the main foundation of religion. The translated texts were of Jewish origin and emphasized a monotheistic worldview, which could easily be interpreted by the Church as anti-Trinitarian. It is therefore not surprising that the Russian Church saw the movement as Judaizing and sought to eradicate it.

[3] *Josippon* is not an exact rendering of Flavius's text, but a translation from another Latin version. This Latin version is based on Josephus Flavius, but has many added Christian elements, and is attributed to Hegesippus in the 2nd century AD (some scholars dispute the attri-

Lunt and Taube's thorough philological analyses of the Slavonic book of Esther (Lunt and Taube 1988; 1998) prove that Esther was not translated from Hebrew, but rather from a lost Judeo-Greek manuscript. Although Taube cautiously groups Esther under "Literature of the Judaizers: Early period," its connection to the heresy seems tenuous.[4]

The situation with *Josippon* is more complex. Two *Josippon* texts have been translated from Hebrew into Slavic:

- Fragments embedded in the *Hypatian Chronicle*, under the year 1110.
- A larger fragment in the *Ellinsko-Rimskij Letopisec Vtoroj Redakcii.* This fragment is known as *Plenenie Ierusalima Tretje Titovo*, and it is translated from a special later Hebrew reworking of the Hebrew *Josippon*, done sometime between the 10th and 15th centuries.[5]

Plenenie, the Slavic translation in the *Hellenic and Roman Chronicler,* is dated to the 13th-14th century by Tvorogov (1975, 2001), but Taube disputes this dating by arguing that the translation was made in the late 14th or early 15th century (Taube 2008; Taube 2005). Although Taube also includes the Josippon fragments under the rubric "The Literature of the Judaizers: early period," their connection to the heresy is, again, unclear (Taube 2005: 188-9).

The second group of texts, which Sobolevskii (1903) titled "The Literature of the Judaizers," and which has traditionally been associated with the heresy, includes such works as Emmanuel Bar Yaakov Bonfils' *Shestokryl* 'Six Wings', the so-called *Logika*, the Pseudo-Aristotelian *Tajnaja Tajnyx* 'Secret of Secrets,' and the Vilnius Codex 262, which contains a collection of nine Old Testament hagiographa, five of which were published by Altbauer (1992). In addition to these, the so-called Laodicean Epistle, a short text containing the so-called *Poem of the Soul* in 8 lines, circulated widely in Muscovy and is associated with Feodor Kuritsyn. This text lies outside of the current discussion due to

bution to Hegesippus, attributing it instead to a Pseudo-Hegesippus working around 370AD). In the 10th century, a Jew from southern Italy translated portions of this account from Latin into Hebrew, removing many Christian elements and adding details from other Jewish sources.

[4] The connection of the Esther translation from Judeo-Greek to the heresy is doubtful, especially considering the fact that Esther was translated again twice in the 15th-early 16th century: from Hebrew, as a part of Viln. 262, a manuscript associated with the Judaizers; and once again from Greek by Maxim Grek; it seems that the Slavonic Esther translation from Judeo-Greek satisfied neither the heretics nor the Orthodox Christians.

[5] A single 15th century manuscript of this Hebrew reworking is located in the Bodleian library (Huntington 345 manuscript).

its brevity, lack of direct or indirect discourse, and lack of an attested Hebrew source that could be used for comparative analysis (however, see extensively Taube 1995, 1998).

Even though the association of the second group of texts with the heresy is traditional, Gennadij connects only two texts – *Shestokryl* and *Logika* –to the heresy, claiming that the heretics possessed both books.

Gennadij's fascination with *Shestokryl*, an astronomical treatise that contained calculations of moon phases, was motivated by eschatological concerns. According to the Russian Orthodox calendar, the end of the world was expected in the year 7000 AM (1492AD). Anticipating this cataclysmic event, the Orthodox calendar was calculated only until the summer of 1492. Gennadij writes about *Shestokryl* extensively in a letter to Prokhor (1487; AFED 410-411). In this epistle, he accuses the heretics of "stealing years" from the calendar by using Jewish calculations (… *которые лета украли у нас еретици жидовскими числы* … 'which years the heretics stole from us [by using] Jewish numbers') that are contained in *Shestokryl.* According to Pliguzov, "it is unclear where Gennadij obtained *Shestokryl*, whether from the heretics or elsewhere" (Pliguzov 1992: 270). The connection of *Shestokryl* to the heretics seems clear, however, since Gennadij accuses the heretics of studying this text in order to confuse Christians. Both Gennadij and the heretics were interested in correctly dating the end of the world, and both parties seem to have used *Shestokryl* to argue their points.

The second translation from Hebrew mentioned by Gennadij is *Logika*. In his letter to Ioasaf (1488), the archbishop provides a list of 12 books available to the heretics. Among the texts mentioned are biblical books, collections of aphorisms, and polemical writings against various heretical movements. *Logika* is the only text mentioned which is indisputably associated with the Judaizers:

> Do you have […] the books: *Sylvester, the Pope of Rome*, and *Athanasios of Alexandria*, and *Presbyter Kozma's Discourse against the Recent Heresy of the Bogomils*, and the *Epistle of Patriarch Photios to Boris, Prince of Bulgaria*, and the *Prophets*, and *Genesis*, and *Kings*, and *Proverbs*, and *Menander*, and *Jesus ben Sira*, and *Logika*, and *Dionisios the Areopagite*? Because the heretics have all these books. (AFED 320).

The text known as *Logika* is, in fact, a compilation of two separate treatises, Al-Ghazālī's *Intentions of the Philosophers*, and Moses Maimonides' *Logical Vocabulary* (on *Logika*, see Taube, forthcoming, and Taube, 2005).

An additional text associated with this group is the Pseudo-Aristotelian treatise *Secret of Secrets*, or *Tajnaja Tajnyx*, with a number of interpolations by Maimonides and Rhases. Although most scholars accept this text as a part of the Judaizers' corpus, Luria in particular resisted including it, since it is not mentioned by Gennadij nor 'by any other sources.' (AFED 144)[6]

It is unclear what, besides the heresy, could have motivated the translation of *Tajnaja Tajnyx* at this time, since no new scientific or philosophical translations from Hebrew appeared either before the heresy or after its demise. However, my argument concerning *Tajnaja Tajnyx* is textual/linguistic, augmenting the historical argument for including this text in the corpus.

As I will show in the discussion below, a certain textual feature, namely translating indirect discourse with direct, unifies the translations from Hebrew into Slavic. Even more specifically, both *Logika* and *Tajnaja Tajnyx* reframe the text by using direct discourse, which points to these texts' common origin, and likely to a common addressee.

Table 1 summarizes the texts used in the article, and the abbreviations used to refer to them.

Table 1. Texts with Abbreviations

Original Text	**Abbreviation**	**Translated Slavic Text**	**Abbreviation**
Josippon (Hebrew, 10th century, translation and adaptation of Josephus Flavius's *Jewish War*, Latin)	HJos	Fragment in the *Hypatian Chronicle*	SlJos-Hyp
Reworking of Josippon (Hebrew, 10-15th cent) Huntington MS 345 in the Bodleian	HJos-Hunt	Fragment in the *Ellinsko-Rimskij Letopisec* of the 2nd redaction	SlJos-EL2
Scroll of Esther (Judeo-Greek, translated from Hebrew – presumed to exist but not attested)	*JGEsth	Slavonic Book of Esther	SlEsth
Scroll of Esther (Septuagint, Greek – translated from Hebrew)	GEsth	Maxim Grek's translation of Esther	SlEsthMG
Scroll of Esther (Hebrew Bible)	HEsth	Translation in Viln.Cod.262	SlEsth262
Book of Daniel (Hebrew Bible)	HDan	Translation in Viln. Cod. 262	SlDan262

[6] In a similar vein see Klier 1997, who attributes the translation of Tajnaja Tajnykh to "the percolation of pseudo-Aristotelian works into Russia" (Klier 1997:339).

Maimonides, Logical Vocabulary	HLog	first part of *Logika*	SlLog
Sod HaSodot, translated into Hebrew	HSS	*Tajnaja Tajnyx*	SlTT

3. Change of Deixis, I: Signaling worldview

The simplest and nevertheless most striking examples of deixis change in our corpus occur when the translator replaces the text-internal viewpoint with his own, indicating his affiliation and biases. Thus in example (1), the Jewish affiliation of the translator is signaled by the inserted personal deictic pronoun 'our' to change *enemies* to *our enemies* in the phrase discussing the fall of Jerusalem:

(1) HEB. וישמחו אויבים על משבתיה
va-ismexu ojvim al-mišbate-ha
and-rejoiced.3pl enemies on-capture-her
'And enemies rejoiced over its downfall' (HJos-Hunt)

SLAV. И радоваша^с враѕи наши пагүбы его ради
i radovaša sja vrazi naši paguby ego radi
and rejoiced REFL enemies our downfall his for.the.sake.of
'And our enemies rejoiced over its downfall' (SlJos-EL2)

A similar shift occurs in (2), an example from the biblical Scroll of Daniel from the Viln. 262 Codex, where the text-internal personal deictic pronoun *them* is exchanged in translation for a text-external *us*, signaling once again the translator's Jewish affiliation:

(2) HEB. ויהי בהם מבני יהודה דניאל חנניה מישאל ועזריה
ve-ihi ba-hem mi-bnej jehuda daniel xanania mishael ve-azaria
and-was in-them of-sons Judah Daniel Xanania Mishael and-Azaria
'And there were among them from the sons of Judah, Daniel, Hanania, Mishael and Azaria' (HDan 1:6)

SLAV. И было межи нами от сыновъ юдиных даниелъ хананьа мишаелъ азарьа
i bylo meži nami ot synovъ iudinyx danielъ xananьa mišaelъ azarьa
and was among us from sons Judah.GEN.PL Daniel Hanania Mishael Azaria
'And there were among us from the sons of Judah, Daniel, Hanania, Mishael and Azaria' (SlDan262)

The *nami* 'us' in example (2) could seem like a misspelling of *nimi* 'them', especially in such an otherwise extremely faithful translation of Daniel as Cod.262

in general (on the verbatimness of Cod. 262 translations, see Altbauer 1992); however, another occurrence of changed deixis in Daniel supports my view that (2) is not a scribal error.

In example (3), another excerpt from the book of Daniel, the original sentence uttered by the king reads: 'truly your god is the god of gods and the king of kings' (referring to the god of the Hebrews). In the translation, the sentence is changed to 'truly our god is the god of gods…' – a substitution that does not make sense text-internally; it reflects the Jewish translator's worldview rather than the speaker/king's worldview in the original:

(3) ARAMAIC. ענה מלכא לדניאל ואמר מן קשט די אלהכון הוא אלה אלהיו ומרא מלכין
ana malka ledaniel ve-amar min kshot di eloha-khon hu ela elahin u-mara
answered king to-Daniel and-said truly god-yours he god gods and-lord
malkin
kings
'The king answered Daniel and said, truly your god is the god of gods and the lord of kings' (HDan 2:47)

SLAV. Ѿтвѣшта цр҃ь и реч҃ данилови въ тштетү б҃ь нашь т҃ъ ес҃ б҃ь б҃гомъ и г҃ь господем цр҃ь цр҃емъ
otvěšta tsarь i reče danılovi vъ tštetu bogь našь totъ estъ bogъ bogomъ i
answered king and said daniel-DAT in truth god ours that.one is god gods.DAT and
gospodь gospodem tsarь tsaremъ
lord lords.DAT king kings.DAT
'The king answered and said to Daniel, truly our god is the god of gods and the lord of lords and the king of kings' (SlDan262)

The changes of pronominal reference discussed above are quite clearly motivated by the translator's worldview. The reference in the texts is changed from the speakers' text-internal orientation to the translator's text-external orientation.

4. Change of Deixis, II: Reported Speech

In a larger group of examples from the corpus, deictic shifts occur specifically in reported speech, and the motivation for such changes is not obvious. This phenomenon occurs especially in texts included by Taube in the "first chronological group" associated with the heresy. These include *Plenenie* and two *Josippon* fragments in the Hypatian Chronicle, as well as the Slavonic Esther translated from Judeo-Greek, which cannot be clearly associated with the Judaizers.

In the Slavonic translation of the Judeo-Greek Esther, direct discourse is introduced and emphasized where indirect discourse and/or impersonal pronominal reference exists in the Hebrew (which is the source of the lost Judeo-Greek text). Thus in example (4), the Hebrew has an impersonal third-person plural reference.

(4) HEB. ויאמרו נערי-המלך משרתיו יבקשו למלך נערות בתולות טובות מראה
veyomru naarej-hamelekh mesharta-v ivakshu le-melekh
and-said young men-the king servants-his ask.3PL.FUT for-king
naarot betulot tovot mar'e
young women virgins good.FEM.PL looks
'And the king's young men his servants said, [they should] find good-looking maidens virgins for the king' (HEsth)

The Slavic translation of the Judeo-Greek Esther transforms the impersonal third-person reference into first-person plural reference. Here, the task of finding appropriate maidens is reassigned from some hypothetical persons to the speakers themselves:

(5) SLAV. И рѣша отроци цареви слоугы его да поискали быхомъ цареви дѣвыхъ девиць добровзорных
i rěša otroci carevi slougy ego
and said youths king.GEN servants his
da poiskali byxomъ carevi děvyxъ dĕvicь dobrovzornyx
let search be.1PL king.DAT virginal.ACC virgins.ACC good.looking.ACC
'and the king's youths, his servants, said, <u>let us look</u> for good-looking maidens for the king' (SlEsth)

Unlike the translation of Esther from Judeo-Greek, the other two translations of Esther (the Cod.262 Esther translated from Hebrew, and the Esther in the Ostroh Bible, translated from the Septuagint by Maksim Grek) retain the impersonal 3rd plural reference:

(6) SLAV. 1 И рекли младенци цр҃вы слүгы его поискали бы цр҃ю молодиць дѣвокъ добровидны[x]
i rekli mladenci carevy slugy ego
and said youths king.GEN servants his
poiskali by carju molodicь devokъ dobrovidnyx
search. PL CONJ king.DAT maidens.ACC virgins.ACC good-looking.ACC
'and the youths the king's servants said, let them search for good looking maidens virgins for the king' (SlEsth262)

SLAV.2 И рѣша да взыштүть цр҇ю дв҇цы нерастлѣнны красны зракомъ
i reša da vzyštutъ carju děvicy nerastlěnny
and said.3PL let find.3PL king.DAT maidens.ACC uncorrupted.ACC
krasny zrakomъ
beautiful.ACC sight.INSTR
'and [they] said, let them find for the king uncorrupted maidens, beautiful to see' (SlEsthMG)

Even more striking are the deictic changes found in the two *Jossipon* texts, which constitute a historical narration. In (7), an example from *Plenenie*, the Hebrew is in indirect discourse, whereas in the Slavic this has clearly been changed to direct discourse:

(7) HEB. ויתחנן אליהם ענני לא להחיותו כי אם לקברו
ve-ithanen alei-hem ananii lo lehahiot-o ki-im lekavr-o
and-begged to-them Ananii NEG live-him but bury-him
'And Anani begged them not to keep him alive but to bury him' (HJos-Hunt)

SLAV. И моли сѧ имъ ананїа гл҇ѧ оубїите мѧ нъ толико погребите мѧ
i moli sją im Anania glagolja oubijte mją
and prayed.AOR REFL to.them Anania saying kill.2PL.IMP me
nъ toliko pogrebite mją
but only bury.2PL.IMP me
'And Anania begged them, saying "Kill me, but only bury me"' (SlJos-EL2)

In (8), both Hebrew and Slavic are in first-person narration. However, the Hebrew renders the speaker's admonition with an infinitival indirect discourse 'to capture them alive,' while the Slavic has the more dramatic direct discourse:

(8) HEB. ואצעק להם לתפשם חיים
veetsak la-hem letafsa-m hayim
and-shouted-1SG to-them to capture-them living.PL
'And I shouted to them to capture them alive' (HJos-Hunt)

SLAV. И гл҇ахомъ имъ вдаите сѧ живы
i glagolaxomъ imъ vdaite sją živy
and said.1SG them.DAT give.2PL.IMP REFL alive.PL
'And I shouted to them, "Surrender yourselves alive"' (SlJos-EL2)

Out of eight instances of indirect discourse in the Hebrew, seven are rendered as direct in Slavic; one example of indirect discourse, however, remains unchanged:

(9) HEB. ויתחנן עליו עוד להתוודות
ve-ithanen ela-v od lehitvadot
and-begged to-him more to confess
'and he begged him to confess some more' (HJos-Hunt)

SLAV. И моли^с емоу пакы да бы сѧ далъ емү исповѣдати пре^д смр҇тию и^х
i moli sja emu paky da by sją dalъ emu ispovědati pred smertiju ix
and prayed REFL him.DAT so that CONJ REFL allow him to confess before deaths them.GEN
'and he begged him to allow him to have a confession before their deaths'(SlJos-EL2)

The tendency of the Josippon translator to introduce direct discourse sometimes leads him astray, as in (10), where the change of deixis results in a major shift in meaning:

(10) HEB. תאמרו לבניהו אשר נתן נפשו ביד אויביו והוליכוהו בשביהוכה
u-kho tomru le-bnayahu asher natan nafš-o be-jad ojva-v
and-thus say.2PL to-bnayahu that gave soul-his in-hand enemies-his and-lead.3PL-him in-captivity
'and say thus to Bnayahu, that gave his soul into the hand of [surrendered to] his enemies and they led him into captivity' (HJos-Hunt)

SLAV. Речете же к немү тако, ꙗко дасте дш҇ю свою в рүцѣ врагъ своихъ и ведоша и в плѣнъ
rečete že k nemu tako, jako daste dušju svoju
tell.2PL EMPH to him thus that give.2PL soul.ACC.SG self.ACC.SG
v rucě vragъ svoixъ i vědoša i v plěnъ
in hands.ACC.PL enemies.GEN.PL self.GEN.PL and led-3PL him in captivity
'And tell him thus, that you would give your souls into the hands of your enemies, and they led him into captivity.' (SLJos-EL2)

Direct discourse translates indirect discourse not only in *Plenenie*, but also in the Hypatian Chronicle fragments. The only example of indirect discourse in this short fragment is rendered into direct discourse:

(11) HEB. ויצא ויבקש המלך מהכהן לדרוש את ה' אלהים בעדו ע"פ האורים והתומים אם ילך למלחמה על דרויש.
ve-yatsa ve-ivakesh ha-melekh mi-hakohen lidrosh et ha-elohim ba-ado
and exited and-asked the-king from-the-priest to ask PRON the-god for-him
al-pi ha-orim vehatumim im yilekh le-milxama al daryavesh
by the-*orim* and the-*tumim* whether goes.3SG to-war upon Daryavesh
'And he went out and asked the [Great] Priest to ask God about him by divination whether he should go to war against Darius' (HJos)

SLAV. И пришедъ въпроси ерѣевъ иду ли на дарьꙗ
i prišedъ vъprosi erěevъ idu li na darja
and come.3SG.PPART asked priests.ACC.PL go.1SG INTERROG upon Darij
'And coming, he asked the priests, "should I go against Darius?"' (SlJos-Hyp)

What motivates these substitutions? One possible answer involves the status of indirect discourse in early Slavic. While indirect discourse appears in Old Church Slavic translations from Greek, some scholars claim that indirect discourse was only a calque, nonexistent as an independent construction in Slavic (Xaburgaev: 1986, among others). On the other hand, Collins (1996) argues for the attestation of indirect discourse in Old Church Slavic by showing multiple examples of such discourse in various translated sources. Collins asserts that indirect discourse in Early Slavic existed as an independent grammatical feature. Voloshinov, examining original Old Russian texts, notes that indirect discourse is "extremely rare" in the chronicles (Voloshinov 1973:120ff). My own findings (Perelmutter 2009) support this: I show that indirect discourse in the original Old Russian *Primary Chronicle* appears only six times out of 752 instances of reported speech in the text. These findings indicate not only that 1) indirect discourse is marginal in the Russian Primary Chronicle, but also that 2) despite its rarity, indirect discourse as an original construction is extant in East Slavic as early as the 12th century.

As examples (6) and (9) attest, indirect discourse is also found in translations from Hebrew – thus, the deictic changes in the Judaizers' corpus cannot be explained simply by the unavailability of indirect discourse in the target language. On the other hand, medieval Slavic translations tend to follow closely the original in form and meaning. Altbauer, writing about the Judaizers' translations of Biblical scrolls contained in Vilnius Codex 262, calls our attention to the "slavish, literal manner of the translation" (1992:16). When a translator can follow the original faithfully, but repeatedly – though not exclusively – chooses another option, the question of motivation becomes crucial.

One way to account for the substitution of indirect discourse with direct is to suggest that direct discourse might be a feature of the historical register. Evidence from original historical material points in this direction: as discussed above, Voloshinov suggests that indirect discourse is rare in the original Old Russian chronicles, and I have confirmed this suggestion for the *Povest' Vremennykh Let*. The historical register hypothesis is supported by findings in the corpus under discussion: in the historical *Josippon* translations, indirect discourse is systematically rendered using direct discourse. But in Biblical texts such as those contained in Cod.262, as well as in Biblical translations from Greek (including SlEsthMG), indirect discourse is not, as a rule, replaced with direct discourse.

The Slavonic book of Esther, translated from Judeo-Greek, might pose an exception, since it exhibits deictic shifts despite being a Biblical translation. I hypothesize, however, that the earliest translation of Esther from Judeo-Greek was perceived precisely as a historical, rather than a Biblical text. Lunt and Taube, in their critical edition of Esther (1998), note that this translation was often placed in manuscripts alongside other historical Old Testament books, and could even be included in a Special Chronograph (*Хронограф особого состава*) alongside Joshua, Judges, Ruth, and Hamartolos:

> The compilers of the chronographs and various types of Paleja obviously regarded these OT books as historical sources, to be used in whole or in part to retell events of the past (Lunt and Taube 1998: 13).

My hypothesis is further supported by evidence from the Slavic translation of *Hamartolos*, described by Istrin as a reliably faithful, even verbatim, translation: 'usually he [the translator] followed the original quite precisely, translating word for word' (Istrin 1922:128). Istrin remarks, however, that several instances of indirect discourse in the Greek source are rendered with direct discourse in this text (Istrin 1922, vol.2: 218). Thus in example (12),

(12) GREEK. δηλοῖ Κύρῳ, ἢ παραχωρῆσαι αὐτῷ τὴν βασιλείαν Περσῶν ἢ δέξασθαι τὴν παρουσίαν αὐτοῦ ἐν πολέμῳ
dēloi Kurōi ē paraxōrēsai autōi tēn basileian
declare. 3SG Cyrus.DAT either yield he.DAT the kingdom.ACC
Persōn ē dexasthai tēn parousian autou en polemōi
Persian.GEN.PL or receive the arrival.acc he.GEN.SG in war.DAT.SG
'he declares to Cyrus either to yield to him the kingdom of the Persians, or to expect his arrival in war'

SLAV. Посла къ Коуроу: любо ѡстанисѧ црства своѥго, аще ли ни, да придоу на тѧ войною
posla k Kouru: ljubo ostanisją carstva svoego, ašte li ni,
sent to Cyrus: either remove.REFL kingdom self.GEN, if SUBJ not,
da pridu na tją vojnoju
let come.1SG upon you war.INSTR
'[he] sent [a letter] to Cyrus: "Either abdicate, or, if not, I will go to war with you."' (Hamartolos, v.2, 218)

Based on the examined evidence, the register hypothesis seems to suggest that the substitution of direct for indirect discourse is not limited to translations from Hebrew, but is also attested in translations from Greek.

5. Change of Deixis, III: Reframing

In section 4, I suggested that the translation of indirect discourse with direct in Slavic texts might be a convention of the historical register, a convention that is not dependent on the language of the translation. In this section, I will discuss two texts translated from Hebrew in the late 15th century that use direct discourse to reframe the translated text.

Both the Slavic version of the *Logika* and the Slavic version of *Tajnaja Tajnykh* rework indirect discourse as direct. Like other texts that transform indirect discourse to direct in translation, these texts are secular (philosophical, scientific and historical) in nature. Another group of texts translated from Hebrew in this period, namely the Biblical hagiographa contained in Viln.262, does not exhibit this phenomenon.

While the evidence that indirect discourse is replaced with direct in *Logika* and *Tajnaja Tajnykh* seems to support the hypothesis advanced in Section 4, the situation here is more complex. Unlike in *Josippon*, where replacing indirect discourse with direct is done by default and does not change the tone and composition of the work, in *Logika* and especially *Tajnaja Tajnykh*, the practice changes the very frame of the text.

Reported speech in the original Hebrew philosophical texts grouped in Slavic under *Logika* (Rambam's "Words of Logic", Al-Ghazali's *Philosophical Intentions*, and supplementary medical texts such as *De Ashthmate*) is present exclusively at the beginning, where the text is framed as indirect discourse produced by the philosopher/narrator. Each of these instances of indirect discourse was translated as direct in the Slavic. The example below illustrates the change of deixis in *Logika*, which begins:

(13) HEB. אמר רבינו משה בן כרמז"ל שאל שר אחד מבעלי החכמות התוריות ומאנשי הצחות והמליצה בלשון הערב לאיש עיין במלאכת ההגיון ויבאר לו.
Amar rabej-nu moshe ben karamza"l shaal sar ahad
said master-our Moshe son Karamza"l asked lord one
mi-baalej ha-xokhmot ha-toriot
of-owners the-wisdoms the-knowledge
u-mi-anšej ha-tsaxut u-melitsa be-lašon ha-arav
and-from-people the-purity and- flourish in-language Arab
le-ish ayen ba-malekhet higayon ve-ivaer lo

to-man look in-craft logic and-explain to.him
'Our rabbi Moses Maimonides said, a certain lord, wise and eloquent in Arabic, asked for a man to study philosophy and explain to him…' (HLog)

SLAV. Рече моисеи египтанинъ пыталъ мѧ панъ единъ премдръ и рѣчникъ арабскиї ѡ премѵдрости словеснои ѩже нарицаема логика, абыхъ емѵ розсказал...
reče moisej egiptjaninъ pytalъ mja panъ edinъ premudrъ
said Moses egyptian asked.3SG me lord one wise
i rečnikъ arabskij o premudrosti slovesnoj jaže naricaema logika
and speaker Arabic about wisdom wordly that.ACC called logic
abyxъ emu rozskazal
so.that.1SG.SUBJ him tell
'Moses the Egyptian (e.g. Maimonides) said, I was asked by a certain lord, wise and a speaker of Arabic, about the wisdom of words that is called Logic, so that I would explain to him…' (SlLog)

Even more striking is the case of *Tajnaja Tajnykh*, a volume of advice to kings attributed to Aristotle, who advises Alexander the Great. In the Hebrew version of this text, indirect discourse occurs infrequently; rather, advice is given in a series of gnomic impersonal statements such as 'it is appropriate for the king to do X.' In Slavic, the volume has been reframed as a conversation between Aristotle and Alexander. Direct discourse replaces all gnomic utterances, and is, moreover, inserted liberally in places where it does not appear in the original. Example (14) illustrates a replacement of an impersonal third-person aphorism with a second-person admonition to Alexander:

(14) HEB. כי תחילת מה שראוי על המלך להרגיל עצמו לכבד כל גדרי דתו כולם מבלי שיעזב מענייניהם דבר ומהזהרתם ויראה לכל ההמון אמונתו.
ki thilat ma she-rauj al ha-melekh lahargil atsmo
because in.the.beginning what that-appropriate on the-king to.accustom himself
le-khabed kol gidrej dat-o
to-honor all restrictions faith-his
kulam mibli she-yaazov mi-injaney-hem davar u-mi-azhara-tam
all without that-leave.3SG of-things-their thing and-from-warnings-their
ve-yar'e le-khol hamon emunat-o
and-show.3SG.FUT to-all multitude faith-his
'Since first the king should school himself to honor all restrictions of his faith, all [of them,] without forgetting a single restriction or warning, 'and to show his faith to the people' (HSS)

SLAV. а чествовалъ бы еси вси вѣтви закона своего а не отпускаи ничего заповѣдеи закона, дабы видѣлъ весь народъ вѣрованїе твое

a *čestvovalъ* *by* *esi* *vsi* *větvi* *zakona* *svoego*
and honor.SG.PAST.PART SUBJ be.2SG all branches law.GEN.SG self.GEN.SG
a *ne* *otpuskai* *ničego* *zapovědej* *zakona*
and NEG leave nothing commandments.GEN.PL law.GEN.SG
daby *viděl*ъ *vesь* *narodъ* *věrovanie* *tvoe*
so that see.3SG all nation belief yours
'and you should honor all branches of your law, and do not overlook any commandments of the law, so that the whole people may see your faith' (SlTT)

In *Tajnaja Tajnykh*, direct discourse does not simply replace direct – it is introduced on a massive scale, reframing the text as an advice manual from the first-person narrator, the wise philosopher, to the second-person royal addressee. The reframing of *Logika* and the accompanying scientific texts is less pervasive, but can nevertheless also be interpreted as a reframing of the work – in Slavic, it becomes a lesson in philosophy directly addressed to the highborn recipient.

6. Discussion and Conclusions

Deictic changes are prominent in many of the translations from Hebrew, but the changes are of different types. Not all types are present in all of the texts. Table 2 summarizes the findings:

Table 2: Indirect Discourse translated as Direct Discourse, by text and genre

Period	Text	ID > DD	Genre
EARLY	SlEsth	yes, 3 instances	Historical (Biblical)
	SlJos-EL2	yes , all ID >DD except one (8 instances); in addition, examples of deictic changes that signal worldview	Historical
	SlJos-Hyp	yes, all ID > DD (one instance)	Historical
JUDAIZERS	SlEsth262	no	Biblical
	SlDan262	no (but examples of deictic changes signal worldview)	Biblical
	other Sl262 texts contained in Altbauer (1992)	upon cursory investigation, no (but examples of deictic changes signal worldview)	Biblical
	SlTT	yes, massive <u>reframing</u>; even impersonal gnomic advice is reframed as a conversation	Secular/Advice to Kings
	SlLog and three supplements	yes, all occurrences (ID occurs in these texts only in the beginnings, introducing the narrator) – a less striking example of <u>reframing</u>	Secular / Philosophy and Science

I believe that in order to answer why the deixis was changed, we should first ask ourselves who changed it.

Taube convincingly demonstrates that translations from Hebrew into Ruthenian were a collaborative endeavor: "the Jewish translator has in front of him the Hebrew version, or several Hebrew versions of the text to be translated, and he dictates it to his Slavic collaborator, who puts it down in writing, occasionally "correcting" it according to the scribal conventions he is accustomed to" (Taube 2005: 190). Since two people (and their two representative cultures) are involved in the process of translation, the motivation for deictic changes would come from one side of the transaction.

It is possible to hypothesize that such a translation-as-performance could easily lend itself to the reorientation of reported speech we observe in the texts under discussion. Direct discourse is usually perceived as more dramatic than indirect; thus Lunde remarks that direct discourse allows the narrator to create vividness (*enargeia*) in a text (Lunde 2004:10). However, since not all texts exhibit the change of indirect discourse to direct, the performative aspect of the translations alone does not account for this phenomenon.

Based on the data above, three separate motivations for deictic changes suggest themselves. First, the deictic changes discussed in section 3 are conditioned by the worldview of the Jewish translator, which is reflected in the substitutions.

Second, the translation of indirect discourse with direct in texts of a historical nature is most likely motivated by linguistic conventions of the historical register, which must have been known to the Slavic scribes as they collaborated with the Jewish translators. However, since this phenomenon is also observed in the earlier texts, whose association with the Judaizers is unclear, this data does not necessarily shed new light upon the heresy.

Third, the reframing of *Logika* and *Tajnaja Tajnykh* presents a separate interesting case. *Logika* is known to belong to the corpus of the Judaizers enumerated in Gennadij's letters. The deictic changes in *Logika* are not massive enough to classify undoubtedly as a reframing – one can argue that *Logika*, like *Josippon*, is a secular text in which the shift from indirect to direct discourse is conditioned by genre conventions. This further implies, however, that Slavic-speaking scribes trained in these conventions were collaborating with the Hebrew translators, and such a collaboration cannot be accidental. It is possible not only that Jew(s) traveled to Novgorod, but also that trained Slavic scribes traveled to the Grand Duchy of Lithuania and collaborated with Jews there to produce *Logika* for their Novgorodian clients.

Furthermore, if, as I believe, the changes in *Logika* constitute a reframing, then the reframing of *Tajnaja Tajnykh* is especially significant by comparison. The reframing textually links these two texts and suggests that the texts were translated with a noble, even royal addressee in mind. Ivan III is a likely candidate, since, by the end of the 15th century, he was certainly aware of the heresy, may even have been among it sympathizers, and therefore constituted a likely target for proselytizing.

Резюме

В XV-начале XVI вв. с иврита на восточно-славянский диалект была переведена группа исторических, философских, научных и библейских текстов. Исследователи связывают эти переводы с так называемой ересью жидовствующих, о которой известно исключительно по документам, написанным ее противниками, или же по самим переводным текстам. Несмотря на довольно обширную научную литературу, многие вопросы о ереси до сих пор остаются нерешенными - оспаривается даже сама связь ереси с иудаизмом и евреями. Историографическая неясность усугубляется еще и отсутствием консенсуса о том, которые из переведенных текстов можно достоверно связывать с ересью.

Несмотря на ограниченность наших источников, новые сведения о ереси все же возможно почерпнуть, например при помощи лингвистического анализа. В данной статье проводится анализ одного показательного лингвистического феномена: изменения деиктических единиц при переводе. Во многих из рассматриваемых текстов при переводе третье лицо заменяется вторым или первым; в частности, косвенная речь переводится как прямая. В статье показано, что на основе таких деиктических трансформаций можно по-новому рассматривать связь переводов как с евреями, так и со славянскими писцами.

Bibliography

AFED = Kazakova and Lurja, 1955.

Alekseev, Anatolij. 1987. Perevody s drevneevrejskix originalov v drevnej Rusi. *Russian Linguistics* 11 (1):1-20.

Altbauer, Moshe. 1992. *The Five Biblical Scrolls in a Sixteenth Century Jewish Translation into Belorussian (Vilnius Codex 262)*. Jerusalem: The Israel Academy of Sciences and Humanities.

Fennell, John L. 1962. *Ivan the Great of Moscow*. London/New York: St. Martin's Press.

Istrin, V. M. 1922/1972. *Die Chronik des Georgios Hamartolos. In altslavischer Übersetzung Hrsg. von V. M. Istrin mit einer Einleitung und bibliographischen Hinweisen von Friedrich Scholz*. Vol. 135, *Slavische Propyläen; Texte in Neu- und Nachdrucken*. München: W. Fink.

Lilienfeld, Fairy von. 1978. Die "Häresie" des Fedor Kuricyn. In *Historische Veröffentlichungen*, edited by M. Bernath and W. Philipp. Wiesbaden: Otto Harassowitz.

Kazakova, N.A., and Ja. S. Luria. 1955. *Antifeodal'nye eretičeskie dviženija na Rusi XIV - načala XVI veka*. Moscow/Leningrad: Akademija Nauk.

Klier, John D. 1997. Judaizing without Jews? Moscow–Novgorod, 1470–1504. In *Culture and Identity in Muscovy, 1359–1584*, edited by A. M. Kleimola and G. D. Lenhoff. Moscow: ITZ-Garant.

Lunde, Ingunn. 2004. Rhetorical enargeia and linguistic pragmatics: On speech-reporting strategies in East Slavic medieval hagiography and homiletics. *Journal of Historical Pragmatics* 5: 49-80.

Lunt, Horace G., and Moshe Taube. 1988. Early East Slavic Translations from Hebrew? *Russian Linguistics* 12 (2):147–187.

Lunt, Horace G., and Moshe Taube. 1998. *The Slavonic Book of Esther: Text, Lexicon, Linguistic Analysis, Problems of Translation*, *Harvard Series in Ukrainian Studies*. Cambridge: Harvard Ukrainian Research Institute.

Luria, Jakov S. 1984. Unresolved Issues in the History of the Ideological Movements of the Late Fifteenth Century. In *Medieval Russian Culture*, edited by H. Birnbaum and M. S. Flier. Berkeley: University of California Press.

Luria, Jakov S. 1995. Istočniki po istorii "novojavivšejsja novgorodskoj eresi" ("Židovstvujuščix"). *Jews and Slavs* 3:199–223.

Meščerskij, N. A. 1958. Iskusstvo perevoda Kievskoj Rusi. *TODRL* 15:54-72.

Pliguzov, Andrei. 1992. Archbishop Gennadii and the Heresy of the "Judaizers". *Harvard Ukrainian Studies* 16 (3/4):269–288.

Seebohm, Thomas M. 1977. *Ratio und Charisma: Ansätze und Ausbildung eines philosophischen und wissenschaftlichen Weltverständnisses im Moskauer Rußland*. Vol. 17, *Mainzer Philosophische Forschungen*. Bonn: Bouvier Verlag Herbert Grundmann.

Sobolevskij, Aleksej I. 1903. Perevodnaja literatura Moskovskoj Rusi XIV–XVII vekov. *Sbornik Otdelenija Russkogo Jazyka i Slovesnosti Imperatorskoj Akademii Nauk* 74 (1):428–433.

Taube, Moshe. 1995. The 'Poem on the Soul' in the Laodicean Epistle and the Literature of the Judaizers. *Harvard Ukrainian Studies* 19:563–577.

Taube, Moshe. 1998. The Spiritual Circle in the Secret of Secrets and the 'Poem on the Soul'. *Harvard Ukrainian Studies* 18 (3/4):342–355.

Taube, Moshe. 2005. The Fifteenth Century Ruthenian Translations from Hebrew and the Heresy of the Judaizers: Is there a Connection? In *Speculum Slaviae Orientalis: Moscow, Ruthenia and Lithuania in the Late Middle Ages*, edited by V. V. Ivanov and J. Verholanceva. Moscow: OGI.

Taube, Moshe. 2008. On "TheThird Capture of Jerusalem by Titus" and "The Josippon". Paper presented at the International Congress of Slavists, XIV, in Ohrid, Republic of Macedonia, 10-16 2008.

Tvorogov, Oleg V. 1975. *Drevnerusskie xronografy*. Leningrad: Nauka.

Tvorogov, Oleg V. 2001. *Letopisec Ellinskij i Rimskij, t. 2: kommentarij, issledovanie, ukazateli*. St. Petersburg.

Vernadsky, George. 1933. The Heresy of the Judaizers and the Policies of Ivan III of Moscow. *Speculum* 8 (4):436-454.

Voloshinov, V. N. 1929/1973. *Marxism and the Philosophy of Language*. Ladislav Matejka and I. R. Titunik (trans.). New York and London: Seminar Press.

Zimin, A. A. 1962. [Review of Luria 1960]. *Voprosy istorii* 11 (150–153).

IV. Postscript

WILLIAM R. VEDER

Translation – Who Cares?

The study of Slavonic texts has been seriously hampered by the fact that Slavonic manuscripts at much too early a date fell into the hands of much too competent linguists. Their interest lay in the language of the manuscripts, or that of the scribes, not in the language of the texts, that is, of the authors. This is why they collectively failed to notice that Slavonic texts and their history differed so greatly from those that belonged to Western Europe's vernaculars, thanks to differences in the technique by which texts were transmitted in manuscript.

Look, for instance, at the development of the insights of Nicolaas van Wijk. In 1911, as *scriptor* in the department of manuscripts at the Royal Library in The Hague, he stated: 'If we print but one carefully selected sample from four or five *Books of Hours* from different dialect areas [in the Netherlands], this small effort is sure to yield important data for knowledge of the Middle Dutch dialects' (van Wijk 1911: 88). Seven years later, as professor of Slavic and Baltic linguistics at the University of Leiden, he extended this approach to Slavonic manuscripts, pointing to the 'large body' of editions and studies of Slavonic Gospel– and Psalter–'texts, in which, as it were, every word is used to determine the local and chronological relations among the manuscripts' (van Wijk 1918: 81).[1]

True, the type of variation encountered in the witnesses to the Slavonic Gospels and the Psalter bears a superficial resemblance to that observed in the witnesses to the central text of the *devotio moderna* in the Low German area, Geert Grote's *Book of Hours* of circa 1380 (ed. van Wijk 1940), but the type of variation encountered in most of the other Slavonic texts does not. This fact should caution us not to equate the manuscript transmission of Slavonic texts with that of any Western European vernacular.

1. Slavonic Readers Cannot Distinguish Translations from Compositions

Dionysius Thrax's *Art of Grammar* (2nd c. BC) was never translated into Slavic, but one of the *scholia* to it, an outline of the history of the Greek alphabet, was,

[1] For a comprehensive survey of van Wijk's work on Slavonic manuscripts, see Veder 2005: 59–62.

perhaps for use in one of the historical compilations (e.g. *Paleja* or *Xronograf*) of the time of tzar Symeon I of Bulgaria (893–927). It is a straightforward listing of letters, diphthongs, and numbers with ascription to their authors, culminating in the translation of the *Septuagint* (Greek ed. Jagić 1896, less incomplete version ed. Ziffer 1995ab, Slavonic ed. Veder 2005: 405–407). The translation (henceforth: *On the Script*) is impaired by the fact that the translator translated not only the text, but the names of the letters as well, with the result that the outline reads as if the Slavonic alphabet had been created by Greek authors.

An important effect of this translation was that the misconceptions it had created about the history of the Slavonic alphabet prompted a Slavic author to compose the treatise *On the Letters*, in which he included a corrected version of the translation in sections 10–12 (ed. Veder 1999). The publication of this treatise should have had the effect of relegating *On the Script* to the dustbin, but both texts were independently transmitted to posterity.

When the two texts were transcribed from Glagolitic into Cyrillic script, each proliferated into a number of different versions, contradictory in detail: *On the Script* into at least four (**a n o t** known to date), *On the Letters* into seven (**α β γ ε b r s**). Of the four versions of *On the Script*, two (**ao**) are compiled with excerpts from *On the Letters*, as is an hyparchetype of one more (**q**, three copies known to date):

On the Script	**a**	**o**	**n**	**t**
+ On the Letters			**q**	

And of the seven versions of *On the Letters*, one (**b**) is compiled outright with excerpts from *On the Script*, as are hyparchetypes of two more (**κ** – 7 copies, **φγ** – 2 copies) and three individual manuscripts (Rž Sin1 Tr; sigla resolved in Veder 1999: 19–20 and 2005: 435):

On the Letters	**b**	**γ**	**β**	**r**	**ε**	**α**	**s**
+ On the Script		**κ**	S1	Tr	**φγ**		
		Rž					

In the transmission of *On the Script*, the intrusions of *On the Letters* add historical detail on Sts Constantine and Methodius, which invalidates the text of the translation. In the transmission of *On the Letters*, the intrusions of *On the

Script add detail which conflicts with the text of chapters 10–12. The problem of two conflicting texts was not recognised by readers until the work of Jagić 1896.

2. Slavonic Readers Cannot Determine Authority or Authenticity of a Text
The transmission history of the next text shows great similarity both in the Byzantine and the Slavonic cultural areas. It is the collection of 103 pastoral *Questions and Answers* of abba Anastasius of Sinai († c.700, ed. Munitiz 2006). Of two copies of the original (fM and fW), the first came to Constantinople (probably into the patriarchal library, see Sieswerda 2004: 13) and was widely perused, but rarely copied in full (1 originally full and 10 selective copies extant); two lesser collections made from it were also disseminated, known as Col. D (2 copies), with a selection of 37 questions, and Col. c (8 copies), with a selection of 10 questions. The most widely disseminated text was a collection of 27 questions, telescoped into 23, subjected to rigorous dogmatic reworking by a pseudo–Anastasius (23 PsAn, ed. Sieswerda 2004), and bolstered with copious florilegia of Biblical and patristic quotations. This text was compiled with an additional 65 anonymous questions on problems of Scripture into Col. 88 (ed. in Latin translation Hervet 1575) and recompiled twice: with an apparatus of introductory and concluding texts into the *Σωτήριος*,[2] and with the addition of 56 authentic Anastasian questions into Col. a (ed. Gretser 1617 with the addition of the ten questions of Col. c). Col. D was recompiled as well: 23 of its questions were combined with a collection of 22 pseudo–Anastasian questions and yielded Col. b (more than 40 copies).

The status of the Greek Col. D (in Munitiz 2006 mss D and Q) and the collection of 22 pseudo–Anastasian questions as separate collections can only be established on the basis of their separate translations into Slavonic (Пер. a and Пер. в, respectively). They were compiled circa 930 into the *Knjažij Izbornik* (*КИ*, ed. Veder 2008b), the second of a chain of pedagogical gnomologies, after the *Minejnyj Izbornik* (*МИ*, see Bulanin 1991) and preceding the *Izbornik of John the Sinner* (*ИГр*),[3] made for three succesive heirs–apparent to the throne of Bulgaria; the compilation also included pseudo–Anastasian questions from Пер. д, questions from pseudo–Athanasius of Alexandria's *Questions to Antiochus*,

[2] Lara Sels and Douwe Tj. Sieswerda are preparing the edition for the *Corpus Christianorum, series graeca*.

[3] Its oldest surviving witness, the *Izbornik of 1076*, is shown in the stemma as *Изб.76*, ed Moldovan 2009.

from patriarch Photius' *Homily I* and some as yet untraced sources.[4] Best preserved is the Slavonic Пер. д (20 independent copies, see Vrooland 2006),[5] followed by Пер. a (4 copies in addition to the excerpts in *КИ* and *ИГр*, that of *Лавр. сб.* edited by Kuev 1981, see Veder 2009); part of Пер. в is identified as a compact collection in the printed *Kormčaja kniga* of 1653, chapter 69, but the collection as such seems to have been more thoroughly dispersed than the other two translations (see Miklas 1991), the earliest witnesses to isolated questions being *КИ* and *Тр. сб.* (ed. Popovski 1988).

The merger and the dispersal of Anastasian and non–Anastasian questions, both in the Byzantine and in the Slavonic cultural areas had the effect of effacing the author and his work: as early as ca. 873, John the Monk, in his *Chronicle*, quoted the dogmatic reworking of Pseudo–Anastasius and referred to its author as «Anastasius of Antioch» (see Sieswerda 2004: 14 note 13, 60 note 86), as did Sakkos, who tried to sort out the identity of the various authors under the name of Anastasius, as late as 1964.

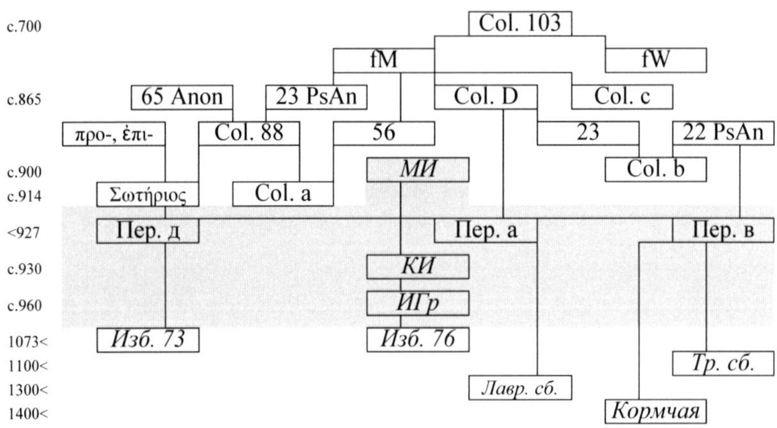

shaded = Glagolitic

3. Text Transmission in Bulgaria and Croatia

Production, reception and transmission of translations in the Byzantine and Slavonic cultural areas (here exemplified by Bulgaria) can schematically be com-

[4] The entire compilation is attributed to Athanasius of Alexandria. The identification of the questions from patriarch Photius' *Homily I* belongs to Marija Mušinskaja in Moldovan 2009.

[5] Its oldest surviving witness, the *Izbornik of 1073*, is shown in the stemma as *Изб.73*, ed. Dinekov 1991.

pared to that in the Western European cultural area (here exemplified by Croatia)[6] as follows:

	Bulgaria	*Croatia*
1 Source Text	Authority unclear, available incidentally	Authoritative, readily available
2 Translation	Replaces source text	Subsidiary to source text
3 Reception	Conservation	Subject to updating
4 Copy	Faithful to form	Faithful to meaning
5 Features	In principle none	Individual
6 Edition	Quantitative and structural	Qualitative
7 Authority	Exemplar(s)	Source text
8 Revision	All versions coexist	Supersedes earlier versions
9 Witnesses	Exceed demand	Limited to demand

1 In Croatia, Latin libraries were available, at least at the level of diocesan sees. Ecclesiastical texts had some form of sanction from the Roman curia; but by virtue of formal instruction in Latin, users who had sufficient reading experience were also in a position to pass independent judgment on the reliability of source texts.

In Bulgaria, there is no evidence of any foreign–language library. The first known Greek library in the Slavonic area is that founded in 1589 at the Dormition Brotherhood school in L'viv, the very first to provide formal instruction both in Greek and Slavonic. Collections of Greek manuscripts may be postulated for the revision of the Slavonic service books under patriarchs Theodosius and Euthymius of Tărnovo, circa1360–1396; for the translation of virtually all early Christian monastic texts under tsars Boris, Symeon, and Peter at Pliska/Preslav, 886–971; and for laying the foundation for regular Christian observance in Slavonic by Sts Cyril and Methodius and their disciples at Morava, 863–885. However, what criteria governed their composition, and whether they were permanent libraries or, rather, temporary aggregates of loans, is open to speculation. Finally, we do not know whether the knowledge of Greek (surely not widespread beyond the Greek–Slavic contact zone in the Balkans) was sufficient to allow independent judgments on the reliability of source texts.

2 The Latin originals of translations into Croatian have all been preserved, except for some epistolary documents.

[6] For greater detail on Croatian texts, both vernacular and Slavonic, and their transmission, see Veder 2006.

In Slavonic, by contrast, texts are preserved, of which the Greek original is lost. Examples include the deuterocanonical *2 Enoch*, *3 Baruch*, vitæ, homilies by patriarch Atticus of Constantinople, and more.

3 Translations into Croatian must be (and are) updated, as the language evolves (any translator knows that what he translated 25 years ago is in need of revision).

Slavonic does not evolve, so any systematic updating to a vernacular would be tantamount to a translation and, consequently, a breach of ecclesiastical tradition (changes of text that go beyond the occasional errors or spot–checks must therefore have a different cause). It is only after the fall of the Christian empire in 1453 that, at first, eschatological texts are translated from Slavonic into vernacular Serbian and Bulgarian in order to appeal to the populace to sponsor the monasteries in lieu of the vanished elites. In the early 16th c., the Reformation in Braşov engenders Coresi's Romanian translation of the Psalter, followed by the translation of the Gospels into Ruthenian (1560) and the translation of the Psalter into Russian (1689), which mark the successive emancipation from Slavonic of, respectively, Romanian, Ukrainian/Byelorussian, and Russian.[7]

4 In Croatia, the very coexistence of original and translation ensures that meaning and form can be dissociated.

In Bulgaria, the translation takes the place of the original, and its form cannot be altered without affecting its meaning (heresy might ensue). Moreover, altering the form of a text in the highly complicated Slavonic language requires a knowledge equivalent to that of the author of the text, which is extremely rare. Consequently, interventions do not usually go beyond the graphic and morphological level (character set, desinences, and suffixes), that is, simple accommodation to writing habits.

5 Neither dating nor localizing a copy of a Croatian text presents great difficulty (see the clear assignment of dates and places in Nazor 1978), since the use of the vernacular leaves ample room for introducing chronological and topical features; it even presupposes them.

In Bulgaria, dating and localizing copies is fraught with problems, unless the writing material can be externally dated and localized (watermarks), because Slavonic is intolerant of breaches of tradition (see *3*). In fact, the single greatest problem of codicology and palæography is that of separating independent manu-

[7] The demise of Slavonic even in arch–conservative Muscovy at the turn of the 17/18th c. is examined in detail by Strakhov 1998.

scripts from their copies (*codices descripti*), because of the paucity of individual features (see Veder 1999: 40–44).

6 In Croatia, texts were edited in order to update their language (or, in the late 16–18th centuries, rather, in order to stylize it, first after the model of Slavonic, then that of Russian) and to eliminate inadequacies in reflecting the source text.

Edition (like composition) in Slavonic being a task requiring great erudition (see ***4***), compilation was the natural substitute for creative writing. Abbreviation, conflation, excerption, interpolation, and reordering of texts emerge as early as the very beginning of the 10th century (see Veder 2005: 97–101). On the level of the book, this leads to the boundless multiplication of *miscellanies*, which recycle the non–liturgical texts of the corpus in ever changing configurations (see Veder 2005: 102–109). In fact, hardly any Slavonic book is entirely free of traces of compilation.

7 In Croatia, translations could be (and were) checked against the authoritative Latin source texts.

In Bulgaria, as a rule, no source text was available, only the exemplar, and in exceptional cases another exemplar. Fidelity to it or them was the only way to ensure conservation of the text (see ***3***) and its form (see ***4***).

8 In Croatia, an updated and improved version of a text would relegate earlier and less perfect versions to a marginal place in an archive or, eventually, a museum.

In Bulgaria, the absence of authoritative source texts (see ***1***) made it impossible to judge the merit of any version, which is why none of them were discarded. However, in the transmission of liturgical texts, changes in the *Typicon*, which governed the order of service, led to significant restructuring of service books; and in the transmission of Biblical texts, it seems that ill repute could keep manuscripts from engendering progeny, which may be why many of the earliest manuscripts have no parallel in the tradition.

9 The corpus of Croatian texts (both manuscript and printed in Cyrillic, Glagolitic, and Latin script) is for all practical purposes comparable to that of Low German; as in the latter area, after the introduction of printing, the production of manuscript books rapidly subsides.

The corpus of about 8000 Slavonic texts (Veder 2008a) is preserved in approximately 0.8–1 million manuscript books and fragments of the 10th–20th centuries (Gerd 2003: 195), showing no abatement in the production of manuscript books after the introduction of printing. Even if the regular conduct of Orthodox worship requires about four times the volume of texts (as well as a cleric trained to select which of them to use on any given day) than Roman Catholic worship does, this fails to account both for the continued production of manuscript books and for the presence of a vast number of books not destined for the conduct of worship. Copying was obviously an indispensable complement to reading in gaining access to Slavonic texts.

4. Diglossia and Bilingualism

The Byzantine and Slavonic cultural areas share more than just features of text transmission. They share – with most of the medieval world – *diglossia*, a language situation in which two states of the same language coexist: an evolving state used for everyday communication, and an extinct (classic) state of texts written and recited, idealised and canonized for embodying the most sacred of texts. This type of language situation contrasts sharply with the language situation limited to the area of medieval Western Europe. Here, *bilingualism* had evolved, with a variety of languages used for day–to–day communication and Latin for the texts (as well as for oral communication about them). In the bilingual situation, translations from Latin into a local language are immediately identifiable as such, whereas in the diglossic situation, all translations are made into the classic state of the language and cannot, therefore, be distinguished from any other text in the patrimony.

The bilingual model of communication made considerable inroads upon the diglossic model in the 8th–11th centuries, in fact dividing the *Slavia* into two parts, one where the texts were written and recited in Latin, aptly termed *Slavia Latina*, and one where the texts were written and recited in Slavonic, just as aptly termed *Slavia Slavonica* by Graciotti 1999.[8] The *Slavia Latina*, exemplified above by Croatia, where translations into the vernacular were made locally and independently, and their texts converged over time into the standardized modern versions, and where the secondary status of translations *vis–à–vis* their Latin source texts left ample room for the emergence of secular writing, is in all respects a full partner to the cultural tradition of Western Europe. The *Slavia Slavonica*, here exemplified by Bulgaria, by virtue of the Slavonic language of its texts, stands far from that cultural model: every user of this language, like users of Ge'ez Ethiopian (cf. Sergew 1982), is a learner, who has to make special

[8] For enhanced argumentation, see Graciotti 2006. The confessional terms *Slavia Romana* vs. *Slavia Orthodoxa*, proposed by Picchio 1972, indeed, fail to account for the deep divide in the concept of *text* in the two areas.

allowances and efforts to gain access to its texts and to reproduce them in the form in which he received them. Translated once, they diverge into countless versions that conflict in detail, owing to the specifics of the transmission model. The very notion of *text* in this perspective gains a meaning that is incompatible with its meaning in the *Orbis Latinus*. It is in this perspective that the *Slavia Slavonica* and its texts form a touchstone for any model of cultural development that aims to encompass all of medieval and early modern Europe.

Резюме

О трансмиссии славянских текстов с птичьего полета

Различение между переводами и оригинальными сочинениями для читателей славянских текстов не существовало: переводная статья *О грамотѣ*, приписавшая славянскую азбуку греческим авторам, должна была бы уничтожиться после публикации вызванного ею сочинения *О писменехъ*, исправившего неверные сведения, однако она переписывалась не только отдельно, но и вместе с опровержением. Для славянских читателей было также невозможно оценить авторитетность и аутентичность текстов: *Вопросы и ответы* Анастасия Синайского, уже на греческой почве приписывавшиеся другим Анастасиям, в славянской трансмиссии смешивались с *Вопросами и ответами* некоего Псевдо–Анастасия, подвергнувшего их догматической обработке. В статье приводятся доводы относительно того, что отмеченные проблемы связаны с техникой трансмиссии текстов; болгарская и хорватская традиция сопоставляются по девяти признакам. Выдвигается тезис, что различия в трансмиссии текстов (как и в статусе текста как такового) ведут свое начало от различия в языковой ситуации: диглоссии в Болгарии и остальных регионах *славянской* Славии и билингвизма в Хорватии в *латинской* Славии по примеру Западной Европы.

REFERENCES

Bulanin, Dimitrij M. 1991. Neizvestnyj istočnik Izbornika 1076 goda. *Trudy Otdela drevnerusskoj literatury* 44: 161–178.

Capaldo, Mario (ed.). 2006. *Le culture slave.* Roma (= *Lo spazio letterario del medioevo 3: Le culture circonstanti, vol. III*).

Dinekov, Petăr (ed.). 1991. *Simeonov Sbornik (po Svetoslavovija prepis ot 1073 g.), 1–2.* Sofia.

Gerd, Aleksandr S. & William R. Veder. 2003. *Cerkovnoslavjanskie teksty i cerkovnoslavjanskij jazyk.* St.–Peterburg.

Graciotti, Sante. 1999. Le due slavie: problemi di terminologia e problemi di idee. *Ricerche slavistiche* 45–46(1998–1999): 5–86.

-----. 2006. Slavia orientale e Slavia occidentale. Contenziosi ideologici e culture letterarie. In: Capaldo 2006: 75–144.

Gretser, Jacob. 1617. *Sancti Anastasiæ Sinaitæ Patriarchæ Antiocheni Quæstiones et responsiones de variis argumentis CLIV...* Ingolstadt; repr. *Opera omnia antehac ab ipsomet auctore accurate recognita..., Vol. XIV.* Regensburg 1740, repr. *PG 89:* 312–824.

Hervet, Gentianus. 1575. Anastasii episcopi Niceni Responsio ad orthodoxorum aliquorum christianorum Interrogationes de diversis capitibus ecclesiasticis. In: Margarinus de la Bigne (ed.) *Bibliotheca sanctorum patrum, 4.* Paris; repr. *Sacræ bibliothecæ sanctorum patrum, 1.* Paris 1589; repr. *Bibliothecæ veterum patrum, 1.* Paris 1609.

Jagić, Vatroslav. 1896. *Rassuždenija južnoslavjanskoj i russkoj stariny o cerkovnoslavjanskom jazyke.* In: *Issledovanija po russkomu jazyku, 1.* St.–Peterburg 1885–1895, republished as: *Codex slovenicus rerum grammaticarum.* Berlin 1896, repr. München (= *Slavische Propyläen*, 25) 1968.

Kuev, Kujo. 1981. *Ivan–Aleksandrovijat sbornik ot 1348 g.* Sofia.

Miklas, Heinz. 1991. Materialien zur Erforschung des Werkes Methods und seiner Schüler. In.: E. Konstantinou (ed.) *Leben und Werk der byzantinischen Slavenapostel Methodios und Kyrillos. Beiträge eines Symposiums der Griechisch-deutschen Initiative Würzburg im Wasserschloß Mitwitz vom 25.–27. Juli 1985 zum Gedenken an den 1100. Todestag des hl. Methodios.* Münsterschwarzach: 65–81.

Moldovan, Aleksandr M. (ed.). 2009. *Izbornik 1076 goda. Vtoroe izdanie, pererabotannoe i dopolnennoe.* Moskva.

Munitiz, Joseph. 2006. *Anastasii Sinaitæ Quæstiones et responsiones.* Turnhout–Louvain (= *Corpus christianorum, series græca* 59).

Nazor, Anica. 1978. *Zagreb riznica glagoljice*. Zagreb.

Picchio, Riccardo. 1972. Questione della lingua e Slavia cirillomethodiana. In: R. Picchio (ed.) *Studi sulla questione della lingua presso gli slavi.* Roma.

Sakkos, Stergios. 1964. *Περὶ Ἀναστασίων Σιναϊτῶν*. Thessaloniki.

Sergew, Hable S. 1982. *Bookmaking in Ethiopia*. Leiden.

Sieswerda, Douwe Tj. 2004. *Pseudo–Anastasius en Anastasius Sinaita. Een vergelijking.* Amsterdam (dissertation).

Strakhov, Ol'ga. 1998. *The Byzantine Culture in Muscovite Rus': The Case of Evtimij Chudovskij (1620–1705).* Köln–Weimar–Wien.

Van Wijk, Nicolaas. 1911. De leemten in onze dialektkennis. *De nieuwe taalgids* 5: 80–90.

-----. 1918. [Review] Tondalus' Visioen en St. Patricius' Vagevuur, uitgegeven door Dr. R. Verdeyen en Dr. J. Endepols. 2 dln. Gent–'s–Gravenhage 1914–1917. *Museum* 25: 79–84.

-----. 1940. *Het Getijdenboek van Geert Grote. Naar het Haagse handschrift 133 E 21 uitgegeven door N. van Wijk.* Leiden 1940; repr. <www.dbnl.org/tekst/grot001geti01–01>.

Veder, William R. 1999. *Utrum in alterum abiturum erat? A Study of the Beginnings of Text Transmission in Church Slavic.* Bloomington.

-----. 2005. *Hiljada godini kato edin den. Životăt na tekstovete v Pravoslavnoto slavjanstvo.* Sofia.

-----. 2006. Lo studio delle traduzioni fra Slavia latina e Slavia slavonica. In: Capaldo 2006: 705–723.

-----. 2008a. O metodologii i perspektivax tekstologii. *Die Welt der Slaven* 53/2: 381–386.

-----. 2008b. *Knjažij Izbornik za văzpitanie na kanartikina, 1–2.* Veliko Tărnovo.

-----. forthcoming. *Avva Anastasij Sinajski. Văprosi i otgovori, 1–2*. Veliko Tărnovo, in print.

Ziffer, Giorgio. 1995a. Zur Komposition des Traktats 'Über die Buchstaben' des Mönchs Chrabr. *Die Welt der Slaven* 58/1: 58–75.

-----. 1995b. Le fonti greche del monaco Chrabr. *Byzantinoslavica* 56/3: 561–570.

Contributors

Andrii Danylenko is Assistant Professor of Russian and Slavic linguistics at Pace University in New York. His work addresses the history and typology of the Ukrainian language, sociolinguistics, and medieval Slavic studies. His publications include a volume of selected writings, *Slavica et Islamica. Ukrainian in Context* (2006). He is also the co-editor of the recetly published *Studien zu Sprache, Literatur und Kultur bei den Slaven. Gedenkschrift für George Y. Shevelov aus Anlass seines 100. Geburtstages und 10. Todestages* (2012).

Michael S. Flier is Oleksandr Potebnja Professor of Ukrainian Philology at Harvard University. He is the author of numerous works on the structure and history of the Slavic languages, especially the East Slavic branch, and on the art, architecture, literature, and ritual of medieval Rus'. He is currently working on a book project devoted to the semiotics of the apocalypse in the culture of medieval Rus'.

Boris Gasparov is Professor of Russian literature and Slavic linguistics at Columbia University. He was educated in Moscow and worked at Tartu, Estonia, before immigrating to the US in 1981. His books range from Slavic medieval studies and comparative grammar to semiotic studies of oral speech, Pushkin and his time, Russian modernism, and twentieth century poetry. Music is deeply embedded in his teaching, scholarship, and personal life. His main publications include *Poetics of the Tale Prince Igor' Campaign*; *Pushkin in the History of Russian Literary Language*; *Christianity and the Eastern Slavs* (co-editor); and most recently *Speech, Memory, and Meaning.*

Valentina Izmirlieva is Associate Professor of Slavic Literatures at Columbia University. Born in Bulgaria, she was educated both at Sofia University and at the University of Chicago, where she received a Ph.D. in Medieval Slavic Studies in 1999. She is the author of *All the Names of the Lord: Lists, Mysticism, and Magic* (University of Chicago Press, 2008). Her other publications explore Eastern Orthodox religious culture and the medieval writings of the Orthodox Slavs, literary Modernism, and Judeo-Christian-Muslim cultural encounters. Her current project is a book-length study of the Ottoman Christian "Hajjis" as a sociocultural and religious hybrid.

Boris Maslov is Assistant Professor in Comparative Literature at the University of Chicago. His main research interests are Archaic Greek lyric, conceptual history of the Christian East, and comparative poetics. He is currently co-editing a collection of articles and translations entitled *Persistence of Forms: Explorations in Historical Poetics*.

Michael A. Moser is Associate Professor at the Institute for Slavic Studies of the University of Vienna and at the Pázmáneum Catholic University of Budapest/Piliscsaba. He is also Professor at the Ukrainian Free University in Munich. His more than 200 publications include seven authored books (e. g. *Prychynky do istoriji ukrajins'koji movy*, Kharkiv 2008, 2nd ed. 2009) and seven edited books. His research focuses on the history of Slavic languages from a philological and sociolinguistic view, primarily on the study of Ukrainian, Russian, Polish, and the Rusyn language question.

Aleksander Naumow was born in Poland into the family of an Orthodox priest (1949). He was educated at the Jagellonian University in Cracow, which has been his main institutional home since 1971. He has also taught in Belgrade, Pisa, and Genoa, at Yale University, and at the University of California (Berkeley, 1991, 2000). Since 1996, he has been professor at Ca' Foscari University in Venice, where he teaches Slavic philology, Church Slavonic literature, and History of the Churches in Eastern Europe. He is the author of numerous works concerning the literature and culture of Orthodox Slavs from the 9th to the 18th century.

Renee Perelmutter is Assistant Professor of Slavic and Jewish Studies at the University of Kansas. Her research interests include pragmatics and morphosyntax of East Slavic, Hebrew, and Yiddish. Her articles have appeared in *Russian Linguistics*, *Slavic and East European Journal*, *Journal of Pragmatics,* and *Journal of Historical Pragmatics*. She co-edited *New Approaches to Slavic Verbs of Motion* (Amsterdam: John Benjamins, 2010) with Viktoria Hasko.

Moshe Taube is Professor of Linguistics and Slavic Studies, holding the Tamara and Saveli Grinberg Chair in Russian Studies at the Hebrew University in Jerusalem. Born in Poland and educated in Israel and France, he has worked for most of his career in Israel. His extensive research in the field of Old Church Slavonic and Old Russian language and literature focuses particularly on translations from Hebrew in the East Slavic lands. He is currently involved in several major projects, including a critical edition of the "Logic of the Judaizers," with an English translation, commentary, and glossary; a critical edition of the Slavic version of the Pseudo-Aristotelian *Secretum Secretorum* (in collaboration with William F. Ryan); and an edition of the four Old Testament Hagiographa from the Vilnius ms. 262, containing the books of Daniel, Job, Proverbs, and Psalms in a translation from Hebrew into Ruthenian.

Alan Timberlake is Professor of Slavic Linguistics at Columbia University and Professor Emeritus from University of California at Berkeley. His research focuses on synchronic Slavic grammar, comparative Slavic linguistics, textual interactions in the early Slavic written tradition, and general linguistics, specifically morphosyntax. He is the author of *A Reference Grammar of Russian* (2004) and editor of *The Scope of Slavic Aspect* (with Michael Flier, 1985), *American Contributions to the Eleventh International Congress of Slavists* (with Robert Maguire, 1993) and *American Contributions to the Twelfth International Congress of Slavists* (with Robert Maguire, 1998).

William Veder has taught Slavic linguistics and textual studies at Utrecht, Nijmegen, and Amsterdam, with stints at Harvard, Novosibirsk, Sofia, and Leuven. Much of his career has been devoted to studying the transmission of texts written in Old Slavonic, and he has made significant contributions in this area of Paleoslavic studies. After retiring from Amsterdam (2003), he now works a day's distance from the fabled Ohio State University Hilandar Research Library and is actively engaged in establishing Slavonic texts originally written in Glagolitic.